첨벙, 남미

첨벙, 남미

임성득 지음

내 삶의 특별한 44일간의 여행

이담북스

'첨벙'이라고 해주실래요?

'첨벙'이 아니고 '찰방'이라고 해야 하지 않을까요? 그렇게 보는 것도 무리는 아니다. 남미 여행이라고 했으나 멕시코와 과테말라는 중미에 속하고 남미에 있는 나라 중 베네수엘라와 파라과이에는 가 보지도 못했으니까. 하지만 다시 갈 능력이 못 된다. 경제력도 부족하고 체력도 이젠 모자란다. 설령 돈이 마련된다고 하더라도 겁이 난다.

본격적인 여행 첫날부터 넘어져서 다치고 고산병약을 지어가서 먹었는데도 '어지럼증'으로 고생했다. 내 인생 최고로 긴 여행이었다. 제주도 한달살이도 해보지 못한 주제에 44일간의 여행을 떠난 것이다. 아내와 함께 가려고 몇 년을 얘기했지만, 여행을 떠날 의사를 밝히지 않아서 벼르고 벼르다가 일을 저질렀다. '꽃중년들의 배낭여행'이라는 밴드에서 모집한 여행에 참가했다. 처음엔 카드 빚을 내서 여행비를 지급했는데 빚을 낸 이야기를 들은 형수가 이자가 비싸

다며 돈을 빌려주어서 카드 빚을 갚고 여행을 떠났다.

고생을 각오하고 떠난 제일 큰 이유는 여러 트레킹이 포함되어서였다. 자유여행을 할 실력은 없고 패키지여행 상품에는 트레킹이 별로 없다. 기대에 부풀었던 코토팍시는 폭삭 망했고 킬로토아는 기대에 못 미쳤다. 불행이 있으면 행운도 있는 법. 생각지도 못했던 알티플라노고원지대는 환상적인 기쁨을 안겨주었다. 불타는 피츠로이를 보지는 못했지만 '라구나 토레'에서는 빙하와 절경을 만끽할 수 있었다.

나이가 들면서 사람은 점점 더 추억을 먹고 산다는 말이 있다. 가끔 텔레비전 여행 프로그램에서 남미 여행에서 봤던 장면이 나오면 눈이 번쩍 뜨인다. "내가 갔을 때는 더 좋았는데. 앗! 저 정도로 멋진 곳이었어?" 하며 추억을 되새겨볼 때가 많다.

공짜를 아주 좋아하나보다. 트레킹 다음으로 좋았던 것은 입장료 없이 미술관을 관람한 것이다. 날씬한 체형을 가진 사람이어서 모든 대상을 극도의 볼륨으로 표현하는 보테로 미술관은 기쁨과 놀라움을 안겨주었다. 보테로 작품뿐만 아니라 보테로의 소장품도 놀라움이었다. '베야스 아르테스' 아르헨티나 국립 미술관은 유럽의 유명 작가의 작품도 많이 보여주었다. 사진도 자유롭게 찍을 수 있도록 해주니 얼마나 신나는 일인가?

경치 제일주의자여서 음식은 그렇게 신경 쓰지 않는다. 그런대로 먹을 수 있었는데 '엘찰텐'에 와서 어려움을 겪었다. 일행들은 양갈비 스테이크를 잘 먹는데 느끼한 냄새가 풍겨와서 다른 것으로 먹었다. 대신 고른 파스타도 맛이 좋은 편이 아니었고 속도 편치 않고, 안 먹으려니 다음날 등산이 걱정되어서, 억지로 쑤셔 넣었던 기억이 난다.

멕시코와 과테말라의 새로운 발견이라고 해야 할까? 고대 문명과 고대 도시의 분위기에 흠뻑 빠져버리고 말았다. 남미에 다시 갈 능력이 안 된다면 살짝 수준을 낮춰서 중미 여행을 해야겠다는 생각이 든다. 쿠바, 코스타리카, 파나마 등 가볼 나라도 무척 많다. 특히, 코스타리카가 대단한 매력으로 다가왔다. 나무늘보 등 희귀하고 재미있는 동물이 많고 플라스틱으로 만든 것 같은 부리가 멋진 앵무새 종류, 정글과 맑은 계곡 등 오염되지 않은 자연을 보는 Eco Tour가 많아서 그렇다.

이렇게 돌이켜보니 좌충우돌 여행이 되었다. 겁쟁이 여행자는 '좌충우돌'을 매우 싫어하고 되도록 일이 생기지 않도록 주의하는데도 결국은 그렇게 되고 말았다. 끝이 좋으면 인생의 모든 것은 좋은 추억으로 변한다고 한다. 이렇게 살아 돌아왔으니 여행 중 고생이 모두 좋은 추억으로 변했다. 본격적인 여행 첫날부터 돌 벤치에 부딪혀 가슴을 주무르던 일, 어지러워서 비틀거리며 산길을 걷던 일, 아파서 등산을 포기하고 선착장 휴게소 탁자에 엎드려 오전 내내 몸을 뒤척거렸던 일들을 돌이켜보니 잊을 수 없는 추억으로 변했다.

44일간의 길고도(인생 최고의 긴 여행) 짧은 여행(여행 전문가에게는 짧은 여행일 수도)을 다녀와서 책을 많이 읽고 있다. 누가 시킨 것도 아닌데, 안 하면 찜찜할 것 같아서 도서관에서 닥치는 대로 책을 빌려와서 읽는다. 궁금함이 생기면 그냥 흘려보내지 못하고 기어코 답을 찾아야 하는, 좀 문제가 있는 성격이다. 이런 독서를 통해서 여행 중에는 전혀 몰랐던 새롭고 놀라운 사실도 많이 알게 되었다.

언젠가 남미 국가로 가는 비행기 직행 편이 생길 날이 올 것이다. 아니 죽기 전에 그런 날이 왔으면 좋겠다. 그러면 처음이자 마지막이라고 떠났던 남미 여행을 혹시 다시 하게 될지도 모른다. 아무쪼록 귀차니스트이자 겁쟁이의 여행기를 읽고 남미 여행을 떠나는 분들이 많아졌으면 좋겠다. 어려운 가운데 여행을 보내준 아내가 거듭거듭 고맙고 자신이 맡은 일을 묵묵히 처리하는 은희와 은지, 두 딸에게도 감사한다. 작가의 얼굴을 멋지게 그려준 이미숙 선생님에게 고맙다는 인사를 올린다, 부족한 글을 다듬어 책으로 나오도록 힘써 준 이담북스 출판사 편집부에도 감사드린다.

목차

PART 1 멕시코

본격적인 여행에 앞서서 천천히 숨 고르기

대륙을 넘어간다는 게 쉬운 일이 아니다. 인천공항에서 12시간 넘게 비행기를 타고 와서 캐나다 밴쿠버공항에 도착했다. 11시 30분에 도착했는데 멕시코시티로 가는 비행기가 오후 4시 30분에 출발한다. 시간이 좀 남아서 한국 가이드가 아웃렛을 구경하고 오자고 했다. 공항 근처에 있는 스카이 트레인(Sky Train)을 타고 맥아더 글렌 아웃렛(McArthur Glen Designer Outlet)으로 간다. 원래는 돈을 내고 타는 기차인데 공항에서 오는 손님을 맞이하려고 이 구간은 무료로 이용하도록 하고 있다. 무료지만 티켓을 받아야 한다.

맥아더 글렌 아웃렛은 이탈리아 등 여러 나라에 매장을 갖고 있는 글로벌 회사였다. 깔끔한 분위기는 말할 필요도 없다. 세련된 매장 건물 위로 비행기가 자주 들어온다. 밴쿠버공항 인근에 아웃렛이 있기에, 당연한데도 처음 보는 장면이라 신기했다. 여행 시작도 안 했는데 벌써 사진 작업이 시작되었다. '노스페이스', 'BOSS' 등 우리가 알고 있는 유명 브랜드는 거의 망라하고 있고 광장 가운데에 예쁜 카페 건물이 있

하트 모양의 투명 조형물이 손님들을 반기고 있는 맥아더 글렌 아웃렛 광장

새빨간 전화박스와 새까만 전등, 구름이 걸린 파란 하늘이 만드는 경치는 엽서가 되었다

다. 쇼핑하지 않더라도 볼거리가 많다. 빨간 전화기, 깔끔한 전등, 산뜻한 조형물이 눈을 즐겁게 해주었다. 여성 회원들은 각자 자신이 좋아하는 매장으로 들어갔다. 아내는 외국 여행에서 물건을 사서 가져오는 것을 싫어한다. 하긴 여행 경비도 빠듯하기에 매장에는 두 군데밖에 들어가지 않았다.

세련된 아웃렛 매장 건물 위로 비행기가 계속 들어온다. 좀처럼 찍기 어려운 장면이다

멕시코시티가 가까워질 무렵 창밖을 바라보다가 눈에 덮인 산맥을 찍게 되었다

멕시코시티의 숙소 로비에 있는 커다란 솜브레로 모자가 환영 인사를 해주었다

점심을 먹은 후 좀 쉬다가 다시 비행기 탑승 수속을 마치고 비행기를 탔다. 잠을 좀 자기도 하고 모니터로 영화를 보기도 하며 뒤척거렸다. 멕시코시티에 다가올 무렵에는 창밖으로 설산도 볼 수 있었다. 공항에서 캐리어를 찾아 멕시코시티에 있는 숙소에 도착하니 어둑한 밤이 되었다. 호텔 로비에 있는 커다란 솜브레로 모자가 잘 왔다고, 고생 많이 했다고 환영 인사를 했다.

# 멕시코

1. 프란시스코 1세 마데로 거리,
Avenue Francisco I Madero

'마데로 거리'로 많이 불리는 프란시스코 1세 마데로 거리는 멕시코 시티에서 지리적으로나 역사적으로나 중요한 통행로이다. 서쪽 끝 '에 제 센트럴'에서 동쪽 끝 '소칼로 광장'까지 700m의 보행자 전용도로다.

존재감이 대단한 푸른 사자

이글레시아 산 프란시스코

멕시코시티에서 가장 아름다운 거리로 인기가 높다. 거리의 이름은 멕시코 혁명의 중요한 인물 중 하나인 프란시스코 1세의 이름을 따왔다. 마데로는 1913년 암살되기 전까지 멕시코의 대통령이었다.

숙소에서 나와 기분 좋게 거리를 걷는다. 런던 트라팔가 광장의 사자(검은색)와 비슷한 푸른색의 사자상을 보며 걸어가니까 눈을 휘둥그렇게 만드는 건물이 나왔다. 둥근 돔이 3개나 되는데 아래는 노란색이고 윗부분은 주황색이다. 2층으로 된 외벽에는 그리스 신전 스타일의 기둥이 많았는데 모두 대리석으로 된 것이다. 멕시코 예술 궁전(Palacio de Bellas Artes)이다. 멕시코를 대표하는 예술과 문화의 중심지로 멕시코 독립 100주년을 기념해 지은 것인데 오페라 공연과 전시를 담당하는 곳이다. 1층에는 오페라와 발레 공연이 열리는 공연장이 있고 3층에는 국립 건축학 박물관이 있다. 2층과 3층 복도에 전시된 디에고 리베라와 루피노 타마요의 벽화들이 유명하다. 사진을 두 번이나 찍었는데 건물이 반듯하게 처리되지 않았다. 찍은 사람의 잘못이 아니어서 놀랐다. 호수를 매립한 멕시코시티의 불안정한 지반과 건물 중량에 의해 건물이 매년 몇 cm씩 가라앉고 있다고 한다. 이탈리아산 호화 자재를 썼고 화려한 아르누보 양식으로 지은 멕시코시티의 대표적 건축물에 해당한다는데, 피사의 사탑처럼 기울어지지 않도록 했으면 좋겠다.

서울의 명동, 뉴욕의 소호 느낌이 난다. 차가 다닐 수 없는 보행자를 위한 거리라 어마어마한 인파가 걷는데도 통행에 큰 불편은 없다. 오랜 건축물이 있는가 하면 세련된 고층 빌딩도 있다. 성당과 수도원이 있는가 하면 Zara, H&M, 맥도날드 등의 매점도 있다. 제일 현대적인 건축물은 '토레 라티노 아메리카나(Torre Latino americana)' 타워다. 45층, 높이 166m의 초고층 빌딩이다. 뉴욕의 엠파이어 스테이트 빌딩에서 영감을 얻어 유리와 알루미늄을 사용해 틀을 만들었다. 1985년 멕시코시티에서 발생한 8.1 규모의 지진에도 버텨낸 건물로 유명하다. 1956년 개장부터 27년간 멕시코에서 가장 높은 건물의 위치를 유지했다. 44층에 있는 전망대는 멕시코시티를 내려다볼 수 있는 멋진 장소로 유명하다.

예술 궁전으로 불리는 Palacio de Bellas Artes, 오페라, 전시회장, 박물관으로 이용된다

'담비를 안고 있는 여인' 현수막이 걸려있는 이글레시아 산 프란시스코

　'레오나르도 다빈치의 '담비를 안고 있는 여인' 그림이 현수막으로 걸려있다. 건물 자체는 성당으로 보이는데 박물관으로 쓰이고 있는지 알 수가 없다. 구글에는 이글레시아 산 프란시스코(Iglesia San Francisco en Mexico)로 나온다. 교회와 수도원의 복합체 건물이다. 수도원은 식민지 초기에 가장 크고 영향력이 있는 수도원이었고 절정기에는 볼리바르, 마데로, 에제 센트럴 지구 등을 모두 차지한 대단한 크기의 수도원이었다. 목테르마 2세의 동물원을 허물고 지어졌다는 게 흥미로웠다.

산 펠리페 네리 사원(San Felipe Neri)도 멋지다. '라 프로페사(La Pro-fesa)'로 많이 불리는데 식민지 시대의 건축 양식으로 지어졌다. 16세기 후반 예수회 공동체 교회로 설립된 로마 가톨릭 교구 교회다. 구시가지에서 가장 오래된 스페인 식민지 시대 건물이다. 근처에 Zara 건물과 함께 멋진 경관을 보여준다. 네리 사원은 뾰족한 종탑으로 Zara가 있는 건물은 시계탑으로 옛날과 현대의 조화를 보여주었다.

'이투르비데 궁전(Palacio de Iturbide)'은 현재 호텔로 이용되고 있었다. 멕시코 독립 전쟁의 지도자였고 멕시코 제1 제국의 초대 황제를 역임한 인물의 이름(Agustin de Iturbide)을 따서 지었다. 역사적인 건물이고 소칼로 광장에 가까운 곳에 있으니, 호텔은 분명 상당히 비쌀 것이다. 큰 도로에서 살짝 빠지면 작은 카페들이 많다. 좁은 골목에 있는 카페에서 커피를 마시며 쉬어가는 관광객들이 낭만적으로 보였다. 전통과 현대가 공존하며 멋과 즐거움으로 가득한 이 거리가 너무 좋았다.

이투르비데 궁전은 현재 호텔로 이용되고 있다. 외벽의 섬세한 조각이 돋보인다

산 펠리페 네리 사원의 종탑과 Zara 건물에 있는 시계탑이 하늘을 찌르고 있다

옛 건축물이 많은 가운데 현대 고층 빌딩의 위엄을 보여주는 토레 라틴 아메리카나

2. 소칼로 광장, El Zocalo

유럽의 나라들을 여행할 때 시작점이 되는 곳은 대부분 구시가지의 광장이다. 광장에서부터 여러 갈래로 길이 뻗어나가고 왕궁이나 관공서가 광장을 둘러싸고 있으니 행정, 문화의 중심이 되는 것이다. 소칼로 광장도 유럽과 마찬가지로 멕시코시티의 가장 중심이다. 대성당, 국립 궁전(대통령궁), 정부 청사 건물 등이 있으므로 멕시코시티의 가장 핵심 장소가 되는 것이다.

깜짝 놀랐던 것은 이 광장의 크기다. 베네치아의 산 마르코 광장보다 더 넓고 컸다. 세계에서 두 번째로 크다. 제일 큰 광장은 러시아 모스크바의 붉은 광장이라고 한다. 크기보다 더욱 마음을 움직인 것은 광장의 기원이었다. 14세기 중엽, 아즈텍족이 가난한 유랑민이었던 시절, 부족신의 신탁(神託, 신이 사람을 통해서 신의 의사를 전달하거나 인간의 물음에 응답하는 것)에 의해 독수리가 선인장(사보텐) 위에 내려앉아 뱀을 먹고 있는 곳에 신전과 도시를 건설했던 곳이 바로 소칼로 광장이었다. 당시에는 큰 호수 서쪽 습지의 작은 섬이었다. 고대 아즈텍문명의 수도 테노치티틀란이 있었던 곳이다. 그 후 에스파냐 식민지 시대를 지나 오늘날 멕시코의 심장부로 이어져 내려오는 곳이다.

사방 240m의 넓은 광장인데 소칼로는 '기반석'이란 뜻이다. 1520년 에스파냐의 코르테스가 멕시코를 정복한 후 신전이 있던 곳에 광장을 짓기 시작했고 '리얼 광장'이라 불렀다. 그 후 독재자 안토니오 로페스가 독립 기념물을 세우려고 했으나 계획이 취소되고 기반만 남게 되어 소칼로란 이름을 갖게 되었다.

가이드의 간단한 설명을 들은 후 약속 시간을 정하고 광장 한가운데(엄청난 크기의 국기 게양대가 있는 곳)에 모이기로 했다. 단체 여행에서는 이런 시간이 제일 좋다. 마음대로 구경할 수 있기 때문이다. 광장에서 제일 돋보이는 대성당(Catedral Metropolitana)을 한 바퀴 돌아보기로 했다. 사진에서 대단한 크기의 멕시코 깃발이 펄럭이는 모습을 봤는데 국기가 걸려있지 않다. 벌써 국기를 내린 모양이다.

멕시코의 수도, 멕시코시티에 있는 중앙 광장답게 도로와 정원이 잘 정비되어 있다

메트로폴리타나 대성당은 아메리카 대륙에서 가장 큰 성당이다. 1524년 공사를 시작하여 240년 정도가 소요되었다. 따라서 고딕, 바로크, 르네상스 양식 등 다양한 건축 양식을 보여준다. 아즈텍의 신전을 부수고 그 자리에 에스파냐가 성당을 지은 것이다. 광장의 바닥과 성당 건축에 쓰였던 돌들은 옛날 이곳에 있던 아즈텍 신전과 피라미드의 돌들을 이용해서 만들었다. 멕시코 대지진으로 많은 건축물이 파괴되었지만 무너지지 않은 두 개의 건축물 중 하나였다. 우리나라는 35년 동안 일본의 지배를 받았지만, 멕시코는 무려 300년 동안 지배를 받았다. 그런 영향으로 멕시코 국민의 89%가 가톨릭 신자이다.

아즈텍 신전 위에 지어진 메트로폴리타나 대성당은 아메리카 대륙에서 가장 큰 성당이다

마요르 신전 유적 미니어처와 함께한 대성당, 대도시 아래 오랜 고대 도시가 숨어 있다

입장료를 받지 않아서 좋아하며 성당으로 들어갔다. 천장이 매우 높고 아치형의 기둥이 솟아 있어 장엄함이 느껴졌다. 14개의 예배당, 5개의 중앙 제단이 회랑을 사이에 두고 마주 보면서 길게 늘어서 있다. 금으로 화려하게 장식된 속죄(용서)의 제단(Altar of Forgiveness)이 대단하다. 제단의 오른쪽에는 십자가에 매달린 예수상이 있는데 피부가 새카맣다. '독의 예수상(Christ of Poison)'이라고도 한다.

원주민들이 개종을 강요하는 가톨릭 신부를 독살하려고 예수상의 발에 독약을 발랐는데 발에 입을 맞추려는 신부의 입을 피해 예수상이 다리를 돌려 피하는 기적이 일어났다고 한다. 예수상은 그 후 독이 퍼져 검게 변했다는 이야기(전설)도 있다. 예수상의 다리가 왼쪽으로 틀어져 있는 모습이다. 그 밖에 왕의 제단도 볼만했다.

마요르 템플로 유적, 오른쪽에는 아즈텍의 문화를 보여주는 마요르 템플로 박물관

대성당 옆면, 마요르 템플로 근처에서 인디언 복장을 하고 주술 행위를 보여주는 사람들

　　대성당의 외벽은 소박한데 성당 바로 옆에 있는 사그라리오(Sagrario Chapel) 예배당은 외관 조각 장식(성인들)이 화려했다. 직사각형의 정문 양옆은 붉은 벽돌로 채워져 있어 대성당보다 더 눈에 띄었다. 주어진 시간이 넉넉하지 않아서 예배당 내부 구경은 생략했다.

　　대성당을 왼쪽으로 끼고 돌아가니 아메리카 인디언 복장을 한 분들이 퍼포먼스를 하고 있었다. 물을 머리에서 발까지 골고루 바르게 하고 향을 피운 다음, 뭔가를 중얼거리며 신청자의 몸을 허브 가지로 툭툭 때리고 있다. 주술사(Witch Doctor)가 액운이나 악귀를 쫓는 정화 의식인데 약간의 돈을 받고 한다. 아무래도 관광객보다는 멕시코 현지인이 많이 하고 있다. 주술사들의 복장들이 특이해서 자꾸 눈길이 갔다. 조금 더 진행하니 유적지가 나왔다. 템플로 마요르(Templo Mayor)라고 적혀 있다. 14세기부터 15세기까지 만들어진 템플로 마요르는 멕시코시티의

대성당 왼쪽에 있는 6층 건물에서 저녁 식사를 하면서 내려다본 소칼로 광장과 대성당

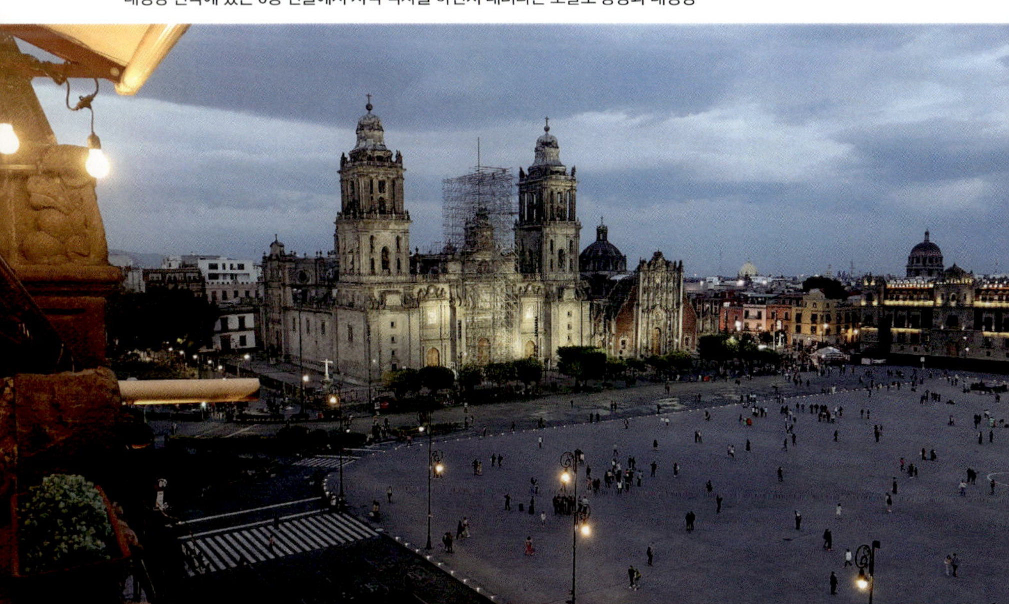

지하에 묻혀 있다가 발굴된 아즈텍 유적으로 고대 아즈텍문명의 수도, 테노치티틀란 중앙신전의 흔적이다. 화려한 도시 광장 옆에 고대 유적지가 있어서 신기했다. 밖에서 볼 수 있는 부분도 있고 더 자세하게 보려면 박물관에 입장해야 한다. 박물관에 들어가고 싶은 마음이 컸으나 가이드 없이 둘러보고 있어서 박물관 입장도 포기해야만 했다.

대성당을 한 바퀴 도는 마지막에는 선인장과 사람 키보다 큰 용설란이 많은 공원이 있고 가슴에 과달루페 성모가 새겨진 교황의 동상이 흥미로웠다. 작은 길 너머에는 타일로 장식된 카페, 박물관, 레스토랑이 6층 정도의 건물에 빼곡하게 모여 있다.

약속 장소인 국기 게양대가 있는 광장 한가운데로 왔다. 일행 모두가 남미 여행 이틀째를 맞아 흥분된 상태다. 바닥에 털썩 주저앉아 정사각형 모양의 광장을 훑어보았다. 사람이 무척 많은데도 워낙 큰 광장이라 복잡해 보이지 않았다. 신전 위에 지은 대성당처럼 아즈텍 왕궁 위에 지은 대통령궁과 정부 청사 건물이 눈에 자꾸 밟힌다. 멕시코의 민중 예술가 디에고 리베라의 거대한 벽화 작품(멕시코의 역사를 쉽게 보여주는 벽화)이 볼만하다는 곳이다.

템플로 마요르 박물관과 대통령궁에 입장하지 못한 아쉬움은 대성당과 광장을 아래로 내려다보는, 야경을 볼 수 있는 레스토랑(El Balcon del Zocalo)에서 풀었다. 6층 건물에 있는 식당인데, 왼쪽으로 대성당을 내려다보고 광장 전체를 조망할 수 있는 멋진 곳이었다. 술도 그다지 못 마시는데도 음료수 대신 맥주를 시켰다. 레스토랑 창문에 기댄 상반신을 왼쪽에 넣고 오른쪽에 대성당을 넣어서 멋진 사진을 찍을 수 있었다.

메트로폴리타나 대성당 오른쪽에 있는 주 청사 건물이 조명으로 빛나고 있다

대성당 왼편에 있는 아즈텍의 궁전 위에 지어진 대통령궁, 오른쪽은 주 청사 건물

3. 테오티우아칸, Teotihuacan

기원전 200년, 멕시코 중앙 고원을 둘러싸고 있는 화산들은 계속 연기를 뿜고 있었다. 분지 남쪽에 있는 시틀레(Xitle) 화산이 특히 위협적이었다. 쿠이쿠일코(Cuicuilco) 마을(멕시코 고원 최초의 제전 중심지였던 둥근 피라미드가 있었던 곳)의 둥근 피라미드에 올라간 사제는 신이 원하지 않은 이 땅을 떠나자고 외친다. 많은 부족은 사제를 따르지 않았고 하나의 부족만이 시틀레 기슭을 떠났다. 그들이 정착한 곳은 북쪽 넓은 평원, 산후안(San Juan) 테오티우아칸이었다. 떠나지 않고 머물렀던 부족은 시틀레 화산의 분화로 사라져 버렸다.

여러 강의 물줄기가 퍼져 있는 넓은 평원이 산으로 둘러싸인 테오티우아칸은 살기에 적합한 곳이었다. 이주한 사람들은 동굴을 찾았고 동굴에 바닥과 벽을 세우고 살기 시작했다. 동굴 밖의 땅을 경작하고 가축들을 길렀다. 세월이 흘러 도시가 형성되자 메소아메리카 곳곳에서 여러 부족이 몰려왔다.

기원전 150년부터 주민들은 자신들을 이끈 신에게 제사를 올릴 장소를 마련하고 태양의 피라미드를 짓기 시작했다. 처음 발견하고 거주했던 동굴 위에 신전을 지은 것이다. 사실, 테오티우아칸의 형성, 융성, 멸망은 대부분 미스터리(의문)이다. 고고학자들의 여러 의견에 따를 뿐 역사적인 기록이 없다. 이름조차도 후일 지배자의 무덤을 찾다가 이곳을 발견한 아즈텍 사람들이 지은 것이고 피라미드도 흙에 묻혀서 산처럼 보였다고 한다. 테오티우아칸 문명은 7~8세기 무렵에 사라졌다가 (한참 세월이 흐른 이후) 14세기 무렵에 발견한 문명이다. 에스파냐가 점령하기 전까지 신들의 도시(테오티우아칸의 뜻)로 불리며 신성시되었으나 기독교 국가인 에스파냐의 방치로 폐허가 되었다가 19세기 중반의 발굴로 세상의 관심을 받게 되었다. 우리나라 역사로 비교하면 삼국 시대 이전(고구려, 백제, 신라, 가야 시대)에 번영했다가 갑자기 사라진 문명이다. 최전성기에는 아테네 인구(15만~20만)와 비슷했고 면적은 고대 로마보다 넓었다. 아직 10분의 1 정도밖에 발굴이 되지 않았으니 그야말로 입이 쩍 벌어지는 규모다.

중고등학교 시절, 수학은 별로였지만 역사(국사와 세계사)에서는 늘 최고점을 받았다. 하지만 테오티우아칸에 대해서는 배우지 못했다. 아즈텍, 마야, 잉카 문명 이전에 있었던 문명이었다.

사전의 꼼꼼한 공부가 더욱 가슴을 뛰게 만든다. 버스에서 내려 입구로 들어가는 길은 곧게 뻗어 있지만 제법 길다. 햇볕이 제법 따갑다. 선글라스, 모자, 물 등을 준비하지 않으면 고생이 될 것 같다. 가설 건물처럼 허술한 가게에 기념품을 팔고 있는 가게들이 있고 화산 지대의 붉은 흙길과 선인장('Nopal'이라고 불림)이 이채롭다. 5개의 출입구가 있는

유적지에서 가장 규모가 큰 태양의 피라미드, 피라미드가 이집트에만 있는 것이 아니었다

유적지에서 주거지로 보이는 건축물, 시멘트 사이에 있는 작은 돌이 바늘땀처럼 보인다

데 우리 일행은 태양의 피라미드에 가까운 5번 출입구로 입장했다.

태양의 피라미드(Piramide del Sol)는 단일 규모로는 세계에서 세 번째로 큰 피라미드다. 멕시코의 촐룰라 피라미드가 가장 크고 이집트 Giza에 있는 쿠푸 왕의 피라미드가 두 번째로 크다. 하지만 밑면의 넓이로는 제일 크다. 밑면 한 변의 길이가 230m, 높이는 66m에 이른다. 피라미드는 기원전 150년부터 짓기 시작하여 52년을 주기로 3번의 증축 과정을 거쳐 완성하는 데에만 156년이 걸렸다. 약 250만 톤의 석재가 들어갔는데 바퀴나 동물의 힘을 이용하지 않고 이곳으로 운반했다고 하니 당시 건설에 동원된 사람들의 피나는 고생이 떠올랐다. 코로나 이전에는 꼭대기까지 오를 수가 있었는데 지금은 금하고 있다. 계단이 폭(270mm)이 좁아 관광객들이 다칠 위험도 있고 건축물의 훼손 방지를 위한 방책인 듯하다. 어쨌든 신전 중앙에 있는 클로버잎 모양의 동굴(테오티우아칸의 지성소)을 보지 못해서 안타까웠다.

태양의 피라미드 앞에서 가이드의 대략적인 설명을 듣고 1시간 30분의 자유 시간을 얻었다. 테오티우아칸은 태양의 피라미드를 중심으로 대칭으로 여러 신전과 주거지들이 펼쳐져 있다. 오른쪽 케찰코아틀(Quetzalcoatl, 깃털 달린 뱀) 신전이 있는 시우다델라(성채)에서 달의 피라미드까지 남북으로 길게 뻗은 죽은 자의 길(Avenue of the Dead)을 따라 구경하면 된다. 신전과 주거지 벽에는 큰 돌 사이에 시멘트가 발라져 있는데 그 속에 작은 돌들이 천에 있는 바느질 땀처럼 박혀 있어서 참 예뻤다. 지면이 주변보다 내려앉은 광장 시우다델라는 테오티우아칸의 행정 중심 기관이었다. 신성시한 깃털 달린 뱀의 부조가 새겨진 신전과 사제들의 집으로 추정되는 건물이 있는 곳인데 길을 막아 놓았다.

　도시를 관통하는 죽은 자의 길은 총 5.5km에 달하는데 2.5km만 복원해 놓았다. 길의 마지막 끝에는 달의 피라미드(Pyramid of the moon)가 있는데 신에게 인간의 심장과 피를 바쳐야 한다고 생각해서 제물로 선택된 사람이 끌려가는 길이었다. 그늘이 하나도 없는 길을 걷는 것은 힘들다. 가는 길에 여러 사원과 주거지가 있지만 모두 입구를 막아놓아서 들어갈 수가 없었다. 재규어 벽화가 그려진 사원이 무료함을 달래주었다. 조금 색깔이 바래기는 했으나 초록(선인장으로 채색)과 붉은색

표범과 비슷한 모양의 동물이 재규어인데 머리 모양이 조금 이상하고 색이 바랬다

유적지를 관통하는 죽은 자의 길은 2.5km만 복원되어 있는데 끝에 달의 피라미드가 있다

(철 가루로 채색)으로 그린 재규어 그림은 멋있었다. 가는 길에는 큰 천을 바닥에 깔고 작은 기념품을 파는 상인들이 많았는데 장난감 악기로 소리를 낸다. 바로 재규어의 소리와 비슷하다.

높이가 46m인 달의 피라미드는 규모는 태양의 피라미드보다 작지만 조화로움은 더 좋다. 그런데 저곳에서 사람의 심장을 바쳤다니 끔찍했던 장소가 아름답게 보여서 기분이 묘했다. 태양의 피라미드는 5단으로 되어 있고 달의 피라미드는 4단으로 되어 있다. 심장을 바치고 있는 차크몰(Chacmol) 신상을 보고 싶었는데 다른 곳과 똑같이 막아두어서 무척 아쉬웠다. 피라미드에 올라가 내려다보는 경관은 또 다를 터인데.

태양의 피라미드보다 작으나 건축적 아름다움은 더 뛰어난 달의 피라미드

안경 같은 장식이 있는 눈, 튀어나온 이빨을 가진 틀랄록은 케찰나비 왕궁 근처에 있다

달의 피라미드 옆에는 왕궁으로 추정되는 케찰파팔로틀(Quetzalpa-palotl, 케찰나비 왕궁)이 있는데 새와 나비를 새긴 부조와 프레스코화의 화려한 장식이 돋보였다. 메소아메리카에서 유일한 지붕이 있는 유적 건축물이다. 계단으로 올라가는 길에 틀랄록(Tlacloc)이 있었다. 외계인의 머리 모양을 하고 툭 튀어나온 두 눈에 안경 같은 장식이 있으며 듬성듬성한 긴 이빨은 벌린 입 사이에 있다. 물과 농경의 신인 케찰코아틀(케찰 새의 깃털이 달린 뱀)과 비슷하게 비와 번개를 관장하는 신이다. 태양의 피라미드에서 틀랄록을 위해 어린아이를 공양했다고 한다. 케찰코아틀 신전에 있는 4개의 계단 벽에는 케찰코아틀과 틀랄록이 교대로 붙어있다고 한다.

유적지 중에서 유일하게 지붕이 있는 케찰파팔로틀, 그늘이 있어 잠시 쉬어갈 수도 있다

케찰파팔로틀 옆에는 달의 피라미드를 볼 수 있는 전망대 역할을 하는 곳이 있다. 제법 넓은 공간이라 계단을 올라온 많은 사람이 앉아서 음식도 먹으면서 달의 피라미드를 정면으로 볼 수 있는 멋진 곳이다. 물론 걸어온 죽은 자의 길과 태양의 피라미드도 조망할 수 있다. 피라미드를 오르지 못한 아쉬움을 이곳에서 많이 달랬다. 사실 멕시코는 남미가 아니라 중미에 속하고 남미 여행의 출발점으로 가볍게 생각했는데 볼거리가 많고 역사적 유물(세계문화유산)이 많아서 몇 년 후에 멕시코 한 나라만 여행하자는 욕심이 생겼다.

테오티우아칸 여행은 피라미드와 유적지만이 아니고 끝날 때도 큰 것 한 방을 보여주었다. 태양의 피라미드를 돌아 레스토랑으로 가는 길이 너무 예뻤다. 테오티우아칸 유적지 박물관(Museo de Sitio Teotihuacan), 마누엘 가미오(Manuel Gamio) 박물관 건물도 예뻤다. 마누엘 가미오는 인류학자, 고고학자로서 원주민 운동의 지도자로 유명했다. 동굴 식당 'La Gruta'에 도착했을 때는 탄식이 나왔다. 촛불이 켜진, 무지개처럼 알록달록한 의자가 놓인 상당한 크기의 동굴에 식당이 마련되어 있다. 이런 곳을 보면, 쿠이쿠일코 마을에서 옮겨와 동굴에서 살면서 정착한 사람들의 생활을 어렴풋이 상상할 수가 있다.

스페인어로 '그루타'는 동굴이라는 뜻이다. 타코와 토르티야, 과카몰레 등의 요리가 나왔다. 으깬 아보카도와 토마토, 양파, 레몬즙을 섞어서 만든 소스(Guacamole)를 토토포(Totopo)라고 하는 튀긴 토르티야 조각으로 퍼서 먹는다. 요리들이 썩 좋지는 않았으나 색다른 장소와 촛불이 켜진 분위기 등을 생각하면 괜찮은 식당이었다. 부근에 별다른 식당이 없는지 손님들로 꽉 차고 많은 종업원의 발길도 바빴다. 식사가 끝나니까 몽당한 촛불을 건네주었다. 자신이 놓고 싶은 동굴 벽에 놓는 것이다. 일행 중 몇 사람이 촛불을 놓았고 그 촛불을 배경으로 사진을 찍어주었다. 몰랐던 유적지와 뜻밖의 선물을 받은 동굴 식당 덕분에 입꼬리가 계속 귀에 걸려있는 하루였다.

식당으로 가는 길에 발견한 마누엘 가미오 박물관, 오른쪽에 예쁜 꽃이 피어 있다

테오티우아칸의 시작은 동굴에서부터였다. 이 근처에는 이런 크고 작은 동굴이 많다

저녁에 숙소에 들어와서 동굴 식당 사진을 페이스북에 올렸더니 고
등학교 동창이 오늘 저녁 텔레비전에서 테오티우아칸과 함께 이 식당
이 나왔다는 댓글이 올라와서 깜짝 놀랐다. 교통의 발달로 세계가 정말
가까워졌고 통신의 발달로 모든 곳이 알려지는 세상이 되었음을 실감
했다.

4. 과달루페 성당,
Basilica of Our lady of Guadalupe

텔레비전에서 '어쩌다'가 유행이다. 프로그램 이름이 '어쩌다 사장님', 예능 프로그램을 위한 축구단 이름이 '어쩌다 FC' 등이다. 가톨릭 신자도 아닌데 어쩌다 세계 3대 성모 마리아 발현 성당을 다 보게 되었다. 맨 처음 패키지여행으로 포르투갈의 파티마를, 그다음 대구 박물관 학생들(대부분 어르신으로 구성됨)의 여행으로 프랑스의 루르드를, 그리고 이번에 과달루페 성당을 보게 된 것이다. 멕시코의 유명한 성당인 것은 알았지만 성모 마리아의 발현으로 생긴 성당인지는 알지 못했다.

버스에서 내려 성당으로 가는데 체육관으로 들어간다. 으헉! 도대체 신자들이 얼마나 들어오길래 성당을 실내 경기장 형식으로 만든 것인가? 오른쪽 입구에는 묵주와 엽서 등을 판매하는 작은 기념품 가게가 있었고 성당 안은 엄청 넓었다. 천장이 높은 것도 당연하다. 벽에 걸린 성모의 그림(정확하게는 성모가 그려진 망토의 그림)을 보고 성모 발현지에 세운 성당임을 알 수 있었다.

실내 경기장 형태의 신 성당으로 구 성당의 붕괴 위험이 있어 이곳에서 미사 드린다

우리나라의 원효와 의상대사가 창건한 절이 많고 관련된 지역이 많은 것과 마찬가지로, 가톨릭에서는 성모의 출현 지역을 매우 신성시한다. 1531년 가톨릭으로 개종한 인디언 후안 디에고(Juan Diego)가 미사에 참석하려고 테페약(Tepeyac) 언덕을 넘고 있을 때 신비로운 빛을 발하는 구름 속에서 푸른 망토를 입은 성모가 나타났다. 멕시코인의 갈색 피부와 얼굴을 가진 성모의 모습이었다. 성모는 원주민 언어(토착어 나우아틀리어)로 디에고에게 주교에게 전할 말을 부탁했다. 성모가 나타난 곳에 성당을 지으라는 것이었다. 그러나 주교는 디에고의 상상에서 나온 이야기로 간주했고 성모께서 징표를 보여주면 기꺼이 성당을 짓겠다고 디에고에게 말했다. 훗날 디에고는 다시 한번 성모를 만나게 되

고 주교의 말을 전했다. 성모는 테페악 산 정상 부근의 꽃(장미)을 모아 디에고의 틸마(외투나 보자기로 쓰이는 겉옷 망토)에 담아서 주교에게 보이라고 했다. 디에고가 주교에게 장미가 담긴 틸마를 펼치니까 장미와 함께 망토에 성모 마리아의 모습이 새겨져 있었다. 이후 주교는 성모의 말씀을 따라 성당을 지었고 성모가 새겨진 망토는 기념 성당 안에 안치되었다. 이 망토는 지금 새로 지은 성당의 중앙 벽에 걸려있다. 직접 다가가서 망토를 볼 수는 없고 무빙워크(에스컬레이터)를 타면 비스듬하게 볼 수 있다. 미사를 드리는 많은 신자에게 피해를 주지 않고

후안 디에고가 성모에게 받은 망토를 주교에게 보여주는 장면이 있는 조형물

세 개의 돔으로 구성된 '템플로 델 포시토'는 지금껏 보지 못했던 독창적인 건축물이었다

감상할 수 있어서 좋았다.

 새로운 성당 앞에는 매우 큰 광장이 있는데 멕시코 전통 캐릭터를 닮은(캐릭터 안쪽에 십자가를 넣은 것 같음) 구조에 시계와 여러 개의 종이 달린 조형물(시계탑)이 상당히 크고 멋있다. 왼쪽에 구 성당이 자리 잡고 있다. 성당이 있는 자리는 Texcoco 호수를 메워서 조성된 곳으로 지반이 가라앉기 쉽고 지진에 매우 약한 곳이었다. 이탈리아 피사의 사탑보다 더 기울어져 신자들이 미사 드릴 수가 없게 되었다. 그래서 많은 신자를 수용할 수 있는 체육관 형식의 새로운 성당을 짓게 되었고 구 성당은 박물관 역할을 담당하고 있다. 구 성당 옆에는 후안 디에고를 성인으로 선포한(처음으로 중남미 원주민을 성인으로 선포함) 요한

바오로 2세의 큰 동상이 있다. 구 성당 안으로 들어가면 건물이 기울어진 것을 확인할 수 있고 걸으면서 균형을 잡기가 어려움을 느끼게 된다. 구 성당은 또 하나의 건물(Parroquia Santa Maria de Guadalupe Capuchinas, 카푸친 성당)과 붙어있다. 이 건물은 수도회 수련 학교인데 이곳을 지을 때 구 성당에 심한 침하 피해를 주었다. 아늑한 느낌이 들어서 순례자들이 기도할 때는 구 성당보다 이곳을 많이 찾았다고 한다. 구 성당은 벽이 노랗고 이 Capuchinas는 벽이 붉은색으로 묘한 조화를 이룬다. 과달루페 구 성당은 그리스도 왕의 속죄 교회(Templo Expiatorio a Cristo Rey)라고 적혀 있다. 구 성당은 1531년에서 1709년까지 지어졌다.

성당을 둘러본 다음으로는 테페악 언덕으로 오르기 시작한다. 어느 방향으로 기도 상관없이 광장과 다시 만나게 되는데 시계 반대 방향으로 가기로 했다. 디에고가 주교에게 망토를 펼쳐서 보여주는 금빛 조형물(Juramentos, 바친다는 뜻이 있음)이 성모 발현의 과정을 쉽게 알려준다. Antigua Parroquia de Indios 예배당도 작으나, 디에고와 성모 발현 사건을 그림과 조각으로 설명하고 있다. 예배당 옆에는 싱싱한 나무와 예쁜 꽃들이 있어 너무 아름다웠다.

예쁜 게 너무 많아서 쉽게 발걸음을 옮기기가 어려운 가운데, 앞에는 독창적인 하나의 예배당(Templo del Pocito, 포시토 예배당)이 있었다. 'Capilla del Pocito, 우물의 소성당'이라고도 불린다. 둥근 원통 모양의 벽은 붉은 화산암인 테존틀(Tezontle)로 되어 있고, 파사드와 창문은 흰색 돌인 칠루카(Chiluca)로 되어 있다. 지붕을 받치는 기둥은 아치형이고 창은 별 모양이다. 보라색의 굽은 벽(전체는 원통형)이 서로 이어지는 세 개의 돔으로 구성되어 있다. 돔 지붕은 전체적으로는 흰색인데 초록색으로 물결 모양을 그리고 있어 매우 현대적인 느낌이 난다. 1777년에서 1797년 사이에 지어진 '우물의 소성당'은 라틴 아메리카의 가장 독창적인 건축으로 평가된다. 이 성당은 우물(기적의 미덕을 지닌 물이 있음)을 보호하기 위해서 지어졌는데 내부는 회색빛을 띤 흰색과 아치형의 푸른색 천장이 신비로움을 자아낸다.

가톨릭으로 개종한 인디오들이 예수 그리스도를 경배하는 모습의 조형물과 인공 폭포

포시토 사원을 지나면 쉼터가 나오고 산기슭에 있는 인공 폭포와 분수대가 나온다. 분수대 옆에는 인디오들이 가톨릭으로 개종하고 예수 그리스도를 경배하는 모습의 조형물이 있다. 멕시코를 점령하고 이곳에 성전을 세운 스페인은 언덕에 대양을 항해한 스페인의 범선을 언덕에 조형물로 세워놓았다. 디에고가 성모를 만난 장소로 오르다 보면 계단 곳곳에 꽃으로 장식한 작은 제단이 나오고 그것을 배경으로 현지인들이 사진을 찍는 모습을 접하게 된다. 이 계단 길은 12월 12일 성모 마리아 축일에는 무릎으로 기어오르는 사람들로 가득 찬다. 용을 무찌른 미카엘 천사장(San Miguel)과 두루마리 성경을 들고 있는 천사를 만나면 세리토 예배당에 들어갈 수 있다.

테페악 언덕에 있는 세리토 예배당으로 오르는 계단에서 바라본 구 성당과 신 성당

언덕 마지막에 있는 카필라 델 세리토(Capilla del Cerrito) 성당은 후안 디에고가 성모를 만난 테페악 언덕 위에 있는 작은 성당이다. 작은 예배당에는 여러 그림과 벽화가 있는데 디에고와 성모의 만남, 인디언들의 개종 등이 잘 표현되어 있다. 꼼꼼하게 구경하고 작은 광장, 테라스 전망대로 나오니 해가 질 무렵이라 하늘이 연한 노란색으로 물들고 있었다. 광장에서 바라보는 성당들도 아름다웠지만 높은 언덕에서 바라보는 성당들과 산 아래에 펼쳐진 멕시코시티 경관은 너무 좋았다.

내려오는 길에 지구를 발아래에 두고 왕관을 머리에 쓰고 지휘봉을 들고 있는 예수의 모습을 한 동상도 볼만했다. 테페악 판테온이란 엘 세리토 채플에는 멕시코 전직 대통령과 주요 명사들의 유해가 잠들어 있는 곳이다. 테페악 판테온 앞에는 요한 바오로 2세의 거대한 동상이 있었다. 이곳에서 발현한 성모의 형상을 원주민처럼 표현한 탓에 오랫동안 성지로 인정받지 못했던 것을 요한 바오로 2세가 인정해 주었고 원주민 후안 디에고를 성인으로 추대한 것도 요한 바오로 2세가 했으니, 감사의 의미로 동상을 세운 것이리라.

5. 국립 역사박물관,
Museo Nacional de Historia

이름이 무척 많다. 이유는 오랜 옛날에는 요새(성)와 궁전으로, 대통령 관저로 쓰이다가 지금은 역사박물관으로 이용되고 있어서 그렇다. Castillo de Chapultepec은 성이란 이름이다. 막시밀리안 황제 궁전이라고도 불리었다. 건축물 자체는 작은 언덕 위에 있는 유럽식 궁전 스타일이다.

요새에서 막시밀리안 황제의 궁전으로, 다시 박물관으로 사용되고 있는 국립 역사박물관

분수대에서 본 국립 역사박물관의 옆 모습, 왼쪽 테라스에서 멕시코시티를 조망할 수 있다

1783년 당시 식민지의 왕이었던 베르나르도 데 가르베스가 군대의 성채 겸 별장으로 짓기 시작했는데 본국 에스파냐 왕의 방해 등으로 완성하지는 못했다. 멕시코 독립 이후 1840년 군인학교로 완성되었다. 1847년 미국과의 전쟁에서 최후의 요새가 되었을 때 6명의 소년 사관 후보생이 이 성에 남아 장렬한 최후를 마쳤다. 현재 이 6명은 니뇨스 에로에스(Niños Heroes, 소년 영웅들)로 불리며 국민에게 추앙받고 있다. 언덕으로 오르는 비탈길에서 그들의 기념비를 볼 수 있다. 1886년, 프랑스의 막시밀리안 황제에 의해 성은 궁전으로 개축되었고 그다음에는 역대 대통령의 관저로 사용되었다가 오늘날에는 박물관으로 쓰이고 있다.

박물관은 식민지 시대, 독립의 과정, 열강들의 간섭, 멕시코 혁명으로 이어지는 멕시코의 장대한 역사를 알려주는 자료와 유품을 전시한다. 정식 이름으로 표기하면 'Museo Nacional de Historia Castillo de Chapultepec'이다.

매표소에서 가이드로부터 티켓을 받아 언덕으로 오른다. 주말도 아닌데, 많은 시민이 올라간다. 일요일에는 자국민에게 무료이다. 물론 외국인에게는 입장료를 받는다. 부럽다, 도시 한가운데에 이렇게 큰 공원이 있으니 말이다. 뉴욕의 센트럴파크가 자꾸 떠오른다. 차풀테펙은 '메뚜기 언덕'이란 뜻이다. 이곳은 고대 아즈텍 시대부터 신성시 되어오던 곳이었다. 큰 도시의 가운데에 숲으로 된 높은 곳이었으니 돋보이는 것이 당연하다. 에스파냐 점령 이전의 유물은 국립 인류학 박물관에서 전시하고 점령 이후의 유물을 전시하고 있다.

스페인 식민지 군대와의 전쟁 모습을 담은 그림, 독립을 이룬 후의 모습을 담은 그림

프랑스에 의해 멕시코 황제로 추대된 막시밀리안은 합스부르크 왕가 프란츠 요제프 황제의 동생이다. 유럽 황족이 멕시코 황제의 칭호를 가지게 된 것이다. 프란츠 요제프는 막시밀리안에게 멕시코 황제로 가지 말라고 했지만, 막시밀리안은 멕시코로 와서 이 성에서 살았다. 이주한 지 3년 만에 처형당한다.

언덕으로 오르는 길에 나무 사이로 멕시코시티 시내가 슬쩍슬쩍 보이고 멋진 동상(Jose Maria Morelos y Pavon)도 길옆에 있어서 심심하지 않다. 티켓을 보여주고 입장했는데 박물관 입구로 가지 않고 먼저 후원 정원으로 향했다. 물을 높게 내뿜고 있는 분수대가 있고 테라스도 있는 멋진 정원이다. 테라스에서 내려다보면 초록의 숲이 바다처럼 펼쳐지고 그 뒤에 현대식 빌딩들이 우뚝우뚝 서 있다. 숲 가운데에 보이는 호수의 물빛마저 초록이다.

박물관이지만 베르사유 궁전에 들어온 느낌이다. 황제가 건물을 유럽식으로 꾸며서 그렇겠지만 호화로운 가구, 실내 장식, 유화 그림들이 있어서 그렇다. 역대 멕시코 대통령이 거주하던 모습을 보는 것도 상당히 좋았다. 특히 29대 대통령 디아즈는 프랑스를 동경하여 도시 전체를 유럽풍으로 꾸미고자 했다. 많은 시민의 원성을 사게 되었지만. 국민화가 디에고 리베라의 벽화는 아니지만 다른 작가들의 거대한 벽화에도 입을 다물 수가 없었다. 멕시코 시민이 본다면 그림에 담긴 역사적 사실들을 알고 있어서 더 크게 감동할 것이다. 죽음을 각오하고 일어선 독립운동(이달고 신부가 불을 붙인 독립운동 장면), 온 국민이 독재자에 항거하는 그림 등이 벽 전체에 걸려있었다.

  박물관의 전시를 크게 나누어 보면 반은 에스파냐 유물을 전시하고 반은 황제가 살던 시절, 대통령 관저로 쓰인 방의 모습이라고 보면 된다. 막시밀리안 황제는 양 갈래 수염을 하고 있어서 찾기가 쉽고, 보게 되면 지인을 만난 듯 친근한 느낌이 든다. 이제는 첫 번째 건물을 건너 유리로 기둥을 보호하고 있는 3층 테라스로 간다. 예쁜 테라스가 있는 3층 건물은 주로 막시밀리안 황제의 가족들을 위한 공간이었다. 특히 침실을 예쁘게 꾸며놓았는데 첫 건물에서 역사를 되새겼다면 이곳에서는 화려한 일상생활 모습을 볼 수 있기에 더욱 좋았다. 무엇보다 모두가 아름다웠다. 침실 사이에 있는 복도와 테라스 정원은 눈을 번쩍 뜨게 만들었다. 창 전체에 붙어있는 스테인드글라스는 유럽 성당에 있는 장미창이나 아치 모양과 다르게 전체가 빛을 받으니까 찬란한 아름다

3층 옥상 정원에서 바라본 멕시코시티, 하얀색의 기둥은 6명의 소년 영웅 기념탑이다

움이 최고였다. 어두운 곳에서 빛나는 성당의 스테인드글라스를 많이 보다가 밝은 곳에서 보는 스테인드글라스는 아주 색다른 느낌이었다. 그림도 예수의 생애를 그린 것이 아니라 그리스, 로마 신화에 나오는 듯한 여신과 포도 줄기, 나뭇잎 등으로 장식한 것이어서 좋았다.

건물 3층에 넓은 정원이 있다니 놀라움의 연속이다. 회양목을 가지런 히 잘라 길과 울타리의 경계선을 만들고 격자 형식으로 만든 예쁜 정원이다. 중간중간에 장미꽃을 비롯한 꽃들이 피어있어 잔디와 회양목이 만드는 초록과 무척 잘 어울린다. 압도하지 않은 친근한 아름다움이 느껴진다. 한 마디로 너무 귀엽다. 정원에 둘러싸인 작은 예배당, Oratorio 는 둥근 탑의 형식인데 꼭대기에 어마어마한 멕시코 국기가 게양되어 있다. 아쉽지만 출입 금지로 되어 있었다. 유리로 된 테라스, 3층 정원 한가운데에 둥근 탑 모양의 예배당이 사진 찍기에 그만이다. 사방 어디에서도 멋진 사진을 찍을 수가 있었다. 황제 가족의 방에는 방마다 여러 모양의 샹들리에, 꽃병, 의자, 거울, 시계, 침대 등이 모두 다르면서 고귀한 분위기를 자아냈다.

감탄과 사진 찍기로 혼미한 정신을 가다듬고 박물관 정면 앞으로 나왔다. 정면에도 분수대가 있는데 멋진 캐릭터를 찾았다. 제법 큰 메뚜기 조형물이다. 너무 예뻐서 손으로 쓰다듬었다. 시내를 내려다볼 수 있는 테라스에는 6명의 용감한 소년 병사들이 차례로 서 있고 대형 국기 게양을 좋아하는 멕시코인들의 취향을 유감없이 보여주는 대형 국기가 펄럭이고 있다. 멕시코시티의 중심을 잇는 대로(레포르마, Av Reforma) 와 부자들이 많다는 콘데사 지역이 조망된다.

메뚜기 분수대 옆 테라스 난간 위에는 멕시코에 충성한 6명의 소년 영웅상이 놓여 있다

차풀테펙 성은 '메뚜기의 언덕'이란 뜻이 있다. 메뚜기 조형물에서 물이 흘러나온다

막시밀리안 황제 가족이 거주했던 곳에는 통유리창 전체가 스테인드글라스로 덮여 있다

정리된 회양목, 여러 가지 꽃, 건물이 어울리는 옥상 정원은 아름다움의 극치를 보여준다

6. 동물원, Zoológico de Chapultepec

　동물원을 소개하기에 앞서 차풀테펙 공원(Bosque de Chapultepec)을 먼저 소개해야겠다. 앞서 구경한 국립 역사박물관, 동물원, 현대 미술관, 국립 인류학 박물관 등이 모두 이 공원 안에 들어있기 때문이다. 아마 도시 가운데 있는 세계에서 제일 큰 공원일 것이다. 뉴욕의 센트럴 파크보다 더 크다고 한다. 면적이 무려 약 7.3km^{2}에 달한다.

멕시코시티를 스페인어로 나타낸 CDMX 조형물이 공원 내 호숫가에 놓여 있다

나무 뒤로 분수대가 살짝 보이고 물놀이를 할 수 있는 오리배가 손님을 기다리고 있다

동물원을 구경한다고 했을 때 시큰둥한 마음이었다. 솔직히 식물원은 좋아하지만, 동물원은 별로 좋아하지 않는 사람이다. 큼큼한 냄새도 나고 동물들이 활기찬 모습이 아니라 축 늘어져서 잠만 자는 모습, 좁은 울타리에 갇혀 고생한다는 생각을 많이 하기 때문이다.

그래도 일행들과 함께 가는 것이니 그냥 따라가는 것이다. 공원 입구에 녹색 철제 울타리가 예쁘다. 거기에 커다란 사진까지 걸려있으니 더욱 멋지다. 숙소에서 걸어와서 조금 힘이 빠졌는지 가이드가 일행들에게 추로스(Churros, 길거리 간식)를 사서 건네주었다. 주름이 들어간 막대 모양의 길쭉한 빵인데 겉에 설탕이 뿌려져 있다. 쫄깃쫄깃하게 씹히는 맛이 좋았다. 콜라까지 마시니 기운이 난다. 입장료가 없고 규모가 제법 크기 때문에 절대 실망하지 않을 거라고 가이드가 알려준다.

호수, 동물원, 국립 인류학 박물관 등을 포함하는 어마어마한 크기의 차풀테펙 공원

녹색 철제로 꾸며진 동물원의 입구, 왼쪽은 표범, 오른쪽은 재규어, 입장료가 없다

공원에 들어서니 키 큰 나무들이 길옆에 나란하게 서 있고 하얀 꽃들도 나무 아래 피어있어 소풍이나 산책을 하기에는 그만이다. 대구에도 도심에 이런 멋진 공원이 있으면 좋겠다. 국채보상운동 기념 공원도 나름 예쁘나 규모가 좀 작다. 쭉쭉 앞으로 걸어가니까 호수가 나왔다. 폭은 그리 넓지 않으나 긴 호수였다. 공원 안에 호수가 있다니! 감탄은 이것만이 아니다. 호수 가장자리 첫 입구에 'CDMX'라는 커다란 글자 모형이 있었다. 호기심이 가득한 여행자는 즉시 휴대폰을 꺼내 의미를 확인했다. 'Ciudad de Mexico' 멕시코시티를 스페인어로 나타내고 대표 글자를 뽑아서 조형물로 만든 것이었다. 호수에는 오리 모양의 배, 고래 모양의 파란 배들이 많았다. 공원 안 호수 안에서 뱃놀이를 즐길 수 있다는 것이다.

동물원에 가까워질수록 길가에 노상 가게들이 많았다. 솜사탕, 액세서리, 기념품, 옷, 먹거리 등을 팔고 있는데 머리에 긴 원숭이 인형을 쓰고(끼고) 다니는 분이 많았다. 회전목마도 있다. 주말에 시민들이 우르르 몰려나온다고 해도 공원이 너무 방대하니까 복잡하지 않을 것 같다. 차풀테펙 공원은 다양한 문화 행사, 축제가 열리는 곳이고 생태계의 보고였다. 여러 가지 새들이 서식하고 청설모 등 여러 동물이 산다. 휴식과 여유를 즐기기에 최적의 장소이다 보니 현지인, 관광객 모두에게 인기 있는 장소가 되는 것이다.

바닥에 박힌 'Zoological' 간판과 녹색 철제문이 보인다. 입구 옆에는 매표소가 아니라 짐을 맡기는 코인 로커가 있는 시설이었다. 녹색 철제문에는 표범과 재규어 두 마리의 동물 조형물이 놓여 있다. 별로 기대

목이 너무 길어서 물을 마실 때 앞 다리를 삼각형 모양으로 만들어야 하는 기린의 모습

를 안 했는데 조형물이나 동상이 모두 멋져서 갑자기 마음이 뜨거워졌다. 사자 동상과 큼직큼직한 광고판도 대단하다.

원숭이를 시작으로 낙타, 산양, 기린 등을 보았다. 우리가 상당히 커서 동물들이 활기차고 생생한 모습을 보여주었고 그다지 냄새도 나지 않았다. 무엇보다 인공 바위를 커다란 나무와 어울리게 만들고 동물들이 자유롭게 움직일 수 있도록 큰 공간을 확보한 우리가 좋았다. "동물원이 이렇게 멋있을 수가 있구나" 그런 생각이 들었다. 가만히 여행 이력을 더듬어 보니 동물원을 싫어한다고 하면서도 세계의 유명 동물원을 본 기억이 떠올랐다. 홋카이도 아사히카와의 동물원, 하와이 호놀룰루의 동물원도 봤다. 두 곳 다 정성을 기울인, 동물들에게 우호적인 동물원이라고 이름이 난 곳인데, 멕시코시티의 무료로 입장하는 동물원이 더 좋은 것 같다.

하마를 아주 가까이 볼 수 있었고 다양한 종류의 사슴과 염소(영양)를 보았다. 과나코(Guanaco), 아쿠아티코(Acuatico), Nyala가 모두 비슷한 모양의 동물이다. 해당 동물의 우리 앞에 커다란 동물의 사진과 함께 영어로 안내하는 정성이 고마웠다. 기린이 물을 마실 때 다리를 삼각형으로 벌리고 마시는 장면도 확인했다. 흰 바탕에 검은 무늬가 있는 흰 호랑이(백호)가 바로 앞 유리문 옆을 걸어갈 때는 공포와 짜릿함을 느꼈다. 온통 새카만 모습에 눈만 반짝이는 호랑이 크기의 재규어가 지나갈 때는 시커먼 색깔로 인해 호랑이보다 훨씬 더 무서웠다. 나무 그네를 타거나 이를 잡는 원숭이의 활발한 모습도 좋았다. 튀어나온 이빨이 없는 멧돼지 종류는 오히려 귀여웠다.

동물원 안에는 나비 전시관과 수족관, 파충류 전시관이 있는데 이곳들은 별도의 입장료를 내고 들어가야 한다. 무료인 동물원이 이 정도이니 분명히 감탄할 만한 구경이 될 것 같았다. 한 동물 우리에서 다른 곳으로 옮겨 가는 길에는 예술 감각이 뛰어난 다양한 조형물이 있어 심심할 겨를이 없었다. 멕시코시티를 방문하는 여행자라면 무료인 동물원을 놓쳐서는 안 된다고 강조하고 싶다.

백호가 구경하는 일행을 똑바로 바라보고 있다. 태어나서 흰 호랑이는 처음 봤다

멧돼지처럼 보이는 동물인데 주둥이가 뭉툭한 게 귀엽다. Baird Tapir, 베어드 테이퍼

넓은 공간에서 기린과 함께 활발하게 움직이는 얼룩말이 행복하게 보여서 좋았다

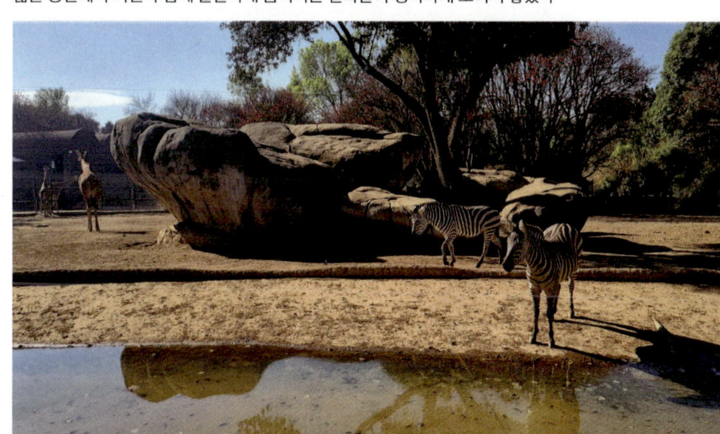

7. 국립 인류학 박물관,
Museo Nacional de Antropologia

이 박물관을 방문하기 위해 멕시코시티를 여행하는 사람이 많다고 하는 라틴 아메리카 최고의 박물관이다. 루브르와 대영 박물관, 상트페테르부르크의 에르미타주 박물관급에 속한다. 총 23개 전시실이 있고 문명, 시대별로 약 60만 점의 유물이 전시되고 있어 관람하는 데에도 하루 종일이 걸린다.

멕시코 여행의 첫날 테오티우아칸의 감동이 사라지지 않는 가운데 또다시 이런 멋진 곳을 보게 되어서 기대가 컸다. 하지만 사전 지식이 너무 부족해서 방문 전날 밤, 벼락치기지만 공부를 엄청 많이 했다. 멕시코에서 일어난 문명이 너무 많아서 헷갈렸다.

문명의 형성기, 고전기, 후기 고전기로 나누어 살펴보지 않으면 여러 문명이 어떻게 발생하고 영향을 주고 사라졌는지 파악하기가 힘들다. 형성기는 대략 기원전 1500년에서 기원후 300년 사이이다. 올메카(올멕, Olmeca) 문명은 이름도 처음 들었는데, 기원전 1500년~기원전 400년에 번성했다. 작은 초기 도시들을 모아 문명이 만들어졌다. '올메카'라는 이름도 지역 언어인 나우아틀(Nahuatl)어로 '고무 사람'이란 말에서 파생되었다. 인신 공양, 숫자와 달력(훗날 마야 문명에 많은 영향을 끼침), 공놀이의 흔적이 있었고 비를 관장하는 재규어와 뱀을 숭상했다. 사포테카(Zapoteca) 문명도 생소한 이름이었다. 와하카 계곡에서 번영하였고 고대 도시 몬테 알반(Monte Alban)에 공놀이 경기장부터 각종 귀중품이 매장된 피라미드(무덤)를 볼 수 있다. 마야(Maya) 문명은 과테말라 고지대를 중심으로 기원전 500년경에 가장 초기 형태의 문명을 형성한다. 마야는 마이즈(Maize, 옥수수)라는 말에서 파생되었다. 올멕과 사포테카와 달리 마야 문명은 그 후에 일어나 테오티우아칸의 영향을 받으면서 오래 지속되었다.

선인장 위에 앉아 뱀을 물고 있는 독수리 문양이 새겨져 있는 국립 인류학 박물관 입구

문명의 고전기는 기원후 300년에서 900년 사이의 기간이다. 마야 문명은 유카탄반도와 과테말라 북부를 중심으로 기원후 3세기가 되어 번성한다. 가장 오래된 도시 티칼(Tikal)이 유명하다. 올멕 문명에서 시작된 천문학과 역법을 발달시켰고 0의 개념을 사용했다. 테오티우아칸은 기원전 200년경에 발생해 기원후 200년에서 650년에 전성기를 이루다 갑자기 사라진 문명이다. 태양이 생성되고 멸망하는 이야기가 이채롭다. 제4 태양이 멸망하고 제5 태양을 위해 신들이 태양의 피라미드에 모였으며 두 신이 뛰어 들어와 각각 태양과 달이 되었다는 것이다.

후기 고전기는 기원후 900년에서 스페인 정복기 사이의 시기다. 톨테카(톨텍, Tolteca) 문명은 테오티우아칸이 쇠퇴하던 후기 멕시코 중앙에 있는 툴라(Tula)를 중심으로 발생했다. '아틀란테'라는 거대한 전사의 모습이 새겨진 석상이 유명하다. 아즈텍(Azteca)문명은 '멕시카나 문명'이라고도 불려서 관광객들에게 혼란을 준다. 13세기경 멕시코 고원으로 온 멕시카(Mexica)인이 호수 속의 섬에 테노치티틀란을 세웠다. 지금의 멕시코시티다. 가장 잔혹한 인신 공양이 이뤄졌는데 4일간 약 84,000명의 죄수를 제물로 바친 때도 있었다. 마야 문명은 가장 오래 지속된다. 후기 고전기 마야 문명은 유카탄 북부, 치첸이트사, 욱수말 등의 도시 국가를 중심으로 발달했다. 1900년 정글 속에 버려져 있던 것을 미국인 톰슨이 발견했다. 쿠쿨칸의 피라미드가 유명하다. 이렇게 살펴보면 어떤 한 문명만 특수하게 뛰어난 것이 아니라 앞선 문명의 영향을 받고 더 발전시켜 나가는 모습임을 알 수 있다.

차풀테펙 공원을 지나 차도를 건너자 대단한 크기의 틀랄록(Tlaloc)

상이 서 있다. 완전 전통 모양이 아니고 살짝 현대화된(추상화된) 모습
이었다. 아즈텍에서 비와 물의 신이자 수확의 신이다. 해일과 태풍 등의
천재지변을 일으키는 존재이기도 해서 고맙기도 했지만 두려움의 대상
이었다. 벌린 입 사이로 보이는 이빨이 짧은 다리로 보이고 전체적으로
난쟁이 로봇처럼 보여서 살짝 웃겼다. 커다란 멕시코 국기가 걸려있고
하얀 정문 벽에는 국기에도 그려진, 선인장 위에 앉아 있는 독수리가
뱀을 물고 있는 문양이 새겨져 있다. 박물관 입구에 들어서면 팔렝케의
'생명의 나무'를 모티브로 한 대형 분수가 관람객을 맞이한다. 재규어
와 태양의 신이 새겨진 검은 대리석 기둥과 천장에서 물이 구슬처럼 떨
어진다. 박물관 1층에는 스페인 정복 이전의 고대 문명 유물을, 2층에
는 원주민들의 생활을 재현한 민속품들을 전시한다. 문명 전시실에 앞
서서 입장 대기 장소에는 표범을 닮은 재규어와 푸른 뱀을 닮은 케찰코

재규어와 태양의 신이 새겨진 기둥이 있는 생명의 나무 분수대 천장에서 물이 떨어진다

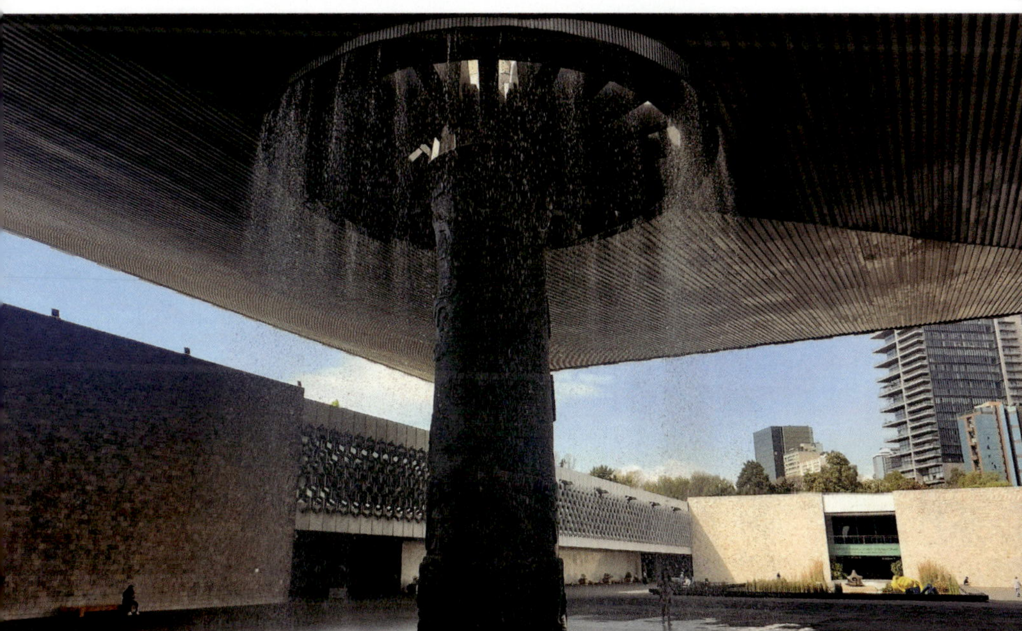

아틀이 싸우는 장면의 그림이 한쪽 벽을 모두 차지하고 있었다.

처음에 관람한 것은 옛날 멕시코인의 생활상이었는데 미술책에서 봤던 알타미라 동굴 벽화와 흡사한 벽화가 있어서 신기했다. 진품이 아니고 복제품(레플리카)인 것 같았다. 작은 인형을 닮은 토우, 실제 유골도 보여주었다. 테오티우아칸 전시실(Sala, 관)에는 피라미드의 한 부분(벽면)을 떼어 붙인 형태의 복제품이 있었다. 용 비늘로 보이는 물결은 피라미드를 감싸고 있는 케찰코아틀의 몸이다. 이 전시실은 야외로 연결되는데 테오티우아칸 전체를 미니어처로 꾸며 놓았다. 톨텍관에는 '아틀란테'라고 불리는 거대한 전사 석상이 멋지다. 10~12세기에 발달했던 문명이다. 가장 큰 전시실은 아즈텍관이다. 스페인의 정복자 코르테스가 멕시코에 왔을 때, 멕시코 대부분 지역을 지배하고 있었던 문명이다. 아즈텍관에서 제일 인기 있는 것은 태양의 돌(Piedra del Sol)이다. 천문학 수준을 알 수 있는 달력이라고 많이 설명하는데 왠지 메히카족의 정복 기념물(테말라카틀) 쪽에 한 표를 던지고 싶었다.

살라 마야(마야관)에는 유물이 너무 많은데 가장 소개하고 싶은 것은 차크몰(Chacmol)이다. 고개는 관객을 향하고 엉덩이를 대고 누운 자세인데 배 쪽에 그릇을 올리고 두 손으로 잡고 있다. 저 그릇에 사람의 심장을 놓고 신에게 바쳤다. 듣기만 해도 섬뜩한데 '아니, 뭘 그렇게 놀라세요?' 이런 표정으로 보인다.

오아하카관과 멕시코만관을 지나면 야외에 몬테 알반 무덤이 있다. 이것도 건축물을 재현해 놓은 것인데 정글처럼 나무가 있는 곳에, 작지만 아주 멋지게 만들어 놓았다. 잠시, 머리를 식히고 재충전하기에도 좋은 곳이다. 실내 전시관으로 들어가지 않고 쭉 걸어가면 마야 사원이 나온다. 야외 전시물을 보고 좀 쉬었다가 마야관으로 입장하기를 권한다. 마야관 지하에는 팔렝케 지역을 다스렸던 파칼(Pakal) 왕의 무덤이 복원되어 있다.

시간이 넉넉하다면 선사시대부터 톨텍관까지 본 다음 박물관 광장으로 나와서 벤치에 쉬었다가 다시 아즈텍관으로 입장하는 것이 제일 좋다. 광장에는 얕은 물이 못처럼 고여 있는데 수생 식물도 있고 조각품(노란색, 푸른색, 빨간색의 조형물)이 있어 휴식하기에 그만이기 때문이다.

아시아, 유럽과는 확연히 다른 중앙아메리카의 옛 문명을 돌아볼 수 있어서 귀한 여행이 되었다.

재규어와 깃털 달린 뱀이 싸우는 모습이 전시실 한쪽 벽을 가득 채우고 있다

알타미라 동굴 벽화를 떠올리게 하는 동굴 벽화를 재현해 놓았다. 선명한 그림이 놀랍다

깃털 달린 뱀의 케찰코아틀, 외계인 모양의 틀랄록이 있는 신전의 외벽을 재현해 놓았다

한가운데 달력을 나타내는 둥근 돌이 있는데 개인적으로는 기념물로 보는 의견에 공감한다

전시관 한가운데에 작은 못이 있다. 머리를 좀 식힌 후에 다른 전시실로 입장하면 좋다

8. 가리발디 광장, Plaza Garibaldi

　본격적인 남미 여행의 시작은 멕시코에서부터였다. 캐나다 밴쿠버에 도착해서 공항 주변에 있는 '맥아더 글렌 아웃렛'을 구경한 후 다시 멕시코시티로 넘어왔다. 숙소에 짐을 놓고 저녁을 먹으러 호텔 밖으로 나왔는데 분위기가 심상찮다. 붉은 조명, 가게 앞 화려한 장식, 왁자지껄 떠드는 소리가 홍등가를 연상시켰다. 식사를 기다리다가 지루해서 밖으로 살짝 나와봤는데 대박! 멋진 광장이 나왔다. 광장 입구로 연결되는 곳에 숙소가 위치한 것이다. 이름은 가리발디 광장인데 멕시코시티에서 아주 유명한 곳이었다.

　다음날, 아침 식사 시간 전에 시간이 남아서 광장 주변을 둘러보았다. 유명한 마리아치(멕시코의 유랑 악단) 사진이 광장에 걸려있고 지붕이 있어 쉴 수 있는 정자 모양의 시설이 광장 한가운데에 있었다. 광장 가장자리에는 잠자고 있는 노숙자도 보이고 주변을 순찰하는 경찰도 보여서 조금 무섭기도 했다. 주변 건물에는 화려하고 큰 그라피티가 많아서 멋진 사진을 찍을 수 있었다. 호텔이 있는 광장으로 들어가는 입구에는 유명한 마리아치의 동상과 키 큰 야자수가 많았다. 마리아치 동상은 대부분 장식이 화려하고 챙이 큰 솜브레로 모자를 들고 있거나 쓰고 있는 모습이었다. Martin Urieta(Mujeres Divinas는 출신 지역인 듯함) 등의 레전드 마리아치들이 광장까지 죽 늘어서 있다.

아침을 먹고 여행을 시작했는데 큰일이 벌어지고 말았다. 'Garibaldi' 글자 조형물이 있는 곳에서 일행의 사진을 찍어주려다가 등받이가 없는 새까만 돌 벤치에 부딪혀 넘어졌다. 부끄러워서 얼른 옷을 털고 일어섰으나 무릎이 조금 까졌다. '여행 첫날부터 덤벙대다가 이런 일이 생기다니' 조심하지 못한 자신이 창피하고 긴 여행 일정(44일간)에 다른 사고가 나지 않도록 조심해야겠다고 다짐했다. 낮에 여행할 때는 몰랐는데 저녁이 되자 갈비뼈가 계속 욱신거렸다. 연고를 바르고 밴드를 붙인 무릎은 금세 나았으나 가슴 통증은 일주일가량 계속되었고 기침할 때는 가슴이 울려서 더 고생해야 했다.

솜브레로 모자와 기타를 들고 있는 모습의 전설적인 마리아치 동상이 많다

국립 인류학 박물관을 오갈 때도 보고 소칼로 광장을 오갈 때도 보아서 가리발디 광장은 어느새 친근한 사이로 변했다. 나중에 깨달았는데 이 광장은 마리아치의 성지(메카)였다. 많은 마리아치가 모여서 서로 일정을 이야기하고 일(음악 연주)하러 떠나기도 하고 광장 근처에서 손님을 찾기도 했다. 카페에서 커피를 마시거나 레스토랑에서 식사하는 사람, 지나가는 사람을 관객으로 공연을 펼치고 버스킹 형태의 공연(연습을 겸한 듯)을 하기도 했다. 너무나 많은 팀이 와서 직업으로 먹고 살 수 있을까? 하는 오지랖 걱정이 되기도 했다.

저녁마다 숙소에서 마리아치에 대해 조사했더니 멕시코의 독창적인

마리아치의 메카 가리발디 광장은 공연 일정과 생활을 의논하는 공간이고 공연장이었다

광장 주변에는 각종 그라피티, 야자수, 마리아치의 동상과 사진 등 볼거리가 아주 많다

문화라는 것을 알 수 있었다. 마리아치(Mariachi, 거리의 음악사) 문화는 멕시코 국민의 삶이었다. 부모님 생신, 결혼식, 연인들의 데이트, 장례식 등 삶의 귀중한 순간에는 늘 마리아치의 음악이 있었다. 저 많은 마리아치가 어떻게 돈을 벌어 살 수 있을까? 하는 생각은 기우였다. 휠체어를 탄 어머니를 모시고 와서 가족들이 마리아치의 음악을 즐기는 장면도 목격했고 남자가 여자에게 사랑 고백을 하고 난 후에도 마리아치들이 분위기를 이끌었다. 마리아치가 가족을 하나로 묶어주는 징검다리 구실을 하고 있었다. 관객들은 고향에 대한 사랑의 표현, 뿌리 깊은 전통으로 마리아치를 대한다. 단순히 흥을 돋우는 것만이 아니라 고향, 자연, 신앙 등 지역의 정체성을 나타내고 추억, 마음의 치료, 유대를 강화하고 있었다.

글자 조형물 앞에서 사진을 찍어주려고 오지랖을 떨다가 돌의자에 부딪혀 넘어졌다

광장 가운데는 지붕이 있는 시설물이 있고 주위에 유명한 멕시코 연예인들의 사진이 있다

마리아치는 과달라하라에서 시작되었고 2명 이상으로 지역의 전통 의상을 입고 주로 현악기로(바이올린, 하프, 비우엘라, 기타) 구성된다. 그 후 1930년 멕시코 정부가 추진한 국가주의 정책에 의해 마리아치 문화는 멕시코시티에서 약간의 변화가 일어났다. 현악기 외에 트럼펫이 추가되고 네 명 이상의 연주자가 차로(Traje de Charro) 의상을 입고 음악을 들려주는 것이다. 멕시코 승마복을 변형한 재킷, 은장식과 기하학적 무늬가 그려진 바지, 발목 높이의 부츠, 솜브레로 모자가 전형적인 멕시코시티 마리아치의 모습이다. 검은색에 빛나는 장식이 달려있어 깔끔하면서도 화려했다.

가리발디 광장은 낮보다 밤 11시 무렵, 마리아치들의 가장 활발한 무대가 펼쳐진다

지역 주민이 마리아치의 연주에 맞추어 춤을 추는 장면은 감동 그 자체!

　가리발디 광장의 마리아치가 특별한 것은 지역 시민들과 함께 공연을 하기도 하는 것이다. 어린이와 노인도 멋진 전통 의상을 입고 마리아치와 함께 노래하고 춤을 추는 합동 공연을 보여주는 장면도 있었다. 외국인 관광객을 만나면 그들의 나라 노래나 음악을 들려준다. 특정 장르에 얽매이지 않고 민요, 여러 지방의 노래, 폴카, 왈츠, 세레나데, 란체라와 볼레로(현대 음악)까지 다양한 레퍼토리를 구사하고 있었다. 2011년 유네스코 무형유산으로 등록되었던 까닭도 사랑, 향수, 종교 등 멕시코인의 삶을 어루만져주고 스페인어, 원주민 언어로 문화를 계승했기 때문이었다. 멕시코인은 요람에서 무덤까지(쿠바 아바나) 마리아치의 음악과 함께한다고 보면 된다. 외국인 관광객이 이 사실을 모르면 나처럼 오해하게(저렇게나 많은 마리아치가 과연 직업으로 살아갈 수 있을까? 하는 것) 될 것이다.

노래를 제법 많이 안다고(팝송, 엔카, 샹송, 파두 등) 자부하고 있었는데 무식이 탄로 나고 말았다. 조영남이 번안해 불렀던 '제비'는 마리아치가 장례식 때 부르던 노래(La Golondrina)였다. 우리나라 최초의 남성 사중창단 블루벨즈가 불렀던 '희미한 옛사랑의 그림자'는 멕시코 트리오 밴드(로스 트레스 디아멘테스)가 부른 루나예나(보름달)의 번안곡이었다. 멕시코인은 성격이 급한 다혈질로 신나는 노래만 부를 것으로 생각되었지만 유독 사랑 노래(연가)도 많았다. 베사메무초(키스해주세요), 쿠쿠루쿠쿠 팔로마(비둘기)가 대표적 연가였다.

밤 11시에 가장 많은 마리아치가 가리발디 광장으로 모인다. 100~200페소(8,000원~16,000원) 정도를 내면 연주를 해주고 신청곡도 받아준다는데 부끄러워서(스페인어를 못해서) 시도하지 못한 것이 못내 아쉬웠다.

9. 플라야 델 카르멘, Playa del Carmen

플라야 델 카르멘에 있는 유명한 마미타스 해변, 오른쪽에 코수멜로 가는 선착장이 있다

41일 동안의 남미 여행을 끝내고 다시 멕시코로 올라왔다. 칸쿤공항에 내려서 Playa del Carmen으로 왔는데, 처음엔 칸쿤(Cancun)인 줄 알았다. 칸쿤 시내에서 50km 정도 떨어져 있는 도시였다. 멕시코 동부의 항구 도시로 퀸타나루주의 세 번째로 큰 도시였다. 과거에는 작은 어촌에 불과했는데 칸쿤이 세계적인 휴양지로 발전하면서 이 도시도 덩달아 유명 관광지가 되었다. 칸쿤에서 남쪽으로 약 70km 떨어져 있는데 배낭여행자와 스쿠버다이버들의 성지이고 물가도 칸쿤보다 싸서 늘 관광객으로 넘쳐난다. 칸쿤과 플라야 델 카르멘이 있는 유카탄반도는 과거 마야 문명이 발달했다. 플라야 델 카르멘 주민의 30%가 마야 혈통이다.

첫날 저녁을 먹기 위해 해변으로 나왔다. 영화 '레옹'에 나오는 킬러지만 순수한 레옹과 환상의 단짝인 마틸다(상처 많은 어른스러운 아이) 그라피티가 벽 전체에 그려져 있었다. 크기나 소재 선택이 탁월했다.

해변에도 마리아치들은 손님을 찾고 있다. 카리브해를 즐기는 관광객으로 북적대는 해변

모처럼 만에 세련된 레스토랑으로 입장했다. '마미타스 해변(Mamitas Beach)'에 있는 식당이다. 모자반같이 생긴 해조류 사르가소(Sargasso)가 없고 민트색의 바다색이 아름다운 카리브해가 바로 눈앞에 있다. 저녁 무렵인데도 현지인과 관광객으로 아주 활기차다. 느긋하게 누워있는 사람들, 해수욕을 즐기는 사람들, 애완견을 데리고 산책 나온 현지인, 고객을 찾는 마리아치, 음악을 틀어 호객하는 선셋 비치 클럽, 전등을 밝히는 레스토랑 등 세계적인 휴양지이자 관광지임을 실감했다. 식사하고 해변으로 나오니까 오른쪽에는 코수멜(Cozumel)로 가는 선착장(Pier)이 노랗게 빛나고 있었다.

다음날 치첸이트사 관광을 끝내고 나서는 퀸타 아베니다(Calle Quinta Avenida)를 돌아봤다. 스페인어로 '5번가'라는 뜻인데 굉장히 넓은 보행자 전용도로다. 모처럼 만에 화려한 명동 거리를 느껴본다. 맥도날드, 도미노, 스타벅스 등 온갖 프랜차이즈가 보인다. 멕시코시티보다 훨씬 더 세련되고 화려해서 놀랐다. 멕시코가 이렇게 잘 사는 나라인가? 멕시코 현지 음식을 파는 식당, 작은 갤러리, 바, 기념품 가게 등이 거의 단층 건물이 아닌 2층, 3층으로 튼튼하게 지어진 것도 색다르다. 골목 안으로 들어가다가 '프리다 칼로 박물관'도 발견했다. 멕시코 화폐도 없고 시간도 없어서 그냥 매표소 안으로만 들어가 봤다. 남편 리베라가 벽화 화가로서 유명했으나 이제는 리베라보다 프리다가 멕시코의 국민화가, 남미의 대표적인 화가가 된 느낌이다. 견딜 수 없는 육체적인 고통과 남편의 바람으로 정신적인 고통을 겪으면서도 그림에 열정을 쏟았던 여류화가가 존경받아야 하는 것은 마땅하다.

킬러 레옹과 환상의 단짝 마틸다가 그려진 벽화가 플라야 델 카르멘 거리 입구에 있다

스페인어로 '5번가'라는 뜻이 있는 보행자 전용도로에는 볼거리가 무척 많다

골목마다 기념품 가게마다 프리다 칼로의 얼굴을 그린 그림이나 기념품이 넘쳐난다

거리를 구경하다가 우연히 발견한 프리다 칼로 박물관, 프리다는 멕시코 국민 화가이다

과테말라의 안티구아에서는 펩시가 이겼고 멕시코의 칸쿤에서는 코카콜라가 승리했다

칸쿤은 콜라 전쟁에서 코카콜라가 이겼다. 과테말라와 달리 슈퍼에 빨간 코카콜라로 칠해져 있었다. 플라야 델 카르멘은 마미타스 해변과 평행하게 뻗은 약 5km의 거리를 가지고 있다. 5번가 주위에는 작은 성당, 로스 폰다 도레스 공원, 청동 조각상인 마야 문(Portal Maya), 유명 리조트와 호텔 소유의 프라이빗 비치 등 볼거리가 넘치는데 반밖에 보지 못해서 아쉬움이 컸다.

10. 세노테 익킬, Cenote Ik Kil

칸쿤을 둘러보는 여행자는 세노테란 이름을 정확하게 알아야 한다. 익킬의 세노테를 보고 치첸이트사로 가는데 곳곳에 세노테란 이름이 있어 이상했다. 우리가 방문한 곳이 세노테였는데 그렇게 생각한 것이다. 세노테는 어떤 한 지역의 고유명사가 아니라 특별한 지형의 이름이었다. 유카탄반도에 약 6,000개 정도가 있다고 한다. 우리는 수많은 세노테 중 가장 유명한 익킬에 있는 세노테를 방문한 것이었다.

빗물이 스며든 석회암 지대가 침식으로 지표 아래에 공간이 생기고 점점 커져서 동굴이 된다. 계속되는 붕괴로 동굴 윗부분이 뚫리면 지하수가 드러난 천연 샘(우물)이 나온다. 이런 곳을 세노테라 부른다. 고대 마야 문명 지역에서는 담수원 역할, 종교의식으로 활용된 공간이다. 세노테는 생긴 형태에 따라 완전 지하(동굴형), 반쯤 지하(고대형), 땅 표면과 같은 높이(준 개방형), 지상에 완전히 열려 있는 것(개방형)으로 나뉜다.

익킬의 세노테는 지름이 60m, 깊이가 40m에 이른다. 세계 9대 싱크홀 중 하나라고 한다. 입장권을 사는 매표소 옆 휴게소에 해골 머리를 했는데 예쁜 드레스를 입은 여자 조형물이 관광객의 눈길을 끈다. 멕시코는 죽은 자들의 날(10월 말에서 11월 초, Dia de los Muertos)이라는 행사를 즐기는 나라다. 미국의 핼러윈을 떠올리면 된다. 그래서인지 곳곳에 해골 조형물이 많이 보인다. 해골에 알록달록하게 선을 그리거나 색칠하고, 뼈 모양의 사탕도 있으며 드레스를 입은 해골 조형물이 제일 많다.

우리나라 초가집처럼 식물 줄기로 지붕을 덮은 건물이 유명 관광지의 분위기를 연출했다. 연분홍과 진한 붉은색의 부겐빌레아도 너무 예쁘다. 야자수가 많아 정글의 느낌도 난다. 큰 안내판과 함께하는

세노테 주변에는 열대 식물이 둘러싸고 있어 원시와 정글의 느낌이 강하게 느껴진다

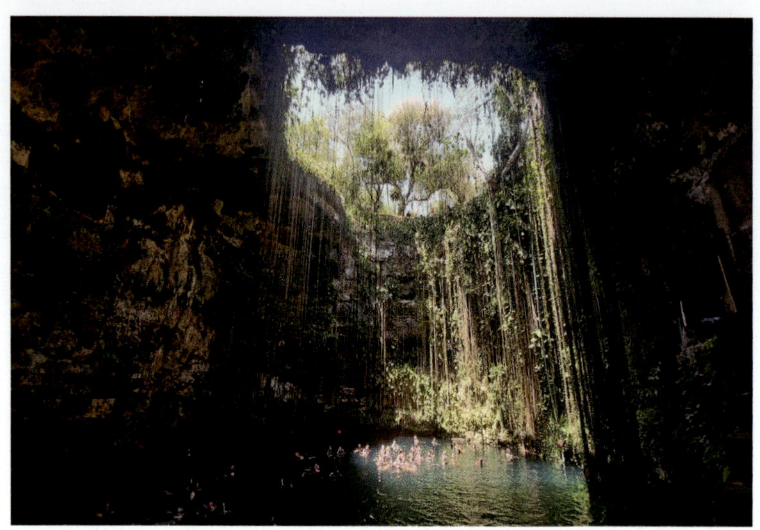

식물의 뿌리가 커튼처럼 드리워지고 깊은 동굴의 물은 신비로움을 자아낸다

산소통을 짊어진 잠수부 모형이 예술이었다. 녹슨 쇠붙이를 이어서 만들었다. 세노테의 깊은 웅덩이(우물)가 보인다. 까마득한 깊이다. 입장을 기다리는 사람들은 서 있고 물 위에 드러누워 둥둥 떠다니는 사람도 많다. 식물의 뿌리가 커튼(가렴, 발)처럼 웅덩이로 치렁치렁 떨어지고 있는 모습이었다. 뿌리의 길이가 10m 정도는 돼 보인다.

팔에 매표소에서 받은 주홍색 테이프를 감고 들어간다. 세노테의 수질 보호를 위해 화장과 선크림을 지우고(샤워 후) 구명조끼를 착용하고 들어가야 한다. 탈의실에서 수영복으로 갈아입고 옷과 짐은 사물함(Locker)에 넣고 구명조끼를 입었다. 빨간 관상용 생강꽃이 핀 곳에 타원형 지붕의 샤워 시설이 있다. 물을 덮어썼는데 조금 차가웠다.

구명조끼가 걸려있는 오른쪽에 다이빙대가 있고 왼쪽 그 옆에 물로 들어가는 입구가 있다

레스토랑 주위에 있는 나무는 캄보디아 앙코르톰에 있는 사원을 휘감은 나무와 비슷했다

세노테로 내려가는 길은 지하 계단인데 백열전구가 켜져 있어 동굴 탐험의 느낌이 났다. 살짝 굽은 계단으로 내려가니 동굴이 나타났다. 위에서 봤을 때는 옥색(밝은 민트색)이었는데 그늘이 져서 짙은 녹색으로 보였다. 무섭다. 갈라파고스 협곡 스노클링 장소에 뛰어들 때는 무섭지 않았는데. 물로 뛰어드는 입구와 오른쪽 계단으로 올라가야 하는 다이빙대에는 안전요원이 있었다. 벽에는 빨간 구명 튜브도 걸려있었다.

머뭇거리다 물로 뛰어들었다. 뒤에서 사람들이 기다리고 있기 때문이다. 구명조끼 덕분에 몸이 떠서 공포감이 줄어들었다. 깊이가 있는 웅덩이라 그런지 샤워할 때보다 더 차갑게 느껴졌다. 배영하듯이 뒤로 드러누워서 위를 올려다봤다. 이젠 땅속 웅덩이가 아니라 하늘 웅덩이가 나타났다.

3분 정도 있다가 바로 웅덩이 밖으로 나왔다. 동굴 속 구멍에 사는 새가 들어왔다가 나갔다 하고 남미의 팬플루트 소리가 동굴에 흘러나오니 더욱 신비한 느낌이 난다. 저 아래에 인신 공양의 해골이 있을지도 모른다고 생각하니 신비감이 점점 더 커졌다. 동굴의 위쪽 테두리도 초록의 식물들이 꽁꽁 감싸고 있다.

즐겁게 물놀이하는 인생 선배들이 너무 예쁘게 보이고 박수를 보내는 마음이었다. 젊은 편에 속하는 내가 '상 영감'이란 생각이 들어 웃음이 나왔다. 일행의 모습과 신비로운 동굴의 사진을 많이 찍었다. 옆으로 찍어도 위아래로 세워서 찍어도 모두 작품이다. 테오티우아칸의 동굴 식당, 익킬의 세노테도 지인들에게 자랑할 만한 장소가 되었다.

점심은 탈의실 뒤편에 마련되어 있었다. 뷔페식인데 완전 자유가 아니고 원하는 음식을 달라고 하면 직원이 접시에 담아주는 방식이었다. 먹어보고 마음에 드는 것을 더 달라고 할 수 있어 많이 먹을 수 있었다. 샐러드, 고기, 볶음밥, 파스타, 여러 과일(분홍 멜론, 수박, 파인애플)을 먹었다. 식당 입구에는 앙코르톰에서 봤던 건물을 휘감은 나무처럼 담 벼락을 휘감고 있는 나무를 봤다.

11. 툴룸 유적지, Tulum the Ruins

마야 문명 초기(고전기, AD 200~600)에 지어진 곳으로 13세기에서 15세기에 가장 번성했던 곳이다. 유카탄반도 동쪽 카리브 해안가 절벽(높이 12m)에 있는 유적지이다. 최초 건설 시기는 유적 발굴 당시 AD 564년에 해당하는 날짜의 돌비석이 발견되어 알 수 있었다. 마야의 도시들은 대부분 정글 한복판에 있는데 아름다운 해변에 접해있는 것이 특이하다. 마야 문명 후기의 중심 도시, 코바(Coba)의 항구 도시로, 요새로 지어져서 그렇다.

플라야 델 카르멘에서 툴룸까지 거의 세 시간이 걸렸다. 여기저기 세노테 안내판이 나와서 빙긋 웃었다. 우리가 방문했던 세노테만 있는 줄 알았으니까. 가이드는 입장권을 끊고 우리는 휴게소에서 쉰다. 볼거리가 풍성하다. 붉은 'TULUM' 글자 모형, 알록달록 색칠한 어마어마한 크기의 해골, 예쁜 드레스를 입은 해골 등이다. 제일 맘이 갔던 것은 멕시코 국민 화가 프리다 칼로와 남편 리베라를 함께 그린 등받이 의자였다. 옆에는 해골 모습의 엘비스 프레슬리가 있었다. 지붕을 뚫고 나온

나무를 베어내지 않고 지붕을 얹어 지은 기념품 가게, 툴룸 글자 모형이 강렬하다

나무(나무를 살리며 지붕을 설치했음)도 재미있었다.

멕시코에는 아주 특별한 축제가 있는데 멕시코시티의 망자의 날(Dia de los Muertos) 행사가 그것이다. 매년 11월 2일 사람들은 '칼라베라스(Calaveras)'라는 망자의 영혼을 표현하는 해골 분장으로 거리를 행진한다. 수천 년 전, 아즈텍 시절부터의 전통으로 죽은 친지와 지인을 추모하고 명복을 비는 의식이다. 그래서 관광지나 명소에 이런 해골 모양의 조형물이 많은 것이다. 누군가에게 기억되는 영혼은 영원히 사라지지 않는다는 의식이 있는데 애니메이션 영화 '코코'에도 이런 장면이 나온다.

유적지는 패트리모니오 국립공원(Patrimonio Cultural de la Nacion) 안에 들어있는 모양이다. 매표소에서 공원으로 걸어간다. 코끼리 열차

다양한 무늬와 알록달록한 색으로 꾸민 거대한 해골 모형, 오른쪽 프리다가 그려진 기념품

프리다와 리베라가 그려진 등받이 의자, 해골 모형 두 개, 왼쪽에 엘비스 프레슬리

툴룸 유적지에서 제일 큰 엘 카스티요, 신전 내부에 천문학 연구를 했던 시설도 있었다

가 손님을 운반하기도 했다. 15분 정도를 걷는데 햇볕이 따가워서 좀 힘들었다. 매표소(돌벽 기둥과 식물로 덮은 지붕)가 또 나왔다. 유적지 입장권을 또 사야 하는 모양이다. 첫 매표소에서 한꺼번에 합쳐서 표를 팔면 편리할 텐데 관리 시스템이 별로였다.

매표소를 지나 살짝 앞으로 나가면 돌벽 사이로 구멍이 나 있다. 구멍 사이를 통과해야 유적지가 나온다. 넓은 벌판 느낌이다. 초록 잔디가 깔려있고 문주란과 야자나무가 많다. 돌로 쌓은 건물이 많이 무너져 있다. 치첸이트사의 피라미드와 이름이 같은 '엘 카스티요(툴룸 성)'가 있다. 툴룸 유적지 중 제일 큰 건축물이다. 높이가 7.5m인데 천문학을 연구했던 장소도 내부에 있었다고 한다. 돌벽 사이의 두 개의 창문 공간이 있는데 바다로 불빛을 비추는 곳이었다. 카리브해에 있는 배가 육지에 닿으려면 두 개의 불빛이 정확하게 보이는 정면으로 와야만 항구에 닿을 수 있었다. 그렇지 않으면 산호초에 좌초되었다. 이런 연유로 툴룸은 스페인 점령 후에도 70년간이나 마야 최후의 유적지로 유지할 수 있었다.

다음으로 큰 유적은 궁전(EL Palacio)과 기둥의 집(Casa de las Columnas)이다. 볏짚 지붕이 있는 처마 아래 침과 날개가 달린 꿀벌 신이 머리를 아래로 한 모습이 조각되어 있어 '추락하는 신전'으로 부르는 사람도 많다. 금보다 비싼 꿀이었고 수출도 했으며 인신 공양 희생자들을 환각에 빠뜨리기 위해 꿀로 만든 술을 먹이기도 했다고 한다.

이제 언덕 제일 높은 곳으로 올라왔다. 12m의 절벽 높이지만 카리

갈대 지붕 아래 머리를 아래로 향한 꿀벌 신의 부조가 있는 궁전과 기둥의 집 유적

브 해안에서는 가장 높은 곳이다. 참으로 멀리 왔다. '캐리비안의 해적',
'캐리비안 베이'로 들었던 곳에 서 있다고 생각하니 소름이 돋는다. 바
람이 불어서 파도가 제법 세다. 모래사장이 있는 곳은 연한 민트색이고
육지와 멀어지는 곳은 파란색이다. 갑자기 뒷걸음을 치며 놀랐다. 인도
에도 절벽 바위에도 바위 옆 나무에도 이구아나가 있었다. 바위에 있는
이구아나는 보호색이어서 바다를 보면서도 눈치채지 못했다. 모래사장
이 있는 해변으로 가는 길을 막고 있었다. 세 사람이 절벽 아래에서 나
무 계단을 손질하고 있었다. 이곳은 '바람의 신전(Templo del Dios del
Viento)'이 있는 곳이다. 태풍이 오면 바람의 신전에서 휘파람 소리가
난다고 한다.

바위와 나무 위에는 이구아나가, 절벽 아래에는 모래사장이, 그 뒤로 바람의 신전이 보인다

신전을 내려와 왼쪽으로 내려가면 툴룸 유적지 절경이 나타난다. 바닷가에 자라는 풀과 나무, 모래사장, 옥색의 바다와 절벽 위의 신전이 있는 경치는 너무 아름답다. 경치 제일주의자의 눈이 번쩍 뜨이는 곳이다. 툴룸이 테오티우아칸이나 치첸이트사에 비해 규모가 작고 폐허가 많다고 해도 이 장면 하나로 용서가 될 듯하다. 내려올 때는 다른 길을 택해 조금 빙 둘러 내려왔다. 첫 휴게소에서 걸어올 땐 상당히 더웠는데 유적지는 바다에 가깝고 바람이 불어와서 구경할 만했다. 하지만 다시 15분간의 걸음은 더웠다. 모자나 양산, 물 한 병은 꼭 챙기고 와야 할 관광지다.

12. 이슬라 무헤레스, Isla Mujeres

멕시코는 가톨릭 문화인데 웬 이슬람? 무식하면 용감하고 오해가 생긴다. 칸쿤에서 버스를 타고 외딴섬 이슬라 무헤레스로 가는 페리를 타려고 선착장에 내렸다. 푸에르토 후아레스(Puerto Juares) 선착장이다. 섬으로 가는 페리 회사는 울트라미르(Ultramar)와 나베간토(Naveg-anto) 두 군데가 있었는데 우리 일행은 울트라마르를 골랐다. 이슬라 무헤레스는 칸쿤 동부에서 13km 떨어진 외딴섬이고 마야 신전 등 역사 유적도 있는 유명한 관광지다. 원주민어로 '여인의 섬'이란 뜻이 있다. 해양 동식물의 천국, 스노클링과 다이빙의 성지, 산호초가 많은 아름다운 바다를 가진 곳이다.

노랑과 파랑으로 단장된 페리는 스웨덴 국기와 보카 주니어스의 축구장을 떠올리게 했다. 30분 정도 페리를 탔는데 안내 방송도 있었고 직원이 트럼펫, 색소폰 연주도 들려주었다. 바람이 살짝 불어 잔잔한 바다는 아니지만 바다는 예뻤다. 야자수나 갈대 종류의 식물로 지붕을 얹은 방갈로(Cottage), 등대, 모래사장이 보여 가슴이 두근거렸다.

노란색과 파란색으로 단장한 울트라마르 회사의 페리를 타고 이슬라 무헤레스에 도착했다

선착장을 빠져나오니 도로에는 오토바이, 골프 카트 등이 많이 보였다. 여행 출발 전 국제 면허증을 준비하라는 가이드의 지시가 있었는데 골프 카트를 대여하려면 국제 면허증이 필요하다. 넉 대를 빌려서 16명이 나눠타고 물놀이 장소로 간다고 한다. 과속 방지턱이 있어 덜컹거리기도 하지만 바람을 맞으며 관광지를 달리는 기분이 좋다.

도착한 선착장 주위에는 공공 해변(Public Beach, 무료)인 플라야 노르테(Playa Norte)가 있지만 식사도 할 수 있는 개인 리조트로 간다. 골프 카트를 차례로 세우고 바다로 내려가는데 고래상어와 바다거북이 벽화가 멋지다. 킨하(Kin ha)라는 Restaurant & Beach Club이었다. 옆에는 호텔과 다른 비치 클럽이 연결되어 있었다.

점심과 음료가 제공되는데 스노클링 장비와 물품 보관소(로커)는 유료였다. 방갈로 옆에는 아이들도 놀 수 있는 수영장이 있고 바다로 향하는 100m 정도의 나무다리가 있었다. 바다에 말뚝을 박아 만든 그네도 있다. 점심을 먹고 난 후, 늘 다정하게 대화를 해주던 두 여성 회원에게 커피(Ice Americano)를 샀다.

수영장에서 첨벙거리다가, 사진을 찍다가, 바다에 있는 그네를 타다가, 나무다리를 걸어가 더 깊은 바다로 뛰어들기도 했다. 바람이 좀 불지만 그래도 괜찮은 날씨, 이국의 해변은 너무도 아름다웠다. 지상 천국이 이곳이다. 유럽 관광객과 한국 관광객이 어울려 물놀이하는 모습을

Restaurant & Beach Club인 킨하로 내려가는 입구, 카리브해의 색깔이 환상적이다

비치 클럽에서 바다로 이어지는 다리를 걸어와서 비치 클럽 쪽을 바라다본 경치

멍하니 바라보는 것도 좋았다.

오후 2시가 지나서 비치 클럽을 나와 다시 관광지로 달린다. 맹그로 브 숲이 있어 더 건강하게 보이는 바다다. 클럽에서는 밝은 파랑이었는 데 도로변의 바다는 짙은 파란색이었다. 한참을 신나게 달려 도착한 곳 은 푼타 수르(Punta Sur)다. 이슬라 무헤레스가 꽁치 모양으로 생겼는 데 맨 꼬리에 있는 지점이다. 섬의 최남단인데 해안 절벽이 많고 제주 도의 느낌이 났다.

16세기 스페인 정복자들이 이 섬에 들어왔을 때 수많은 여성의 석상 이 있었다. 이 석상들은 마야 여신(이슬, 익스첼, Ixchel)을 상징한 것이 다. 푼타 수르에는 여러 익스첼상이 있었다. 여신이 들고 있는 물고기를

섬에는 마야 여신을 상징하는 조형물이 많다. 물고기를 만지면 순산한다는 이야기가 있다

바닷가 절벽 주위를 점령한 이구아나, 엄청난 크기의 이구아나 조형물이 관광객을 맞이한다

만지면 아이를 순풍순풍 잘 낳고 튼튼한 아이를 기를 수 있다고 관광객들이 많이 만졌다. 거대한 이구아나 조형물도 상당히 멋지다. 섬의 끝으로 가기 위해서는 입장권이 필요했다. 많은 원주민 모습의 동상이 보이고 입구보다 더 가파른 절벽이 보였다. 바람이 부는 가운데 웨딩 촬영하는 신혼부부도 있었다. 우리 일행은 안으로는 들어가지 않고 밖에서만 구경했다.

푼타 수르는 '새벽의 절벽'이란 뜻이다. 멕시코에서 가장 먼저 해가 뜨는 곳인데 멋진 일출을 보기 위해 아침 일찍 오는 관광객도 많다고 한다. 사랑, 출산, 의술을 담당하고 달의 여신으로 불리는 익스첼을 숭배했던 신전과 성지가 이곳에 남아 있다. 파도의 침식이 강해서 모래

멕시코에서 가장 먼저 일출을 보는 곳으로 유명한 푼타 수르, 새벽의 절벽이란 뜻이 있다

사장은 없고 절벽은 더욱 가파르게 변하고 있다. 파도가 밀려와 절벽에 세게 부딪히며 하얀 물거품을 만드는 장면을 바라보면서 남은 인생을 사랑하며 감사하며 좀 더 너그럽게 살아야겠다고 다짐했다.

여기까지는 좋았는데 배를 타고 칸쿤으로(숙소가 있는 '플라야 델 카르멘') 돌아오면서 계속 문명과는 좀 떨어진(사실은 거의 문명화되었으나 그래도 원시 자연의 세계가 많이 남아 있는) 타히티, 레위니옹(Réunion, 프랑스령 섬나라), 세이셸 군도(마다가스카르 북동쪽에 있는 섬나라로 프랑스령, 영국령이었다가 1976년에 독립함), 마다가스카르(아프리카 대륙 동쪽에 있는, 세계에서 3번째로 큰 섬)가 떠올랐다. 내겐 이슬라 무헤레스가 이런 곳들의 분위기로 다가왔고 본능적으로 이런 곳을 떠올리게 했다. 이런 곳들에 가고 싶은 욕망은 사실 가슴 저 깊숙이 숨기고 있다. 이런 곳에 가고 싶다고 했다가는 아내의 벼락이 떨어질지도 모르기 때문이다.

고갱이 막상 도착해보니 자신이 기대한 원시의 세상이 아니었다고 한탄했다는 타히티는 오랜 세월이 지난 지금(2025년) 촬영된 교육 방송 프로그램에서도 고갱의 느낌과 다르게, 여전히 환상의 세계로 보였고 노을이 지는 무렵의 바오바브나무가 나오는 장면은(마다가스카르) 온몸의 전율로 다가왔다. 발음하기도 어려운 레위니옹과 세이셸 군도의 자연경관은 꿈에 나타나기도 했다. 사람의 욕심은 끝이 없는 것인가? 분수를 몰라도 너무 모르는 여행 중독자의 병일까? 파란 코발트 빛의 바다를 바라보며 뒤섞인 감정에 휩싸이고 말았다.

13. 치첸이트사. Chichen Itza

유카탄반도에 있는 마야 문명의 고대 도시 유적지, 치첸이트사는 '이트사족(族)의 우물 입구'라는 뜻이 있다. 치첸이트사는 5세기에 건립되어 7~8세기에 쇠퇴했다가 10세기 무렵 재건된, 마야 문명의 중기에서 후기의 주무대였다. 우리나라 삼국 시대의 역사와 비슷한 시기다. 팔렝케(Palenque)가 문명 전성기의 도시여서 규모가 더 크고 화려하다. 마야 문명은 테오티우아칸과 달리 멕시코에 제한된 것이 아니라 과테말라, 엘살바도르 북부, 벨리즈, 온두라스 서부, 유카탄반도 지역 등이 포함된 매우 큰 지역을 지배하고 있었다.

당연히 세계문화유산으로 지정된 곳인데 입구를 통과하여 유적지로 가는 길에는 기념품을 파는 가게가 많았다. 가면, 목각 인형, 옷, 깔개 등이 있는데 마야 전통에 근거한 색깔과 모양이어서 구경하는 재미가 있다. 유적지 한가운데에 있는 피라미드(El Castillo)가 있는데 '쿠쿨칸의 신전'으로 불린다. 깃털 달린 뱀 신을 섬기던 신전이다. 높이 30m, 9층의 계단으로 된 계단식 피라미드인데 꼭대기에는 차크몰 석상, 재

엘 카스티요 피라미드로 올라가는 계단 아래에 있는 깃털 달린 뱀 머리가 두 개 있다

'천 개의 기둥 신전'이라고도 불리는 '전사의 신전', 엘 카스티요보다 작으나 더 아름답다

규어 모양의 옥좌가 있다고 한다. 예전에는 올라가 볼 수 있었는데 이제는 모두 출입을 금하고 있다. 피라미드 안에 또 작은 피라미드가 있고 동굴처럼 내려가는 길도 있다고 한다. 테오티우아칸의 피라미드보다 깔끔한 느낌이었다. 각 면의 계단이 91개인데 사면의 계단으로 되어 있으니 364개가 되고 정상의 계단 1개를 더하면 365개가 되는 신기한 건축물이다. 북쪽 면 계단 맨 아래에 깃털 달린 뱀 조형물 두 개가 있다. 정상에서 난간을 타고 내려와 머리로 연결되니까 피라미드 정면에서 보면 용이 내려오는 것처럼 보인다.

피라미드를 지나면 옆면이 보이는데 계단이 많이 허물어져 있었다. 돌로 된 기둥이 너무나 많다. 기둥 왼쪽에 엘 카스티요(피라미드)보다는 작지만, 더 아름다운 신전이 있는데 전사의 신전(Los Guerreros Temple)이라고 한다. 쿠쿨칸에게 제물을 바치는 신전이었다가 전쟁의 승리를 기념하는 신전으로 사용되었다. 오른쪽 넓은 터에 있는 돌기둥에는 모양이 새겨져 있지 않은데 신전 쪽 60개의 기둥에는 전사의 모습이 새겨져 있어 전사의 신전이란 이름을 갖게 되었다. 넓은 터의 돌기둥 위에는 짚으로 된 지붕이 있었다고 한다. 기둥이 너무 많아서 '천 개의 기둥 신전'이라고도 한다. 전사의 모습이 없는 기둥이 있는 곳은 시장이었다고 추측하기도 한다. 원래 전사의 모양을 기둥에 새기는 것은 톨텍의 문화였다. 전사의 신전은 사각형으로 쌓아 올리고 끝에 모자챙처럼 꺾어 세운 기둥이 멋지고 차크몰 석상도 볼 수 있는 곳으로, 안내판에 사진과 설명이 있는데 발끝을 세우고 고개를 쑥 내밀어봐도 차크몰 석상이 보이지 않았다. 엘 카스티요는 못 올라도 참을 수 있었는데

샛별을 중시한 마야인의 풍습을 엿볼 수 있는 금성의 제단, 금성을 나타낸 그림문자가 있다

독수리와 재규어의 제단은 엘 카스티요와 다르게 계단의 위쪽에 뱀 머리가 있다

아름다운 전사의 신전은 올라가고 싶은 마음이 간절해서 여러 번 뒤돌아보았다.

금성의 제단에서 북쪽으로 난 숲길을 통과하면 세이크리드 세노테(Sacred Cenote, 성스러운 우물)가 나온다. 치첸이트사가 마지막 마야 왕국인 마야판에 패하여 왕족 일가와 보물들이 우물에 던져졌던 곳이다. 물론 그 이전에도 치첸이트사의 인신 공양이 행해졌던 곳이다. 녹조가 낀 우물의 연두색이 음침하게 보였다. 메마른 지역에 이 우물을 포함한 다른 우물이 식수원으로 사용될 수 있어서 치첸이트사 도시가 이곳에 터를 잡았고 발전할 수 있었다.

전사의 신전 근처에는 금성(金星)의 제단과 '독수리와 재규어 제단'이 있다. 샛별 금성을 매우 중요시했던 마야인들의 의식을 짐작하는 제단으로 금성을 나타내는 그림문자가 있어 이런 이름을 갖게 되었다. 엘 카스티요와 다르게 계단 아래쪽이 아닌 위쪽에 뱀 머리가 있다. 벽면에 심장을 움켜쥔 독수리와 재규어 부조가 있는 곳이 독수리와 재규어 제단이다. 벽면에 부조된 모습이어도 자세히 보면 섬뜩한 기분인데 회색 도마뱀이 벽면 사이에 있어서 흠칫 놀랐다. 머리카락이 서고 소름이 돋았다.

두 제단에서 광장 뒤로 조금 떨어져 있는 벽면은 더 공포가 밀려온다. 적군과 인신 공양에 썼던 희생자들의 해골을 쌓아 올려 전시하던 곳이다. '촘판틀리(Tzompantli, 해골 선반)'라고 부른다. 원래 머리를 막대에 끼워서 줄줄이 세워놓은 것을 말하는데, 그 모양이 장소의 이름이 되었다. 네 벽면에는 해골의 모습이 촘촘하게 부조되어 있다. 이 해골의 당

녹조가 낀 초록색 동굴 샘, '세이크리드 세노테'는 더욱 으스스한 느낌을 주었다

사자는 전쟁에 패한 적군이나 펠로타(Pelota) 경기에서 진 자들이라는 이야기가 있다.

마야인들은 세노테에 비의 신(차크)이 머문다고 믿었고 가뭄이 들면 세노테에 와서 기우제를 올렸다.

이제는 제단이 아니라 재규어 신전이 나왔다. 멀리서 보면 감시탑으로 보인다. 재규어로 보이는 동물 조각상이 기둥 사이에 서 있어 금세 알 수 있었다. 마야인들은 재규어를 용맹과 땅을 상징하는 동물로 여겼다. 이곳에서도 역시 인신 공양의 자취를 볼 수 있다. 재규어 신전을 돌아가면 펠로타(Juego de Pelota) 경기장이 나온다. 이 경기장은 치첸이트사에 있는 가장 큰 구기 경기장이라고 한다.

사람 심장을 물고 있는 독수리의 모습, 벽면에 있는 뱀 부조가 있는 독수리와 재규어 제단

제단 벽면 색깔과 비슷해서 처음 발견하지 못한 이구아나, 움직임을 느끼고 소름이 돋았다

구기 경기는 아즈텍문명에서 영향을 받은 것이다. 경기장 벽면 8m 높이에 지름 30cm의 고리 모양 골대를 붙여놓고 공(소 오줌통으로 만든 공)을 통과시키는 경기였다. 손을 쓰지 않고 발과 몸으로 했다고 하는데(아마 엉덩이로 튀겼을 듯) 골을 넣기가 매우 어려웠을 것 같았다. 그냥 즐기기 위한 경기가 아니라 목숨을 건 경기였는데 패배한 팀은 처형되고 이긴 팀의 주장은 제물로(전사의 신전에서 심장을 바침) 바쳐졌다. 희생자에게는 명예를, 가족들에게는 보상이 따랐을 것이다. 하지만 학자 중에는 지배자가 권력을 유지하려고 우수 인재(전쟁 영웅이나 인기인)를 처형하는 수단으로 이용했다는 설이 있다. 진실이든 아니든 너무나 가혹하고 끔찍하다. 죽음을 두려워하지 않는 사람이 어디 있을까? 집단의식, 영웅, 재물 때문에 헛되이 죽었던 영혼들을 생각하면 화도 나고 안타까운 마음이 들었디.

해골의 모습을 줄줄이 부조로 벽면에 새겨 넣은 '촘판틀리'

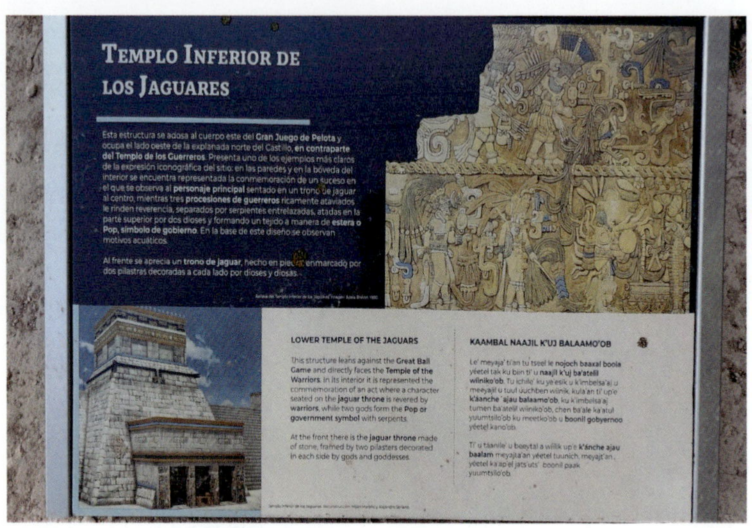

펠로타 경기장과 붙어 있는 재규어 신전, 이곳에서도 예외 없이 인신 공양이 이루어졌다

승리한 팀의 주장은 분명히 우수하고 몸도 건장하며 심지어 인물도 멋졌을 것으로 생각된다. 영웅으로 떠받들어지고 가족들에게도 재물과 명예가 따르며 승리한 동료들의 존경까지 받는 마당에 차마 죽음의 두려움을 나타내지 못하고 영예롭게 죽어갔을 것이다. 하지만 속으로는 얼마나 화가 나고 그 상황이 싫었을까. 지도자는 이렇게 우수 인재를 교묘하게 처단함으로써 자신의 권력을 연장했으므로 속으로는 쾌재를 불렀을 것이다. 일종의 쿠데타 세력을 미리 없애는 아주 치사하고 무서운 전략이었다.

너무 멀리 가긴 했으나 우리나라의 광우병 시위는 정말 소름이 끼칠 정도로 무서웠고 집단의식의 허망함을 뼈저리게 느낀 경우다. 거짓말로 군중들을 유혹하고 시위대의 의견에 맞서는 인물은 모두 적으로 간주되는 험악한 사회 분위기가 조성되었다. 40대쯤에는 "저는 벚꽃이 좋아요." 이런 말을 못 하는, 극도의 민족주의적 분위기가 있었다. 지금은 봄만 되면 전국이 벚꽃 잔치가 벌어지는데 말이다. 가수 조영남이 일본 연수에서 느낀 일본의 좋은 점을 말했다가 큰 망신을 당한 것도 이와 비슷한 맥락이다. 나라를 사랑하는 것은 좋으나 논리를 따지지 않고 무턱대고 나라 사랑을 외치거나 조금만 다른 의견이나 생각을 나타내면 매국노로 몰아가는 그런 집단의식은 없었으면 좋겠다는 생각을 다시 해봤다.

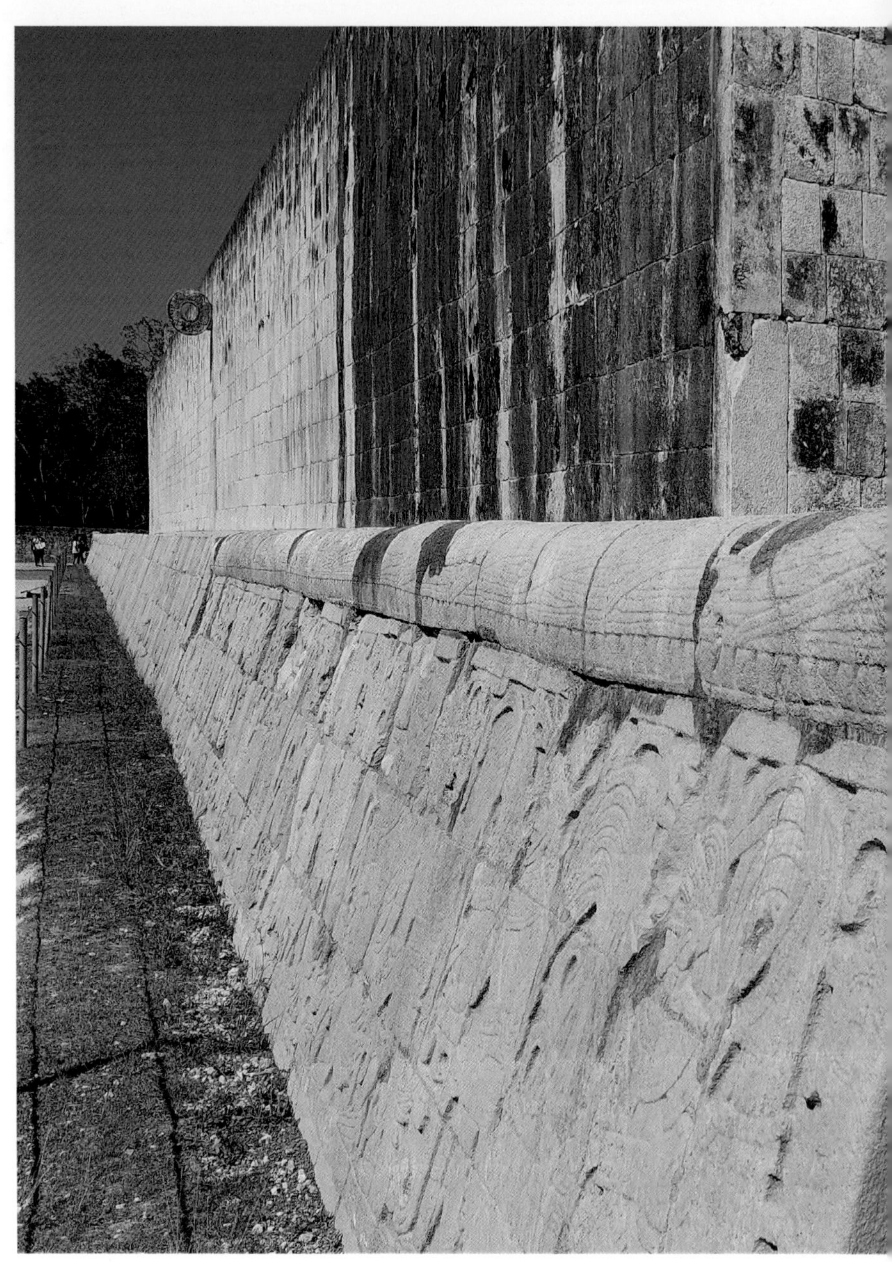

펠로타 경기장 벽면 8m 높이에 달린 고리 모양의 골대, 너무나 긴 뱀의 조각상이 흉측하다

콜롬비아

1. 지파키라 소금 성당,
La Catedral de Sal de Zipaquira

콜롬비아의 수도 보고타에서 50km 떨어져 있는, 작은 도시 지파키라에는 지하 소금 성당이 있다. 위험한 소금 광산에서 신의 보호를 구하고자 만든 조그만 기도실이 점점 커져서 현재의 모습이 되었다. 1950년대부터 스페인 지배 시절, 소금 채취를 위해 광산에서 일했던 광부들이 오랜 시간 동안 만들어 놓은 여러 개의 십자가와 작은 예배당이 지하 성당이 된 것이다. 본격적인 소금 채취는 1990년 문을 닫았고 1995년 성당으로 탈바꿈했다. 본래 바다였던 곳이 지각 변동(융기)으로 육지가 되었고 땅속에 소금 광맥이 만들어져 400여 년 동안 암염 채굴을 한 것이다. 광산에서 나온 소금은 식민지 시대에는 착취로, 독립운동 자금으로, 독립한 후에는 영국으로부터 차관을 받을 때 사용되었다. 가스 발생 위험이 있어 횃불을 사용하지 못하고 오로지 밧줄에 의지하여 지하 갱도에 내려가 곡괭이 등으로 작업했다고 한다. 노예나 노동자들이 위험한 작업 환경에서 신의 도움을 구하고자 일과 후에 십자가 등을 조각한 것이 소금 성당이 되었다. 지하에 수분이 많으면 소금 채굴이 힘들어진다. 갱도 지주목은 수분 흡수력이 뛰어난 유칼립투스 나무를 이용했다.

버스를 타고 지파키라 정류장 근처의 마을에 내리니까 알록달록한 가게들이 도로 양쪽으로 나열되어 있었다. 점심을 먹기에는 조금 이른 시간이지만 간단하게 음식을 먹고 소금 성당으로 가기로 했다. 소금 성당에 도착하니 오래된 기차가 입구에 서 있다. 기차 옆에는 뉴질랜드에서 알게 된 보랏빛 아가판투스(Agapanthus)가 예쁘게 피어있어서 반가웠다. 등산할 때나 외국 여행에서 꽃과 멋진 나무를 보면 이름을 알고 싶은 마음이 자꾸 생기는데, 새로운 것을 볼 때마다 한두 개 정도는 이름을 챙기려고 하고 있다. 상쾌한 날씨, 소금 성당이 도시보다 살짝 높은 곳에 있어 시내가 예쁘게 내려다보였다. 매표소를 지나자, 야자나무와 무늬 용설란이 많은 정원이 있고 나무로 된 암벽 타기 시설이 눈길을 끌었다. 광산 광장(Plaza del Mincro)에는 곡괭이를 들고 소금 채취를 하는 사람의 대형 조형물이 눈길을 끌었다.

지파키라 소금 성당 입구에 있는 소금 광장에는 소금을 캐는 고된 노동자 동상이 있다

소금 동굴로 들어가는 입구에 새겨진 소금 캐는 모습, 주로 곡괭이를 사용했다고 한다

소금 벽면을 파내어 십자가 모양을 만들었다. 꿇어앉아서 기도할 수 있는 자리가 보인다

　　광장을 조금 둘러보다가 일행의 입장 순서가 되어 줄을 지어 소금 광산으로 들어갔다. 동굴인데 천장 높이가 상당해서 놀랐다. 입구부터 지하 대성당이 나올 때까지 계속해서 십자가가 나타나는데 예수 십자가의 길, 14곳을 표현하고 있었다. 로마 군인들이 예수에게 가시관을 씌우고 조롱하던 곳, 예수가 최후를 맞이한 곳, 죽은 예수를 십자가에서 내려놓았던 곳, 예수의 무덤 이런 식으로 표시하고 있다. 곳곳에 소금 돌로 된 십자가가 있고 조명이 비추고 있어 엄숙한 느낌을 준다. 십자가 앞에서 손을 올리고 무릎을 꿇어 기도할 수 있는 작은 돌이 마련되어 있는데 신자가 아닌 사람은 기도하는 모습으로 사진을 찍고 신자들은 실제로 기도를 올린다. 여러 개의 십자가를 지나면 높이 16m의 대형 십자가가 있는 예배당이 나타난다. 도착하기 전에 높은 전망대가 있어 동굴이지만 아래로 내려다보며 사진 찍기에 아주 좋다. 전망대 바로 옆에 있는 나팔 부는 천사를 넣어 찍으면 더 멋지다.

동굴 속 예배당 중 제일 큰 곳, 전망대에서 내려다본 모습, 노란 십자가도 음각이다

조명이 자주 바뀌어 같은 장소인데 다른 느낌을 준다. 오른쪽은 소금 성당이라는 뜻의 글자

조명으로 십자가를 자세히 못 봐서 가이드의 퀴즈 문제를 맞히지 못했다. 16m의 십자가는 양각이 아니라 벽을 파서 만든 음각이었다. 거기에 십자가만 다른 색으로 조명을 받으니, 십자가가 돌로 세워놓은 것처럼 보인다. 지금까지 본 십자가 중에도 음각으로 된 것이 제법 있었다고 한다. 천사와 성인 조각상이 있는 이 메인 예배당은 지하 180m의 위치에 있다. 지하 동굴이나 많은 사람을 수용할 수 있는 상당한 크기였다. 예배당으로 들어가는 입구 옆에는 작은 예배당(채플)이 있고 천장에는 전체가 파란색으로 된, 미켈란젤로의 천지창조를 표현한 부조가 있다.

전체 동굴 공간은 크게 Via Crucis(십자가가 많은 방), La Cupula(천국 관련 조각이 있는 방), El Coro(성가대가 연습하는 곳), Nartex(예배

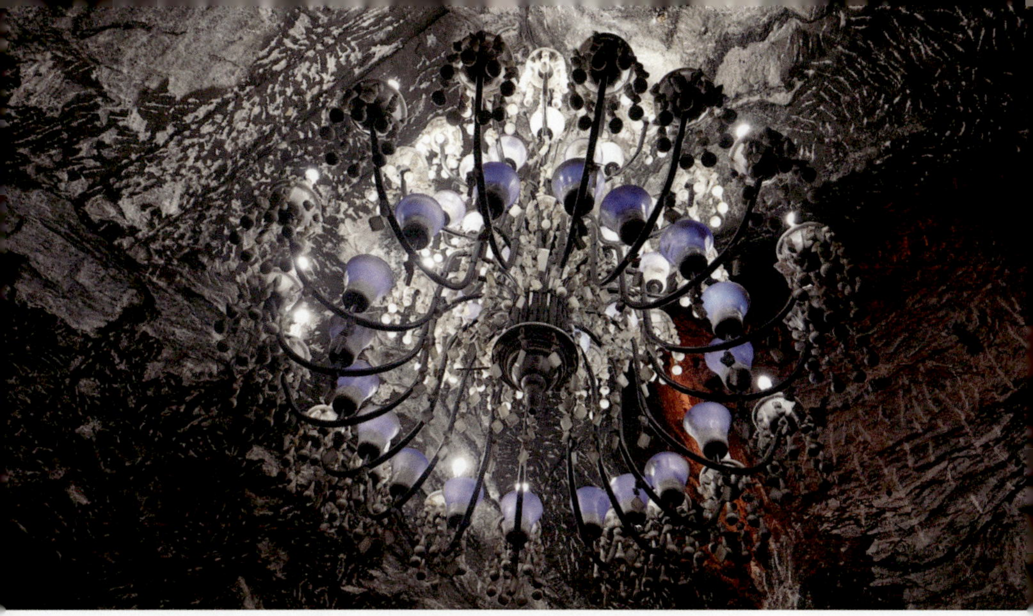

철제 뼈대에 달린 장식도 모두 소금으로 만들어진 동굴 천장에 매달려 있는 샹들리에

앞쪽에는 은 장신구를 파는 가게가 있고, 노란 불빛이 있는 뒤쪽에는 동굴 카페가 있다

지파키라 소금 성당 입구에서 바라본 지파키라 시가지 모습, 제법 큰 도시로 보인다

당 입구) 이런 식으로 나뉘어 있었다. 동굴에서 나올 때는 작은 기차를 타고 빠져나온다. 관광객을 기차에 모두 태워야 출발하는지 얼마간 기다려야 했다. 조잡한 공예품이 아니라 쓱 봐도 예술 작품으로 보이는 고급 공예품을 구경하는 재미도 좋고 반추상적인 인물 그림, 조형물을 보는 재미도 좋았다. 무엇보다 동굴 카페는 감탄을 연발하게 했다. 은 세공품, 과일 주스, 아이스크림 가게를 지나 동굴 카페가 있는데 벽을 긁어낸 자국이 멋진 예술품으로 보여서 커피 맛을 더 맛있게 해주었다. 마지막까지 볼거리를 계속 제공해 주어서 입꼬리가 자꾸 귀로 올라갔다.

우리나라에도 이곳처럼 공간을 새롭게 고쳐서 멋진 관광지로 변모시키는 활동이 더 많아졌으면 한다. 내가 알고 있는 대표적인 우수 사례에 포천 아트밸리, 대구 수목원이 있다. 폐채석장과 쓰레기 매립장이 인기 만점의 관광지로 변한 곳이다. 1990년대까지 아무도 찾지 않던 채석장이 흉물스럽게 방치되고 있었는데 자연과 예술이 함께하는 힐링의 명소가 되었다. 2014년부터는 밤하늘의 별을 감상할 수 있는 천문과학관이 개관되어 아이들에게는 체험교육의 명소로, 연인들에게는 데이트 코스로, 사진가들에게는 멋진 출사 장소로 큰 인기를 누리고 있다. 우리 고장 대구에 있는 대구 수목원도 눈이 번쩍 뜨일 장소로 변했다. 냄새나고 더러운 쓰레기 매립장이 꽃과 나무가 있는 곳으로 변해서 시민들의 사랑받는 장소가 되었다. 전국에서 첫 번째 시도된 것으로서 여러 지자체에서 벤치마킹한다고 한다. 2002년 개장하여 점점 지역을 넓혀가고 있는데 인근에 대규모 아파트 단지가 있어서 주민들의 소풍, 산책, 운동 상소로도 그만이다. 약초원, 야생초 화원, 온실, 방향 식물원, 괴석원(怪石園), 죽림원 등 21개의 주제로 꾸며져 있어서 4계절 언제 가더라도 기쁨을 안겨준다. 입장료도 주차료도 받지 않는다.

콜롬비아의 지파키라 소금 성당, 포천 아트밸리, 대구 수목원처럼 방치되거나 흉물스러운 곳을 멋지게 바꾸는 활동들에 박수를 보내고 세계 곳곳에서 이런 활동들이 많아졌으면 좋겠다.

2. 지파키라 구시가지, Zipaquira Old Town

블로그나 여행기를 보면 대부분 소금 광산만 보고 보고타로 돌아가는 경우가 많았는데 우리는 늦은 점심을 간단하게 먹고 구시가지를 돌아본 후에 보고타로 돌아가기로 했다. 보너스가 생긴 것이다. 도착했을 때부터 알록달록한 빈티지 건물이 마음을 사로잡았기 때문에 기대로 가슴이 두근거렸다.

소금 성당에서 버스를 타고 광장 부근에 내렸다. 독립 광장(Plaza de la Independencia)은 유명한 광장과는 다르게 작아서 위압감이나 광활한 느낌이 아니라 아늑하고 친근한 느낌으로 다가왔다. 꼬질꼬질하지만 예쁜 빈티지 건물이 사방을 둘러싸고 가운데에는 작은 분수대가 있었다. 앉아서 쉴 수 있는 긴 벤치도 있고 꽃나무도 있어 더욱 가깝게 느껴졌다.

눈으로 광장을 죽 살피다가 일행은 의논도 하지 않았는데 자연스럽게 언덕으로 향했다. 조금씩 언덕을 오르자 먼 산 아래에 있는 마을과 성당이 있는 구시가지가 한눈에 들어왔다. 언덕을 오르는 길옆에는 피자 가게, 카페, 레스토랑 등 가게들이 계속 이어지고 있었다. 언덕의 중간 지점을 지나자 작은 성당이 나타났다. 'Iglesia de la Concepcion'이란 채플인데 우리말로 어떻게 번역해야 할지 모르겠다. 채플 바로 앞에는 작은 전망대 역할을 하는 테라스가 있는데 이곳에서 보는 경치가 최고였다. 교회 건물과 성모 마리아상이 모두 흰색인데 날씨가 맑아서 더 밝게 빛났다. 우리는 구시가지를 내려다보면서 이곳에서 오른쪽으로 돌아 큰 성당이 있는 곳으로 관광 동선을 잡았다. 구시가지는 해발 2,600m에 있고(백두산보다도 높은 곳) 1,600여 년의 역사를 지닌 곳이었다.

녹팁 쌍상에서 곤셉션 성당으로 오르는 길에 바라본 지파키라 구시가지 모습

독립 광장에서 바라본 'Iglesia de la Concepcion', 작은 성당이나 외관이 깔끔했다

    대성당으로 가는 길에는 테라스가 멋진 건물이 많았는데 가장 역사적인 건축물은 상공회의소 건물(Camara de Comercio, Chamber of Commerce)이었다. 나무 기둥과 창문틀을 보라색이 섞인 붉은색으로 칠한 것이 특별했다. 대성당이 있는 곳에는 또 하나의 광장이 있었는데 독립 광장과 크기는 거의 비슷했지만 사람들은 훨씬 많았다. 대성당의 이름은 'Catedral de la Santisima Trinidad y San Antonio de Padua'로 굉장히 길었다. 아마도 성 안토니오에게 헌정한 성당이란 뜻이리라. 대성당이 있는 광장은 메인 스퀘어(Main Square), 센트럴 스퀘어(Central Square) 2개의 이름을 가지고 있었다.

    광장을 빠져나와 뒷골목으로 걸어간다. 햇살의 느낌이 딱 좋다. 좁은

구시가지 중앙 광장에서 바라본 성 안토니오 대성당, 위아래의 색깔이 완전히 대조적이다

대성당 왼쪽에 있는 노란색의 시청사 건물. 중앙 광장에는 가장자리에 돌로 된 벤치가 있다

골목길 양쪽의 건물들이 밝은 햇빛으로 인해 파스텔로 그린 그림 속 건물처럼 보인다. 연세가 지긋한 지인 화가에게 이 사진을 전달하고 그림으로 그려보라고 할 예정이다. 나지막한 건물이 길게 늘어서 있는 단순한 구조인데도 구름이 있는 하늘과 너무 잘 어울려서 문득 떠올린 생각이었다. 여행 중 뜻밖의 선물(여정에 적혀 있지 않았는데 만나게 되는 좋은 장소나 대상)을 받을 때가 예상했던(기대했던) 명소보다 더 큰 기쁨을 줄 때가 많다.

시간이 그렇게 바쁘지 않다면(자유여행으로 온 분들이라면) 소금 광산 구경으로 끝내지 말고 지파키라 구시가지를 찬찬히 걸어보라고 권한다. 1시간이면 넉넉하게 구경할 수 있다. 작은 곳이니까 길을 잃어버릴 염려도 없고 자기 맘이 가는 대로 돌아다니면 된다. 파스텔톤의 작은 건물이 많아서 어디에서 찍어도 인생 사진을 얻을 수 있고 유명 관

백두산 높이보다 높은 곳에 있는 도시라는 실감이 나지 않는 지파키라 구시가지

파스텔로 그린 그림 같은 풍경. 지인 화가에게 사진을 건네며 그림을 그려보라고 할 것이다

광지가 아니어서 그렇게 복잡하지도 않다. 거기다 성당이나 시설물을 구경할 때 돈을 내지 않아도 되고 예쁜 카페와 레스토랑도 제법 많아서 느긋하게 쉴 수도 있다. 사실, 소매치기의 두려움이나 복잡한 대도시의 압박에서 벗어나 여유롭게 구경할 수 있는 이런 여행이 제일 좋다고 생각한다. 결론을 내리자면 작은 마을(소도시) 관광이 최고라는 뜻이다. 하하하!

"야! 여기서 찍은 사진은 모두 예쁘네." 나름 괜찮다고 생각되는 사진을 카톡으로 아내에게 보냈더니 짧은 답장이 왔다. 남미에 와서 혼자 예쁜 것을 보게 되어서 미안하다고 했다. 내년 봄에 남프랑스 여행은 꼭 같이 가자고 애교를 떨었다.

3. 보테로 미술관, Museo Botero

"사람은 자신이 갖지 못한 것을 가지고 있는 사람을 좋아하는 경우가 많아요. 선생님은 많이 말라서 조금 통통한 아이를 좋아한답니다. 남자든 여자든 아이든 어른이든 마른 사람을 보면 애처롭기도 하고 불쌍해 보여요. 조금 통통해지려면 세끼를 꼭 챙겨 먹어야겠지요. 그러니까 선생님은 누구를 편애한다고는 하지 마세요." 옛날 초등 교사 시절에 이런 말을 한 적이 있다. 저학년은 시샘이 많아서 예방 차원에서 아이들에게 말한 것이다.

퇴직 후 시간이 많아지자, 책을 좀 읽게 되었는데 어쩌다 예술(특히 회화와 조각)에 빠지고 말았다. 누가 시키면 하지 않을 것인데, 지역 도서관에서 빌리기도 하고 소장하고 싶어서 사기도 해서, 많은 책을 읽었다. 대략 500권 정도는 읽었다. 서투른 미술 평론가 정도는 된다고 자부하고 있다. 이런 사정으로 남미 여행 전부터 보테로 미술관에 대한 기대가 컸다. 우리나라처럼 휴관일인 월요일에 방문하게 될까 봐 날짜와 요일을 맞춰보기까지 했다.

입구에 있는 대형 손 모양의 조각상, 보테로는 회화와 조각 두 분야에서 빛을 발했다

미술관에 도착해서 깜짝 놀랐다. 이 멋진 미술관에 입장료가 없는 것이다. 런던의 대영 박물관에서 경험한 이후 두 번째로 체험한 것이다. 콜롬비아 메데인 출신의 화가 보테로가 기증한 작품과 소장품을 전시하는 곳이다. 남미의 피카소라고 불리는 화가는 아마도 콜롬비아의 국민 화가일 것이다. "나는 뚱뚱한 사람을 그리지 않는다. 볼륨을 그릴 뿐이다."라는 보테로의 말을 기억한다. 보테로의 작품 감상을 위해서는 이 말이 가장 중요하다고 생각한다. 흔히 뚱뚱하다고 할 때는 배가 나와서 가슴과 허리가 불균형적인 것을 말할 때가 많다. 보테로는 그런 정도가 아니라 머리부터 발끝까지 볼륨을 강조한다. 사람뿐만이 아니라 꽃, 과일, 물건, 동물 등 작품의 모든 대상에 해당한다. 이런 특징이

보테로를 세계적인 작가로 만들었다. 어떤 미술 사조에 속하지 않고 유명 화가의 작품 경향을 따라가지 않는 자신만의 개성이 빛나서 유명한 예술가가 된 것이다. 피카소처럼 조각 작품도 많이 제작했는데 다른 점이 있다면 엄청난 볼륨의 입체 작품으로 세계 여러 곳의 공원, 공공시설 등에 설치되어 있다는 것이다. 먼 곳에서 봐도 금세 보테로의 입체 작품임을 눈치채게 된다. 개인적으로는 회화보다 보테로의 조각품을 훨씬 좋아한다.

건물로 들어가니 현관 앞에 거대한 손 모양이 반긴다. 1층에는 보테로의 작품으로 채워졌는데 유화, 조각품, 데생 등 다양한 작품으로 구성되어 있었다. 유럽의 미술관보다는 관람객이 적어서 사진도 자유롭게 찍을 수 있었다. 볼륨은 상당한데 무표정한 얼굴의 그림 속 인물들이 관람객을 빙그레 웃게 만든다. 예상대로 조각품이 대단했다. 조각품만 모아 놓은 방도 있는데 보테로가 회화만큼 조각품을 많이 제작했다는 사실을 새롭게 깨달았다.

우리나라에도 보테로의 조각 작품이 있었으면 좋겠다. 분명히 추상적인 작품보다 큰 인기를 얻을 것이다. 미모 지상주의가 팽창한 현대의 대한민국에서 모든 연령대의 사람들에게 즐거운 웃음을 선사할 것이다. 경주 코오롱 호텔 정문 앞에는 '니키드 생 팔'의 뚱뚱한 '세 미녀의 화신'이 있는데 슬쩍 보기만 해도 웃음이 흘러나왔다. 유명 호텔이니까 제법 큰 금액을 지출하고 작품을 설치했을 것이다. 재정이 좋은 광역시나 대기업 등에서 보테로의 조각 작품을 설치하기를 기대해 본다.

큰 가로수가 멋진 그늘을 만들어주는 큰 인도에 조각 작품이 설치되어 있는 나고야, 센다이 거리를 걸을 때 마음이 편안해지고 행복감이 밀려왔던 것을 기억한다. 높은 빌딩으로 싸인 도시지만 큰 가로수와 조각 작품이 있는 거리는 도시의 삭막함을 제거하고 세련된 아름다움으로 마음을 치유해 준다. 우리나라의 대도시들도 그런 점들을 벤치마킹했으면 좋겠다. 그리고 예술에 큰 지식이 없더라도 누구나가 보면 즐겁고 나름의 느낌이 생기는 작품이면 좋겠다. 우리나라의 대형 아파트나 대도시의 큰 회사 앞에는 너무나 추상적인 작품이 있어서 예술에 관심이 있는 몇 사람을 제외하고는 별로 쳐다보지도 않는 작품이 많다고 생각한다.

이렇게 멋진 미술관이 무료다. 사진도 자유롭게 찍을 수 있다. 고맙고도 놀라운 미술관

보테로는 인물, 물건, 과일과 채소, 도구, 동물 등 모두를 지극한 볼륨을 갖도록 표현했다

　보테로가 웃음만을 선사하려고 작품을 만든 것은 아니다. 중세 시대부터의 권력자나 정치가를 풍자하는 그림도 있고 고전 명작을 패러디한 그림, 명작을 자신만의 방법으로 재창조한 그림들도 있었다. 아무래도 다빈치의 모나리자를 재해석한 그림이 인기가 많은 것 같다. 볼륨 외에 특별한 점이 있다면 모델의 머리 스타일이다. 양쪽으로 꼬불꼬불하게 파마한 머리카락이 얼굴을 타고 흐르는 것이 재미있었다.

　2층에서도 놀라움은 계속되었다. 성공한 예술가가 아니었으면 이런 유럽의 작품을 어떻게 소유할 수가 있었겠는가? 우리나라는 기업가 이건희의 컬렉션으로 좋은 충격을 줬는데 콜롬비아는 개인 화가가 유럽의 명화를 수집한 것이다. 피카소, 모네, 클림트, 샤갈, 미로의 작품에서

레오나르도 다빈치의 모나리자를 패러디한 작품이 관객들의 눈길을 끌고 있다

중앙에 있는 정원에서 콜롬비아 커피 브랜드, '후안 발데스 커피'를 마셔보기를 권한다

달리의 조각품까지 굉장히 다양한 작품을 많이 수집한 사실에 놀라지 않을 수 없었다. 그리고 국가에 모두 기증하여 내국인이나 외국인에게 무료로 보여준다는 것은 쉽지 않은 일이다.

꼼꼼하게 작품을 감상하고 난 후 1층 가운데에 있는 정원으로 나왔다. 흰 기둥들이 늘어선 1층 미술관 사이에 있는 정원인데 나무와 꽃을 아주 깔끔하게 관리하고 있어서 기분이 상쾌했다. 여성이라면 산뜻한 블라우스를 입고 나풀나풀 거리를 걷고 싶게 만드는 날씨. 정원과 건물 위에 빛나는 파란 하늘을 바라보면서 '여행 중에 이런 날이 자주 왔으면 얼마나 좋을까?' 하는 엉뚱한 생각을 했다.

4. 보고타 시내, Bogota Sightseeing

미술관 구경을 끝내고 거리로 나섰다. 차도 옆에는 좁은 인도가 있는데 각종 거리 예술가, 수공예품을 파는 사람이 많아서 차도를 걷다가 다시 인도로 걷기를 반복했다. 내려오는 길 이름은 보테로 거리였는데 길 양쪽으로 키치(조잡한 예술품, 그림 등)를 파는 갤러리도 많았다. 내 눈에는 키치여도 예쁘게 보여서 사진도 많이 찍었다. 보테로와 프리다 칼로의 작품을 모방한 것도 있어 비교해 보는 재미가 있었다. 건물 사이에 수령이 오래된 올리브 나무도 있고 유럽과는 다른 색감의 건물들이 이제껏 다른 곳에서 보지 못한 독특한 경치를 만들고 있었다. 엘도라도의 전설을 확인하려고 했던 황금 박물관은 휴관이어서 아쉬웠다. 보테로 미술관을 넉넉하게 봤다는 것으로 위안을 삼고 광장으로 향했다.

라틴 아메리카 독립의 아버지, 남미의 해방자라 불리는 볼리바르에서 이름을 따온 볼리바르 광장(Plaza de Bolivar)은 보고타에서 제일 크고 멋진 광장이다. 광장에 분명히 볼리바르의 동상이 있을 것인데 대성당 등에 눈이 팔려 찾지 못했다. 비둘기들의 잔치가 벌어지고 있는 광장에는 대성당(Catedral Primada de Colombia)이 있고 성당을 등지고 보면 왼쪽에는 콜롬비아 대법원(Palacio de Justicia)이 있고, 정면에는 보고타 시청(Palacio Lievano)이 있다. 볼리바르 광장은 서울의 광화문 광장, 시청 광장 정도의 중심을 가진 곳이 되겠다. 그런데, 열주 기둥이 그리스 신전을 닮았고 지붕에 커다란 콜롬비아 국기가 달린 국회의사당 건물은 정면이 아니고 뒷면이라고 해서 눈을 번쩍 떴다. 분명히 정면에서 본다면 훨씬 더 멋지고 웅장하리라. 노랑, 파랑, 빨강 이렇게 단순한 세 개의 색깔을 옆으로(가로로) 나열하여 직사각형 띠로 이뤄진 콜롬비아 국기는 산뜻한 인상을 준다. 맨 위의 노란색은 땅과 태양을 상징하고 가운데 파란색은 카리브해와 태평양을 나타내며 마지막 빨간색은 독립투쟁으로 흘린 국민의 피를 나타낸다는 것을 알고 나니 콜롬비아 국기가 더 예쁘고 숭고하게 다가왔다.

　광장 가장자리에는 거리 예술가가 관광객의 시선을 끌기에 바쁘고 파라솔 아래의 간이매점, 하얀 천막 아래에 임시 시장이 자리하고 있다. 푸른 끈으로 포인트를 준 새하얀 라마를 데리고 나온 주인은 관광객에게 사진을 찍으라고 권한다. 적도 부근에 있는 도시의 광장인데 고산 지대에 있어 날씨가 굉장히 상쾌하다. 팝송 What a wonderful world의 노랫말에 딱 맞는 풍경이다. 광장에는 경찰들이 서서 사람들을 지켜보고 있다. 외국인 관광객의 시선으로 보면 너무나 감사하다. 한 바퀴 광장을 돌고 나오니 가이드가 플라스틱 컵에 담긴 망고를 건네주었다. 설탕이 아닌 부드러운 가루소금이 뿌려져 더 달콤했다. 수다를 떨며 망고를 먹은 후 곧장 대성당으로 들어갔다. 미사를 드리지 않아서 사진도 찍고 천천히 돌아볼 수 있었다. 천장을 받치는 하얀 기둥 끝부분에 황금색으로 장식한 것이 예뻤다.

보고타는 그라피티의 천국인가 보다. 광장에서 몬세라테 언덕으로 가는 길에는 시내 중심가에서부터 작은 변두리 마을까지 곳곳에 멋진 그라피티가 많았다. 건물벽 전체를 그라피티로 채운 곳도 있고 문 옆쪽에 포인트를 둔 그라피티도 있어 참으로 다양했다. 사람들의 눈을 그린 그라피티가 특이했는데 4개부터 6개까지 그려놓았다. 고산 지대 주민들이 즐겨 마시는 코카잎으로 만든 차를 많이 마시면 환각 작용이 일어나 사물이 여러 개로 나타나는 것을 재미있게 그렸다고 한다. 높은 현대적 빌딩 아래에 있는 주황빛의 오래된 성당, 그라피티로 채운 빈티지의 낮은 건물, 큰 나무가 있는 보고타 시내 중심가는 그동안 보지 못했던 광경을 여행색에게 보여주고 있었디. "어때, 콜롬비아 나름 괜찮지? 유럽보다 뭐 크게 뒤질 것 없잖아."라고 속삭이는 듯했다.

미술관에서 볼리바르 광장으로 내려오는 인도는 아주 좁다. 보테로 키치가 있는 갤러리

볼리바르 광장에는 흰 천막을 치고 장사를 하는 분이 많다. 시장이 열린 모양이다

건물 사이로 난 공간 속에 높은 산 위에 있는 '몬세라테'가 보인다. 이제 보고타 중심가를 벗어나 살짝 변두리 냄새를 풍긴다. 하지만 멋진 야자수, 보고타 글자 조형물, 그라피티 등 볼거리는 여전히 풍성하다. 몬세라테가 가까워진 곳에 마르케스 공원이 있었다. 'BOGOTA'라는 엄청난 크기의 글자 조형물, 둥근 모양의 정자, 인공으로 만든 작은 물길(수로), 물길 옆으로 길쭉하게 늘어선 나무들이 상당히 좋다. 시민들의 휴식처로 상당히 인기가 있는 곳이다.

보테로 미술관에서 콜롬비아의 스타벅스라 불리는 후안 발데스 커피(Juan Valdez Cafe)를 봤으니, 보고타에 있는 스타벅스에 들른다고 한다. 가게 앞에는 넓은 마당이 있는데 마루처럼 되어 있고 여러 층으로 되어

정면으로 착각한 콜롬비아 대법원 건물, 광장에는 먹이를 쪼고 있는 비둘기가 아주 많다

남미는 그라피티의 천국이다. 보고타 시내에도 멋진 그라피티가 무척 많았다

산 프란시스코 성당 종탑과 어울린 보고타 시내, 몬세라테로 가는 길이 가볍고 즐겁다

몬세라테로 가는 길에 만난 별과 보고타 글자가 있는 조형물이 있는 마르케스 공원의 입구

스케이트보드를 즐기는 소년과 추상적인 그라피티, 고층 빌딩이 함께한 보고타 시내 경치

매장 앞에 쿠션이 있는 넓은 공간이 있어 날씨가 좋은 날 밖에서 즐기기 좋은 스타벅스

서 쉬기에 그만이다. 큼직한 쿠션이 군데군데 있는데 드러누울 수도 있다. 거기다 자작나무 등 나무가 사이사이에 서 있으니 꽤 멋진 공간이 된다. 실내 공간에도 자리가 마련되어 있어서 우리 일행은 주문한 음료수가 나올 때까지 실내에서 대기했다.

외국 여행에서 선물이나 기념품을 별로 사지 않는다. 이유는 돈이 넉넉하지 않을 뿐 아니라, 캐리어에 수납하기도 어려워서다. 아내가 외국 물건을 사 오지 말라고 하는 명령도 있었다. 하지만 요즘 여행지의 스타벅스 머그컵(Mug Cup, 손잡이가 달린 둥근 컵)을 사는 습관이 생겼다. 여행지의 이름이 새겨진 것이라 여행지가 아닌 다른 곳에서는 살 수가 없고 부피가 그리 크지 않아 선물하기에도 좋다. 컵을 쓸 때마다 여행의 추억을 떠올리기에도 그만이다. 거기다 "보고타라니까?"라고 말놀이를 할 수도 있기에 'Bogota'가 새겨진 머그컵을 세 개 샀다. 두 개는 지인 선물용이고 한 개는 집에 두고 쓸 작정이다. 부엌에는 홋카이도, 이스탄불, 하노이, 나가노 알파벳이 새겨진 머그컵이 있다.

얼죽아(얼어 죽어도 아이스 아메리카노)로 원기를 되찾은 다음, 몬세라테로 가는 발걸음은 무척 가벼웠다. 가야 할 목표 지점이 계속 보이기 때문이다. '몬세라테'라면 스페인에서 본 유명 관광지와 이름이 같다. 그때는 케이블카를 탔는데 이번에는 푸니쿨라일까? 케이블카일까?

5. 몬세라테, Monserrate

케이블카(Teleferico)와 산악 열차(Funicular)를 타는 곳에 도착했다. 어마어마한 군중이 몰려있다. 현지인과 관광객으로 대기 장소는 빈 곳이 없었다. 적어도 30분은 기다려야 할 것 같았다. 패스트 티켓(Fast Ticket, 오랜 기다림 없이 입장하는 대신 비싼 표)을 끊었는지 단체티켓인지 모르겠으나 15분 정도 기다리니 가이드가 따라오라고 손짓을 보냈다. 전통적인 가톨릭 성지 순례지여서 늘 붐비는데 일요일에는 미사를 위해 오는 분들을 위해 표를 싸게 팔아서 일찍 준비하지 않으면 탑승이 어렵다고 한다. 이번에도 푸니쿨라가 아닌 케이블카가 당첨되었다. 5분 정도로 "쓩!" 하고 목적지에 도착했다. 해발 2,600m 시내에서 3,152m로 올라온 것이다. 그냥 가파른 서울 남산 타워에 오른 기분인데 말이다. 걸어서 오르려면 1시간 30분 정도가 걸린다.

높은 고도에 있는 만큼 보고타 시내가 한눈에 조망된다. 대단한 규모의 대도시였다. 산비탈에는 예쁜 꽃나무가 많아서 눈길이 자주 갔다. 몬세라테 성당으로 가려면 돌바닥이 깔린 경사진 광장을 또 올라야 한

예수 고난의 과정을 차례대로 조각상으로 보여주는 몬세라테, 손바닥에 못을 박는 장면

몬세라테에서 바라보는 보고타 시티, 까마득한 곳까지 조망이 되는 좋은 날씨였다

다. 성당으로 연결된 안전용 담장에는 샤코베오 순례 상징물 표지판 (Peregrinación Jacobea)과 기념비가 있다. 몬세라트 순례지가 스페인 순례길인 산티아고 데 콤포스텔라로부터 7,647km 거리에 있음을 숫자로 표시하고 있다.

성당 내부는 간결하나 산꼭대기에 있는 성당치고는 제법 컸다. 연한 노란색(미색)의 기둥과 벽, 천장에 붉은빛을 띤 고동색 의자가 신비로움을 뿜어내고 스페인에서 가져왔다는 흑인 성모와 아기 예수상이 특이했다. 예수의 부활을 알리는 장면을 나타낸 스테인드글라스, 피부가 검은 사도가 복음을 전하는 모습의 부조가 나름 괜찮다. 건너편에는 더 높은 산이 있는데 브라질 리우에 있는 거대 예수상과 흡사한 예수상이 보인다. 거리가 멀어서 작게 보였지만 곁에서 보면 나름 큰 예수상일 것 같다. 교회 광장에서나 'Bogota' 알파벳 조형물이 있는 곳에서나 보

비아 돌로로사, 십자가의 길을 표현한 정원으로 올라가는 길에 바라본 몬세라테 성당

흑인 성모와 흑인 예수상이 특이하다. 붉은빛을 띤 보라색 제단도 이채로웠다

고타 시내를 비롯하여 사방으로 조망할 수 있어서 가슴이 뻥 뚫리는 기분이다.

알파벳 조형물 아래로 살짝 내려서면 오른쪽에 비아 돌로로사(Via Dolorosa, 예수가 십자가를 지고 걸었던 고난의 길)를 표현한 공원이 나온다. '슬픔의 길, 십자가의 길'로도 불리는 길은 빌라도 법정에서 골고다 언덕에 이르는, 십자가에 못 박혀 죽을 때까지의 여정이 담긴 길이다. 지파키라 소금 성당의 14개 지점이 그냥 십자가 모형과 설명으로 그친 데 비해 이곳은 동상으로 표현하고 있으니 이해하기가 훨씬 더 좋다. 이렇게 14지점까지 살펴보면 다시 성당으로 오르게 된다. 동선을 살피지 않고 구경해서 성당에 다시 한번 오르게 되었다.

다른 곳과 다르게 십자가의 길 마지막에 부활한 예수의 모습이 있는 것이 멋있었다

리우의 예수상을 닮은 하얀 예수상이 멀리 보인다. 가운데 건물은 점심을 먹은 레스토랑

성당 광장 가장자리에는 대학생들이 왁자지껄하면서 보고타 시내를 내려다보고 있다. 사진을 찍는 내게 어디서 왔느냐고 묻길래, '꼬레아'라고 했더니 엄지척을 보이면서 '베리 굿'을 연발했다. 심지어 같이 사진을 찍자고 해서 얼떨결에 사진 모델이 되기도 했다. 아마 눈이 작은 동양인이 드물어서 그랬던 것이리라.

다시 보고타 글자 조형물로 내려오니 우물이 있었는데 소망의 연못(Pozo de los deseos, Wishing Pond)이라고 적혀 있었다. 방문객들이 소망을 빌면서 우물에 동전을 던지는 곳이다. 근처에는 작은 정원과 흰색으로 된 종루도 있다. 초록 담쟁이덩굴이 종루를 휘감고 있어서 종루가 더 멋있게 보인다. 이곳부터는 카페와 레스토랑, 기념품 가게가 많았다.

우리는 흰색 테라스가 예쁜 레스토랑에서 점심을 먹었다. 계단을 살짝 내려왔을 뿐인데 광장과 거리의 분위기는 전혀 보이지 않고 꽃나무가 보이는 아늑하고 예쁜 레스토랑이었다. 촌놈 출세했다. 그리고 많은 잔소리를 했지만 혼자 거금을 쓰는 여행을 허락해 준 아내에게 미안한 마음이 들었다.

스페인의 몬세라트는 규모가 대단했고 울퉁불퉁한 바위가 겹쳐있는 웅장한 모습이었는데 콜롬비아의 몬세라테는 앙증맞고 귀여운 분위기였다. 꽃들이 핀 나무들이 있어서 차분하게 구경할 수 있었다. 두 곳의 공통점이라면 성당(수도원)이 있다는 것과 주위에 산맥들이 펼쳐져 있다는 것이다.

PART 3

에콰도르

1. 코토팍시, Volcan Cotopaxi

남미 여행 첫 번째 트레킹이다. 여행을 떠나기 이틀 전 우연히 케이블 채널에서 코토팍시(Volcan Cotopaxi) 트레킹('EBS 세계 테마 여행'이 제공)을 보아서 기대를 많이 했다. 고산병에 대비해 약도 먹고 준비도 나름 꼼꼼하게 했다. 정상은 5,897m(백두산 높이 두 배를 초과함)이지만 계획은 호세 리바스 대피소(Jose Rivas Refuge, 4864m)까지의 등산이다.

국립공원 관리사무소를 지나 코토팍시 등산로 입구로 오르는 버스 밖 풍경

국립공원 관리사무소에서 입산 절차 허가를 받고 직원의 주의 사항을 들은 후 산을 향해 버스로 이동한다. 50번 이상 분출하였고 정상에 설원이 있는 유일한 활화산이란다. 화산 분화구의 지름은 500m 정도다. 사무소에서 7km는 포장이 잘 된 길이고 그 후에는 비포장이지만 고원 분지에 난 길이라 정비가 잘 된 평평한 길이다. 확 트인 경관을 보며 즐거운 마음으로 산을 달린다. 도중에 휴게소 역할도 하는 매점에 들렀다. 뜨거운 코카 차(고산병에 좋다고 함)를 마시고 빵과 쿠키도 먹었다. 포장도로가 끝나고 비포장도로를 달리는데 길의 색이 새까맣다. 3km 정도를 지나자 가파른 길이 시작되었다. 경사가 있지만 넓어서 대형 버스도 잘 올라간다.

넓은 고원지대의 초원에서 풀을 뜯고 있는 말들

고도를 높이자, 자라는 식물들도 다른 풍경이 나타나고 운무는 점점 더 짙어진다

갑자기 싸라기눈이 구슬 아이스크림의 우박으로 변하고 새까맣던 곳이 하얗게 된다

어라! 물안개가 점점 짙어진다. 관리사무소를 통과할 때만 해도 그냥 조금 흐린 날씨였는데. 방송에서는 3,000m 고원 분지에 림피오풍고(Laguna de Limpiopungo) 호수가 있다고 했는데, 물이 말라서였나 아니면 다른 방향에 있는지 찾지를 못했다. 매우 가파른 길을 오르니 대피소가 나왔다. 해발고도가 4,500m다. 주차된 차들이 희미하게 보일 정도로 운무가 짙다.

우의를 꺼내 입고 등산화 끈을 단단히 졸라매고 우산까지 들고 출발한다. 오르다 보면 날씨가 갤 거야. 하지만 날씨는 더욱 나빠졌다. 작은 싸라기눈이 내린다. 증거를 남기려고 얼른 사진을 찍었다. 이건 작은 시작에 불과했다. 싸라기눈이 우박으로 변하더니 구슬 아이스크림이 됐다가 맞으면 몸이 아플 정도로 큰 우박이 되었다. 이윽고 새까맣던 등산길은 하얗게 변해버렸다. 거기다 바람까지 세게 불어 우산도 휘청거

일행 중 몇 분은 내려가고, 5명은 포기하지 않고 계속 올라간다

린다. 몇 분은 등산을 포기하고 내려간다. 내려가려고 하다가 갑자기 화가 나서 오르기로 마음먹었다. 큰 기대가 무너지면 독한 마음이 생기는 모양이다. 강한 눈보라 때문에 몇십 미터 가다가는 돌아서서 우의에 붙은 모자를 움켜쥐어야만 했다. 겨우겨우 목적지 대피소에 도착했다.

내려올 때는 미끄러질까 더욱 조심해야 했다. 주차장에서 관리사무소까지 내려올 때까지도 코토팍시는 모습을 보여주지 않았다. 몇 개의 마을을 지나고 식당에 도착해서 우의를 벗고 난로의 열기를 쐬고 있을 때 조금씩 코토팍시가 모습을 드러냈다. 점심을 먹으면서도 계속 코토팍시만을 바라보았다. 식사가 다 끝나자, 정상까지는 아니었으나, 윗부분에는 눈이 쌓여있고 산허리 아래로는 파란 나무들이 자라고 있는 멋진 모습을 보여주었다.

트레킹을 끝내고 늦은 점심을 먹은 후에야 코토팍시는 자기 모습을 보여주었다

2. 킬로토아 호수, Laguna de Quilotoa

코토팍시 등산을 마치고 한 시간 정도를 달려 숙소에 도착했다. 큰 도로 바로 옆에 있는 펜션 건물인데 잔디가 깔려있고 꽃과 나무가 많아서 공원이나 농장 느낌이 물씬 풍겼다. 건물 한 동에 방이 4개로 8명이 묵을 수 있는 구조였다. 통나무가 많이 들어가고 방마다 예쁜 그림이 걸려있는 유럽식의 실내 장식이 예뻤다. 저녁과 다음 날 아침에도 가볍게 주변을 둘러보고 사진을 찍었다.

버스 2층에 올라가 시원한 바람을 맞으며 고산 지대로 달리는 기분은 최고였다

높은 산맥 아래 큰 도시가 분지처럼 펼쳐진 광경이 한눈에 보인다. 구름도 예술이다

숙소에서 킬로토아로 가는 길은 천국으로 가는 길이었다. 2층이 개방된 버스를 빌렸는데 경치가 좋은 산길을 달릴 때 기사가 버스 위로 올라가서 구경하라고 손짓을 보냈다. 시원한 바람을 맞으며 바라보는 도시의 풍경이 장관이었다. 안데스산맥 지대를 통과한다고 들어서 황량한, 붉은 황토색의 경치를 생각했는데 완전히 빗나갔다. 물론 우리나라 산에 비하면 나무가 많지 않아 언덕으로 느끼게 되지만, 풀이나 농작물로 덮여 있어서 초록의 잔치가 벌어졌다.

산의 이용 가능한 모든 부분을 경작하여 땅들이 조각보를 덮은 모양이니 어찌 예쁘지 않을 수 있겠는가? 신의 창조물 중 유일하게 신의 성품을 받은 인간의 위대함을 실감하게 된다. 저 높은 산을 모두 밭으로 일궈 놓았으니 말이다.

아래로 보리와 농작물이 보이고 경작된 밭으로 덮인 산들이 보인다. 계곡에 집들이 있다

노랑과 연두의 조각보가 완전히 땅을 덮은 킬로토아로 가는 길에 만난 안데스산맥

　　푸른 초원이 펼쳐지고 가끔 양 떼가 유유히 풀을 뜯고 있는 곳, 인디언 복장의 농부가 밭을 가꾸는 모습이 나타났다. 가장 높은 고산 지대를 통과할 때는 식물이나 돌로 집을 짓고 원시생활을 했던 흔적이 남아 있는 마을도 보았다. 계단식 밭과 계곡에 옹기종기 모여 있는 작은 마을은 너무나 예뻤다. 거의 세 시간 정도를 달렸는데 지루할 틈이 없었고 계속 사진을 찍었다. 이제 비탈길을 지그재그로 넘어가는데 옅은 구름은 시커먼 먹구름으로 변한다. 큰일났다. 코토팍시도 제대로 즐기지 못했는데 킬로토아도 폭망할 것 같다.

　　킬로토아 호수는 에콰도르 안데스산맥의 서쪽 끝에 있는 킬로토아 화산에 안겨 있는 칼데라 호수다. 폭이 3km, 깊이는 280m인데 호수 면이 해발 3,500m이고 광물이 호수에 녹아들어 물이 녹색을 띤다. 정상에 있는 마을은 작지만 숙소(호스텔), 식당, 기념품점 등 가게들이 엄청 많았다. 그만큼 관광이나 트레킹을 하려고 사람들이 많이 찾는다는 증거다.

구름이 많이 끼어도 좋았는데 고산 지대를 통과하고 살짝 내려오자 짙은 구름으로 변했다

조각보 모양의 땅을 계속 보는데도 질리지 않는다. 땅 모양이 모두 다르기 때문이다

트레일 입구를 뒤돌아보면 왼쪽에 안내 표지판이 있고 오른쪽으로 전망대가 보인다

우의를 꺼내 입고 현지 가이드로부터 주의할 점과 등산 과정을 듣고 있는 일행의 모습

어제, 코토팍시 트레킹에서 쓰린 경험을 해서 오늘도 폭망이 될까? 걱정이 앞선다. 마을에 도착했을 때는 비까지 내렸고 물안개가 아직도 심하기 때문이다. 점심을 먹을 때 그쳤던 비는 트레킹을 시작하려고 할 때 다시 조금씩 내리기 시작했다. 배낭에서 우의를 꺼내 입고 길을 나선다. 입구 문을 통과하자 전망대로 올라가는 길이 보였지만 어차피 우리들은 아래로 내려가면서 호수를 볼 것이기 때문에 올라가지 않고 그대로 진행한다. 현지 가이드가 합류해서 주의할 점을 일러 주었다. 길에 모래가 많고 경사가 심해서 조심해야 하며 식물을 훼손해서는 안 된다는 것이다.

조금씩 내려가니까 호수를 둘러싼 산 그리메는 살짝 가려져도 호수 둘레는 분명하게 보였다. 호수는 우리나라 백두산 천지와 너무 흡사했

뉴질랜드의 테카포 호수에서도 보았던 루피너스, 당나귀를 끌고 호수로 내려가는 현지 주민

백두산 천지와 비슷한 킬로토아 호수, 흐린 날씨였지만 전체의 모습은 볼 수 있었다

다. 크기는 천지보다 조금 작다. 길옆에는 에델바이스 종류의 식물과 루핀(루피너스라고도 부름), 이름을 모르는 꽃들이 피어있어 기분이 상쾌해졌다. 어라! 그런데 당나귀 두 마리가 주인과 함께 내려오고 있다. 이게 무슨 상황이지? 등에 짐을 실은 것도 아니다. 당나귀는 올라올 때 숨이 찬 사람들을 위해 태워주는 역할을 하고 있었다. 올라온 길을 되돌아보니 높이가 까마득한 경사의 산봉우리들이 삐죽하게 서 있다. "와! 내가 저런 경사진 곳을 내려왔구나." 갑자기 뿌듯한 마음이 들었다.

호수 면까지 내려오니 정자 같은 쉼터도 있고 보트를 타는 곳도 있다. 모두 호수를 볼 수 있어서 밝은 목소리로 웃기도 하고 사진을 많이 찍는다. 흰 구름이 두둥실 걸린 햇살 밝은 날에는 최고의 경치 사진을 얻을 수 있는 장소인 것 같다. 나름 그런 사진을 찍을 수 있기를 기대했는데.

올라올 때는 숨이 차서 여러 번 쉬어야만 했다. 일행 중 한 분은 당나귀를 타고 올라갔단다. 당나귀를 탄 그분도 좋고 애써 위에서 당나귀를 몰고 내려왔는데 손님이 없다면 실망했을 당나귀 주인도 기분이 좋았을 것이다. 내려올 때는 한 시간 정도 걸렸는데 올라올 때는 두 시간 반 정도 걸렸다. 화창한 경치는 아니었지만, 전체 모습은 볼 수 있어서 안도의 한숨을 쉬었다.

3. 카사 델 아르볼, Casa del Arbol

에콰도르의 바뇨스(Baños) 지역은 다양한 액티비티로 유명한 곳이다. '카사 델 아르볼(Casa del Arbol, 스페인어로 나무집이란 뜻)'은 어른들을 동심으로 돌아가게 하는 유쾌한 곳이다. 버스에서 내려 바로 작은 언덕을 오르면 금세 산 위의 자은 공원이 나타난다. 매표소를 통과하면 바로 넓은 잔디밭과 탁 트인 경치를 만나게 된다. 이곳은 '세상 끝 그네'를 타는 것으로 유명하다. 그네 타기 이외에도 작은 연못 위를 외나무다리로 건너기, 집라인 타기도 있다. 하지만 나무집에 달려있고, 앞에는 가파른 경사면이 있는 세상 끝 그네가 아무래도 최고다(짜릿함이 있고, 멋진 사진을 찍을 수 있음). 자신이 없는 분들은 입구의 큰 기둥에 매달린 그네를 타도 된다.

그네의 짜릿함을 뒤로 하고 집라인을 탄다. 탈 땐 좋았으나 끝난 후에는 줄을 질질 끌고 가서 원래의 위치에 놓아야 한다. 그래야 다음 사람이 탈 수 있기 때문이다. 그네를 탈 때도 흥분해서 목소리가 높았는데 이곳에서도 여지없이 모두 깔깔 웃으며 좋아한다. 대부분 60대 이상

높은 기둥에 두 개의 그네가 매달려 있고 뒤에는 활화산 '퉁구라우아'가 길게 뻗어 있다

그네가 달린 '카사 델 아르볼(나무집)'이 공원 이름이 됐다

그네 아래로는 아찔한 경사면이 있어 '세상 끝 그네'라고 불린다. 동심으로 돌아가는 시간

'집라인'을 타는 모습. 끝난 후에는 집라인을 끌고 가서 원래의 자리에 놓아두어야 한다

작은 못을 건너는 외나무다리

개복숭아, 수국, 코스모스 등 꽃과 나무가 많은 공원

의 분들인데 분위기가 너무 좋았다. 공원에는 개복숭아, 수국 등의 여러 나무와 꽃이 있어 굉장히 예뻤다. 그다지 넓지 않은 공간이지만 지겨울 틈이 없었다. 내겐 액티비티보다 화산 '퉁구라우아'를 배경으로 볼 수 있는 것이 더 감동이었다.

가운데 잔디가 보이는 곳

숲 뒤에 '카사 델 아르볼' 공원이 있다

4. 바뇨스, Baños

44일간의 남미 여행 중 가장 몰랐던, 별로 들어보지도 못했던 나라가 에콰도르와 과테말라였다. 딱 하나 알았던 것은 갈라파고스 제도가 에콰도르에 속한다는 것이었다. 킬로토아 호수 트레킹을 끝내고 바뇨스로 이동하는데 높은 산이 많아서 대단한 자연경관을 보여주었다. 저녁 무렵이 다 되어서 숙소에 도착했는데 아주 높은 산 위에도 놀이공원처럼 시설물들이 보여서 가슴이 두근거렸다. 차를 타고 갈 수도 케이블카를 타고 갈 수도 있을 것 같았다.

트레킹으로 인한 피로를 털어내려고 온천에 간단다. 높은 고산 지대에 천연 온천이 있다는 것이다. 하긴 퉁구라우아가 화산이라고 들었으니까. 산속에 파묻힌 마을이지만 성당도 보이고 무엇보다 숙소와 레스토랑이 많은 것을 보면 여행의 캠프지 역할을 하는 분위기다. 마을에는 두 개의 온천이 마을 양 끝에 있는데 우리는 버스에서 보았던 큰 폭포가 보이는 온천으로 간다. 높이가 상당해서 처음에는 인공 폭포인 줄 알았다. 폭포 옆에는 약수를 받는 곳도 있고 마을 근처에는 공동 빨래터가 있다. 좁은 시멘트 통로 사이로 물이 세차게 흘러간다.

　Balneario el Salado 온천은 현지인이 많고 우리가 가는 성모 온천(Ter-mas de la Virgen)은 관광객이 많다고 한다. 수영복은 가져왔고 수영모는 모두 대여했다. 옷이나 귀중품은 무료로 맡아주었다. 간단하게 샤워를 한 다음 수영복으로 갈아입고 온천으로 나왔다. 남녀 공동 야외 온천이다. 그런데 물 색깔이 홍수가 난 냇물처럼 황토색이다. 첫 번째 탕에 들어가려고 했으나 너무 뜨거워 들어갈 수가 없었다. 열탕인 모양이다. 그다음은 온탕이라 사람들이 제일 많았다. 뒤쪽에는 냉수 수영장도 있는데, 저녁이어서 이용하는 분이 한 명도 없었다.

테르마스 데 라 비르헨, 성모 온천에는 폭포를 보면서 온천을 즐길 수 있다

폭포의 물은 빨래터로 흘러내리고, 간이 케이블카를 타고 계곡의 폭포를 구경한다

이제 날이 어둑해져서 폭포에는 조명이 켜졌다. 초록, 보라, 파랑, 빨강 등으로 폭포의 색깔이 변한다. 김이 무럭무럭 올라오는 야외 온천탕에서 조명을 받는 폭포를 구경하다니 모처럼 호사를 누린다는 느낌이 들었다. 세상은 정말 넓고 볼거리는 무궁무진하다.

한 층 아래로 내려가면 지붕은 열려 있는 조금 작고 아늑한 탕이 또 2개나 있다. 제대로 온천을 즐기려면 슬리퍼, 큰 수건, 갈아입을 옷, 수영모 등을 챙겨와야 한다. 밤하늘을 바라보면서 온천을 즐길 수 있는 'Baños'는 스페인어로 천연 온천이란 뜻인데 화장실이란 뜻도 들어있다고 한다.

에콰도르 중앙부, 퉁구라우아 지방에 있는 작은 도시 바뇨스는 퉁구라우아 화산의 북쪽 산기슭인 1,820m 높이에 위치하는데 활화산 지대여서 온천이 많다. 다양한 미네랄을 함유한 온천은 치유력이 상당하다고 한다. 우리나라와 가까운 일본이 아닌 먼 타국에서, 밤하늘을 바라보며 즐긴 온천의 기억이 오래도록 지속될 것이다.

다음날, 트럭을 개조한 오픈카(2층 버스)를 타고 구경하는 폭포 투어에 참가했다. 바뇨스는 액티비티가 너무 많았다. 트레킹, 래프팅, 스윙 점프, 번지 점프, 집라인, 산악자전거, 말 타고 산 오르기, 카약 등이 있었다. 높은 산과 계곡에 펼쳐진 60개 이상의 폭포, 파스타사강 등을 활용한 활동이다.

파스타사강을 막아 만든 아고안 댐과 수력발전소가 있는 바뇨스

펄펄 끓는 냄비를 닮은 웅덩이와 악마를 닮은 바위로 인해 '악마의 냄비' 폭포가 되었다

　2층 버스는 계단으로 올라가서 시원한 바람을 즐기다가 햇살이 뜨거우면 1층으로 내려오면 된다. 파스타사강을 막은 아고얀 댐도 보이고 수력발전소가 설치되어 전기를 생산하는 시설도 볼 수 있었다. 무엇보다 V자 모양의 높은 산 사이에 흐르는 계곡이 어우러진 경치가 그만이었다.

　처음 도착한 곳은 간이 케이블카(열기구처럼 공간이 트인 상자)를 타고 계곡을 왕복하면서 계곡과 폭포를 구경하는 곳(Pedacito de Cielo)이었다. 조금 조잡한 케이블카에 많은 사람이 타고 있고 계곡과의 높이도 있어서 살짝 불안하기도 했다. 멀리서 보던 폭포가 가까이 다가가니 제법 박력 있는 모습으로 다가왔다.

　　본격적인 폭포 구경은 아직 남았다고 가이드가 기대를 부풀게 한다. 파이론 델 디아블로(Cascada el Pailón del Diablo, 악마의 냄비 폭포) 입구에 도착했다. 대형 버스가 3대가 서 있는 것으로 봐서 대단한 모양이다. 매표소로 들어가는 입구에는 '어서 오세요.' '환영합니다'라는 우리말 환영 인사가 있고 세계 각국 약 30개의 언어로 된 환영 인사가 나무판에 걸려있다. 폭포로 내려가는 길옆은 울창한 숲으로 되어 있고 왼쪽으로 물이 세차게 흘러간다. 폭포의 위력이 예상된다. 계곡을 흐르는 물은 댐의 수문을 개방했을 때 나오는 위력이다. 그러니까 위쪽 계곡의 물이 남북으로 가로지르는 계곡으로 합류하는 지점에서 폭포가 되는 모습이다. 출렁다리를 지나고부터는 제법 아찔한 느낌이 들었다. 폭포

폭포의 뒷모습까지 볼 수 있으나 예쁜 계단이 있는 오른쪽 신 출입구로는 연결되지 않는다

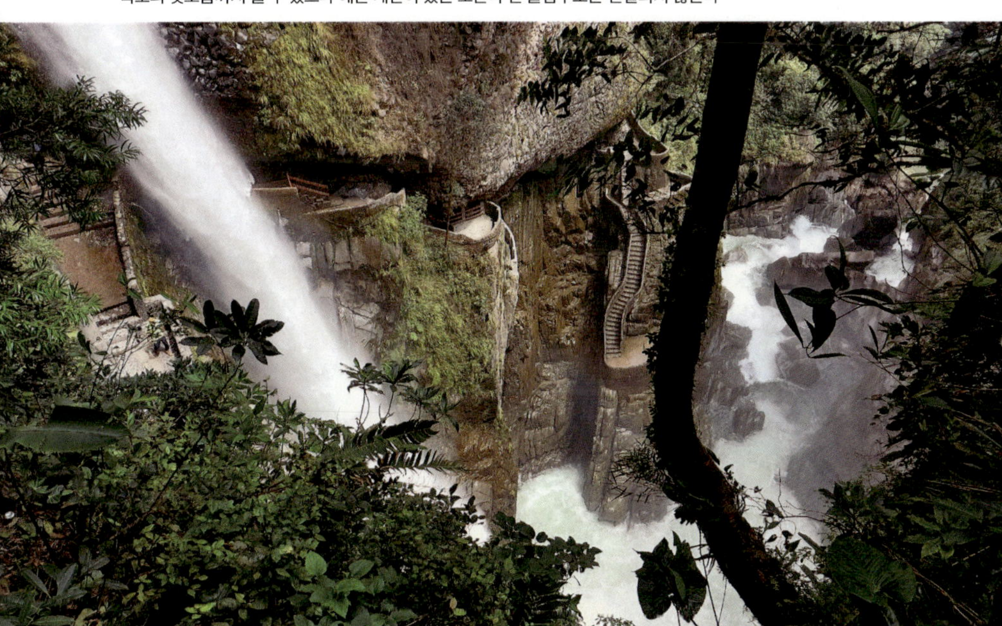

185

가 내리꽂히는 부분이 냄비가 펄펄 끓는 모습과 닮았고 바위의 모양이 악마와 닮아서 '악마의 냄비'라는 이름을 갖게 되었다. 멋지게 지었다고 공감한다. 폭포가 떨어지는 곳에 물보라가 크게 일어나고 물이 빙글빙글 도는 모습을 보면 충분히 물이 끓는 냄비로 연결할 수 있다.

폭포로 접근하면서 내려가는 돌계단은 물로 젖어있어 매우 조심스럽게 걸었다. 마지막에는 엉금엉금 오리걸음을 하면서 통과했다. 폭포 뒷부분으로 돌아갈 때는 미스트(물이 안개처럼 뿜어내는 작은 입자)로 옷이 조금 젖기도 했다. 저 계단은 또 뭐야? 폭포 중간쯤에서 폭포의 반대편을 내려다보니 구불구불 내려오는 계단 길이 보였다. 그러나 그쪽으로 연결되는 길은 없었다. 폭포 구경을 다 끝내고 알았는데 폭포로 접근하는 입구가 2개 있었다. 우리가 들어간 곳은 구 입구(Old Entrance)였고 아래에서 봤던 계단으로 가려면 신 입구(New Entrance)로 가야 했다.

신 입구로 가려면 다시 돈을 내야 한다. 신 입구로 걸어가기가 조금 더 편하고 폭포를 좀 더 가까이 보려면 구 입구로 들어가야 한다. 돌아가는 길에는 습기가 많은 지역이라 나무에 기생하는 난초가 예쁘게 피어있다. 나이아가라를 봤을 때 엄청난 규모와 웅장함을 느꼈는데 어디에서나 있을 법한 계곡 사이에 박력이 넘치는 폭포로는 '파이론 델 디아블로'가 최고가 될 것 같다.

마을의 계곡을 흐르던 물이 갑자기 80m의 낭떠러지로 떨어지니 폭포의 위력은 당연하다

5. 갈라파고스 푸에르토 아요라,
Galapagos Puerto Ayora

아비앙카 키토 공항에서 갈라파고스의 숙소가 있는 푸에르토 아요라로 가는 절차는 복잡했다. 갈라파고스의 발트라섬에 있는 공항에(세이무어 공항, GPS) 도착해서 입국장까지는 걸어서 간다. 보통 공항 내 전차나 버스를 타는데 바람과 햇볕을 받으며 걷는 기분이 새롭다. 화산 지대에 있는 약간 붉은 흙이 많고 척박한 땅에 자라는 선인장이나 잎이 거의 없이 생명력이 강한 줄기 나무가 자라는 모습도 확실히 이국적이다. 입도 비용이 무려 100달러이다. 환경 보전을 위해 어마어마한 돈을 요구하는 것이다. 그래서 '달라파고스'라는 별명이 붙었다. 산 크리스토발섬에 또 하나의 공항(SCY, 산 크리스토발)이 있는데 갈라파고스가 본토에서 멀리 떨어져 있어서 배로 입도할 수 없고 항공편이 유일하다.

공항을 빠져나오면 리무진 버스를 타고 간다. 버스는 발트라섬(Baltra) 선착장(Dock)에서 멈췄다. 이젠 배를 타고 산타크루스(Santa Cruz)섬으로 간다. 버스에 실었던 짐들은 관리자가 알아서 배로 옮겨준다. 페리를 타고 고작 1~2분 가는데 1달러를 낸다. 얼마 안 되는 돈은 차치

하고 절차가 귀찮고 시간이 걸린다. 우리와 생각이 다른지 다리를 건설하지 않는다고 한다. 산타크루스 선착장은 사람들로 붐볐다. 우리와 반대로, 발트라 섬에 있는 공항으로 가는 사람들, 다른 섬으로, 바다로 투어를 떠나는 사람들이 많기 때문이다. 캐리어를 받아서 다시 시내로 가는 버스를 타야 했다. 시내로 들어가는 길은 한동안 직선으로 뻗은 길만 달렸다. 이른 새벽부터 버스, 비행기, 버스, 배, 버스로 이동하는 과정이지만 이국적인 자연과 직진 도로에 마음이 부풀어 오른다. 시내 중심부에 도착해 캐리어를 질질 끌고 숙소로 이동한다. 제법 깔끔하고 예쁜 분위기의 거리와 가게들이 잘 왔다고 반겨주는 듯했다. 시내 중심부에서 걸어와 살짝 시골 마을 냄새가 나는 곳에 게스트하우스 숙소가 있었다. 짐을 내려놓고 침대에 풀썩 드러누웠다. 우리가 버스에서 내린 곳은 산타크루스의 중심가, 푸에르토 이요라(Puerto Ayora)였다.

갈라파고스는 남아메리카 에콰도르에서 서쪽으로 약 1,000km 떨어진 태평양에 있는 제도(群島, 여러 섬)다. 적도 바로 아래에 있는데 13개의 주요 섬과 7개의 작은 섬으로 이뤄져 있다. 사람이 사는 섬은 이사벨라, 산타크루스, 산 크리스토발 세 개의 섬에 대부분의 사람이 살고 있다. 화산 활동으로 생겨난 갈라파고스 제도의 섬들은 외부와 오랜 기간 격리되어 다른 곳에서는 볼 수 없는 독특한 동식물이 많고 진화의 무대가 되었다. 1835년 이 섬을 찾은 찰스 다윈이 큰 영감을 받아 진화론을 주장함으로써 과학사에 한 획을 그은 종의 기원이 탄생하게 되었다. '갈라파고'는 거북이란 뜻이고 스페인어로 '갈라파고스'는 안장이란 뜻이 있는데 거북이 등껍질이 안장처럼 생겨서 참 잘 지은 이름이라고 생각했다.

산타크루스는 제도의 가장 중심에 있는 섬이고 휴화산이 섬으로 된 곳이었다. 가장 사람이 많이 살고 있는 섬이고 이사벨라 다음으로 큰 섬이다. 중심 도시인 만큼 관광객도 제일 많은 곳이다. 공항이 있는 발트라, 핀존, 산티아고 등의 섬이 산타크루스 행정 범위에 들어간다.

산타크루스의 번화가 푸에르토 아요라에 완전히 반하고 말았다. 길이로는 호놀룰루 와이키키 해변의 10분의 1 정도밖에 되지 않을 길이지만 아기자기하고 예쁨이 넘쳐나서 숙소에서 시내로 걸어오는 길에는 히비스커스, 아주 큰 불꽃 나무(Flame Tree), 부겐빌레아, 파파야 등 좋아하는 열대 식물들이 쫙 보여서 신이 났다. 그것뿐이 아니다. 건물벽에는 자이언트 거북이를 비롯한 갈라파고스의 동물이 그려진 벽화도 있었다. 가게 건물도 똑같은 것이 별로 없고 각각 색다른 모습이어서 정말 좋았다. 로터리에는 대형 거북이 조형물이 있는데 이곳부터 본격적인 푸에르토 아요라 시내가 시작된다.

해변으로 가는 길에 발견한 파란 물갈퀴가 달린 발을 가진 부비 새를 그린 벽화

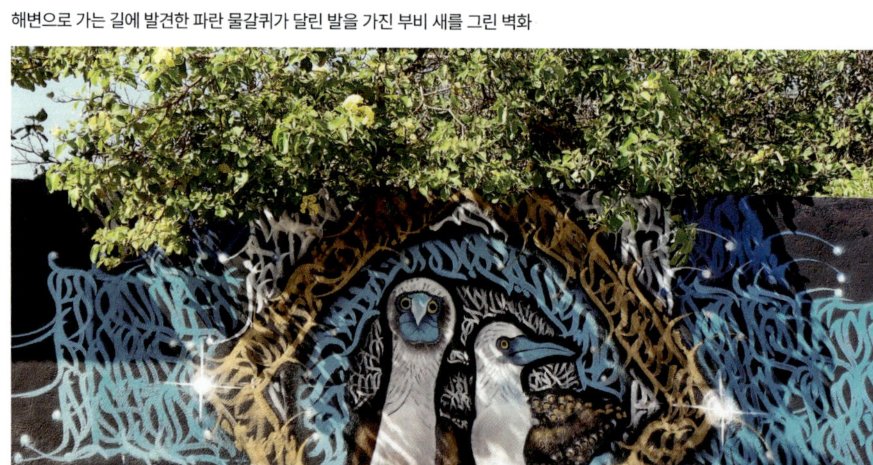

바다에서 바다사자가 뒤뚱거리며 공원으로 올라오고 있다. 벽에는 붉은 게가 붙어있다

바다사자는 공원 나무 그늘에 철퍼덕 몸을 던지고 편안하게 낮잠을 즐긴다

로터리 길을 가로질러 바다 편에 있는 길로 가는데 뭔가 시커먼 게 움직인다. 바다사자가 비스듬한 시멘트 길을 올라 쉼터로 뒤뚱거리며 걸어간다. 인접한 벽에는 붉은 게가 붙어 있다. 바다사자 뒤를 따라가 니 두 마리는 벌써 나무 아래에 드러누워 편하게 잠을 자고 있다. 신기 해서 한참을 지켜보다가 다시 걷는다. 이번에는 인도로 가지 않고 바다 로 향하는 데크로 걷는다. 그리 길지 않은 데크길인데 큰 맹그로브 나 무가 우거져 있어 조금 전 시내 거리와는 느낌이 확 다르다. "후훗! 놀 라지 마, 여기가 갈라파고스니까"라고 말하듯 이번에는 여러 마리의 펠 리컨이 나왔다. 나무 위에도 정박한 뱃머리에도 조금 전에 왔던 로터리 버스 정류장 지붕에도 펠리컨이 자리를 차지하고 있다. 가끔, 물총새처 럼 물고기를 잡으러 바다로 뛰어드는데, 바닷물에 떨어지는 소리가 총 소리만큼 커서 대단히 놀랐다. 하긴 물총새의 20배나 되는 크기의 새인 데 완전 대박이라고 마음속으로 외치며 바다를 바라본다. 햇빛이 강해 서 바닷물은 연한 민트색으로 빛난다. 물감을 풀어서 일부러 만든 비현 실적인 색깔로 보인다.

100달러를 내고 섬에 들어온 가치를 이곳에서 실감한다. 바다의 소금 성분에서도 잘 자라는, 바닷물을 깨끗하게 하는 맹그로브 숲은 마음의 평화를 가져다주었다. 갑자기 가수 윤하의 '맹그로브' 노래가 떠올랐다. 윤하는 라디오 DJ도 하는 싱어송라이터(Singer-songwriter)인데, '기다 리다'로 인기가 오르더니 '사건의 지평선'으로 굉장한 충격을 안겨주었 던 멋진 가수다. 노랫말을 찬찬히 살펴보면 윤하는 통찰력이 아주 뛰어난 Artist라는 것을 알 수 있다. 맹그로브 노래에도 그런 모습이 잘 나타난다.

시작과 끝이 이어져 있다면
만물의 생은 정해져 있을까?
당연한 질문이야.
묻지 않는다면 영영 알 수 없을 테니

탄식이 자라 허무함이 되면
살 만한 이유 한 가지쯤에
붙잡혀 알게 되지.
착각을 거듭해 이루어져 온 세계

하늘과 땅이 된
거창한 이유는 없을 테니
바다의 나무 된
터전 그 안에 삶이 있어

더듬거리며 발견한 무엇이
수면 아래 잠겨있고
머뭇거리다 갈급한 마음에
숨이 차오를 때엔
너와 내가 연결돼 있잖아.
조금도 두려울 것 없다.
모든 길이 이어져 왔잖아

한 치도 망설일 것 없다.

파도쳐도 부서질 것 하나

남지 않았잖아 잘됐어.

여기부터 진짜 시작이 될 거야

절대로 멈추지 마.

시내를 걷다가 골목으로 10m 정도만 들어가면 이런 물놀이 광경을 볼 수 있다

맹그로브 나무 위에 펠리컨이 많이 앉아 있다. 바다로 난 산책길이 인도보다 훨씬 좋다

중간중간에 시내 인도를 걷다가 바다로 빠지는 골목길은 두 군데나 있다. 특히 마지막 골목은 멋진 벽화가 있는 곳인데 현지 젊은이들이 다이빙을 즐기고 있었다. 작은 모래사장만 있다면 최고의 해수욕장이 될 수 있을 텐데. 하지만 집에서 100m도 떨어지지 않는 곳에 물놀이 장소가 있으니 얼마나 행복할 일인가? 다이빙하는 청년이나 친구를 바라보는 현지인이나 관광객들이 모두 즐거운 표정이 된다. 이런 곳에서 물멍을 하다가 맛집에 가서 음식을 먹는 소소한 기쁨을 누리면 얼마나 좋을까? 하는 상상을 해봤다.

선착장 부근에는 시내에서 제일 넓은 공간이 있다. 노란색 이구아나와 거대한 갈매기 조형물도 예쁘다. 건너편 바다 쪽을 보면 우리나라의 정자와 비슷한 곳 아래에 시커먼 바다 이구아나와 바다사자가 무리 지어 누워있는 광경을 볼 수 있다. 수상 보트나 배를 타는 곳에는 항상 바다사자가 널브러져 있다. 사람들이 지나다녀도 전혀 신경을 쓰지 않고 잠을 잔다.

수산시장에도 다윈을 그린 벽화가 있지만 골목에 있는 이 벽화가 더 깨끗했다

비행기로 지붕에 장식한 카페 겸 레스토랑, 윗부분을 가지런히 정리한 빵나무 가로수

저녁 무렵이 돼서 수산시장은 장사를 하지 않았다. 사실은 생선가게라고 말하는 게 더 정확할 것 같다. 부엌 조리대처럼 생긴 시멘트 위에서 생선을 손질해서 파는 곳이다. 바다에서 갓 잡아 온 생선을 손질해서 팔기에 인기가 많다. 관광객이 오는 까닭은 생선을 사려는 게 아니고 펠리컨, 바다사자, 생선 주인의 탐색전을 보기 위해서 온다. 생선이 시멘트 위에 오르면, 먼저 펠리컨이 떼 지어 오고 생선 주인은 손질하면서 펠리컨을 쳐다본다. 주인이 틈을 보이면 펠리컨이 물고 가기 때문이다. 바다사자는 늘 펠리컨보다 먼저 자리를 차지한다. 주인은 펠리컨보다 바다사자를 더 좋아하는지 가끔 손질하고 남은 부분을 바다사자에게 준다. 바다사자 한 마리만 옆에서 잠을 자고 있고 펠리컨도 가게 주인도 없다. 아쉬움을 다윈의 도착을 나타낸 벽화로 달랬다.

펠리컨이 너무 커서 처음엔 조형물로 착각했다. 저렇게 있다가 물총새처럼 바다로 뛰어든다

자이언트 거북이 조형물 위에서 아이가 아이스크림을 먹으며 쉬고 있다

시내로 들어가는 로터리 입구에는 바람개비, 플라밍고, 거북이 등으로 멋지게 꾸며 놓았다

모자이크로 벽을 장식한 Engelique 갤러리와 기념품 가게, 키 큰 야자수가 잘 어울린다

갈라파고스에는 랍스터 요리, 랑고스타와 빨간 물고기 브루호(Brujo) 요리가 유명하다. 생선가게 바로 옆에 있는 제일 큰 슈퍼마켓(Proinsular Market)에서 병원을 지나 5분 정도 올라가면 키오스크(Kiosk) 거리가 나온다. 현지인들이 먹자골목으로 부르는 곳이다. 랑고스타는 2만 원 정도인데 사주지 않았다. 광장 옆 가성비가 좋은 중국 식당(단 4달러로 요리와 음료수까지 제공)에서 단체로 점심을 먹었다. 음식에 그렇게 구애하는 여행자가 아니라서 그냥 넘어갈 수 있었다.

와이키키보다 더 좋아한 이유는 아름다움이다. 작은 비행기 조형물을 지붕에 올려놓은 레스토랑, 자이언트 거북 모형이 많은 가게, 줄기는 구불구불한데 윗부분의 잎을 정리한 나무(멋대로 빵나무라고 이름을 지음), 조개껍질을 붙인 벽이 있는 갤러리, 건물 사이에 여러 색의 우산으로 장식한 골목, 벽회, 나무 크기의 선인장 등 아름다움이 넘쳐나서, 시내의 크기는 작았으나 완전히 도시에 반했다.

6. 자이언트 거북이 농장, El Chato 2 Ranch

산타크루스섬 자연보호 구역에 있는 대왕 육지 거북과 용암 동굴을 보러 간다. 들어가는 입구가 대단하다. 영화 촬영 장소로 이용해도 충분할 것 같다. 화산 지대의 붉은 돌과 흙으로 된 길에 터널처럼 나무들이 나열되어 있다. 굵은 나무줄기에 석화와 닮은 이끼, 기생하는 초록 덩굴이 감겨서 그렇다. 비포장이지만 덜컹거림도 거의 없다. 100m 정도를 들어가니 숲과 길에 항아리 크기의 거북이가 앉아 있다. 왜 자이언트 거북이라고 부르는지 금방 알게 되었다. 바다거북이 아니라 육지 거북이다. 이구아나도 육지와 바다에 사는 종류가 달라 색깔, 행동, 습성이 다르다는 것을 갈라파고스에 와서 알게 되었는데 거북이도 마찬가지였다.

'All you need is El Chato 2 Ranch'라는 안내판이 눈길을 끌었다. 궁금한 것은 바로 해결해야 한다. 관리인에게 왜 2 Ranch인지 물었더니 거북 농장이 두 군데 있는데 여기는 2 Ranch라고 했다. 일정한 인원을 모아 듬성듬성 시간대를 나눠서 현지 가이드 동참하에 거북 농장을 둘러본다. 휴게소에서 일정 시간 기다려야 한다고 했다.

'당신에게 필요한 모든 것은 차토 투 랜치로 가는 것'이라는 간판이 눈길을 끌었다

가이드의 허락을 얻어 조금 전 버스를 타고 왔던 길로 달렸다. 멋진 나무가 늘어선 길과 거북이를 찍고 싶어서였다. 멀리 거북이가 길 가장자리에 그대로 있었다. 숲에도 두 마리가 앉아 있었다. 등에 있는 무늬(나무의 나이테처럼 보임)가 멋지다. 앞발을 자세히 보니 용의 비늘처럼 볼록볼록 튀어나온 것도 확인할 수 있었다.

휴게소로 돌아오니 마루에 거북 껍질이 있다. 껍질로 들어가 고개를 내밀고 사진을 찍을 수 있다. 유화, 갈라파고스 전체의 지도를 그린 그림, 거북 조형물 등이 갖추어져 있어서 탐방 시간을 기다리는 것이 지루하지 않았다. 의자에 앉아서 일본 관광객이 탐방을 마치고 돌아오는 것을 보고 있는데 빗방울이 떨어지기 시작했다. 굵은 빗방울이 "탁탁, 두두둑" 떨어진다. 탐방이 쉽지 않을 것 같았다.

이 장면을 찍기 위해 농장 입구로 다시 달려갔다. 다행히 거북이는 그대로 있었다

어른이나 아이나 모두 거북이 등껍질 속으로 들어가 사진을 찍으며 즐거워한다

입장할 시간이 되자, 주의 사항을 전달받고 긴 장화를 받아서 신었다. 큰 우산도 나눠주었다. 거북이에게 너무 가까이 접근하거나 만져서는 안 된다는 것이 제일 큰 당부였다. 빗방울이 세차게 떨어져서 길은 금세 질퍽해졌고 흙탕물이 흘렀다. 그래도 여럿이 함께하는 자연탐방이라 나름 이채로웠다.

흙탕물 웅덩이에 세 마리의 거북이가 꿈쩍도 하지 않고 앉아 있다. 현지 가이드가 풀밭에 있는 거북이를 찍는 게 더 좋다고 그냥 통과했다. 얼마 가지 않아 풀밭에 있는 더 큰 거북을 만났다. 분명 100살이 넘은 거북일 것이다. 거북은 등껍질로 나이를 판별한다. 무늬가 선명하면 청년이고 희미하면 노인이다. 갈라파고스 육지 거북의 최대 수명은 177년이라고 한다. 바로 앞에 있는 거북은 비를 맞아서 색깔이 완전히 검게 보였나. 모델은 거북이 뒤로 가고 사진 찍는 사람은 거북이 앞에서

땅이 질퍽질퍽해서 긴 장화를 신고 우산까지 들고 둘러보지만, 모두가 즐거운 표정이다

'거북아, 거북아 머리를 내밀어라, 안 그러면 구워 먹으리' 백년을 넘게 사는 대형 거북이

사진을 찍었다. 모두 아이로 돌아간 시간이었다. 움직이는 거북이는 가끔 보았고 대부분 쉬고 있는 모습이었다. 사람들이 제한 거리를 두고 봐서 그런지 도망가지 않아서 사진을 멋지게 찍을 수 있었다.

멋진 사진을 찍어 기분이 최고조에 달했다. 김동극의 동시에 백창우가 곡을 붙인 '달팽이'를 '거북이'로 바꿔 흥얼거렸다.

거북이는 거북이는 집을 지고 다니는 거북이는
집 볼 사람 필요 없네 자물쇠도 필요 없네
거북이는 거북이는 집을 지고 다니는 거북이는
비가 와도 걱정 없네 저물어도 걱정 없네

학창 시절에 제법 공부를 열심히 했나 보다. 향가 '구지가'도 떠올랐다.

거북아 거북아 머리를 내놓아라
만약에 내놓지 않으면 구워서 먹으리라.

용암 동굴인 라바 터널(Lava Tunnel)로 들어간다. 이 부근도 화산 지대인 것을 알 수 있는 동굴이다. 흙탕물이 흘러들어오고 통로가 조금 좁았으나 조명 시설이 있어서 어려움 없이 통과했다. 탐험 기분이 들어 오히려 좋았다.

비가 좍좍 내리는 광경을 보며 농장 레스토랑에서 먹는 점심은 꿀맛이었다. 역시 때 묻지 않은 자연을 보는 것이 최고의 여행이다.

용암 동굴에 빗물이 흘러들어온다. 이 지대가 화산으로 생긴 곳임을 알려주는 곳이나

비행기에서 내린 후, 산타크루스섬으로 가려면 발트라 섬 선착장에서 다시 배를 타야 한다

비행장 근처의 갈라파고스 경치, 화산 지대의 붉은 돌, 바다에 있는 섬들이 멋지다

7. 협곡 스노클링, Las Grietas

갈라파고스는 해양 액티비티를 다양하게 즐길 수 있는 곳이다. 스노클링, 카약, 다이빙 등이 대표적인 해양 액티비티다. 일행 대부분이 60대 이상이라 스노클링을 한단다. 그런데 얕은 바다에서 하는 게 아니고 협곡 사이에서 할 수 있다고 한다. '라 그리에타스'라는 곳인데 긴 균열 협곡(크레바스)에서 즐기는 스노클링이다.

육지 이구아나는 갈색이고 바다 이구아나는 새카만 색이다. 이놈은 육지 이구아나이다

어린이도 스노클링을 즐길 수 있는 '아르마네스 비치' 큰 맹그로브 한 그루가 대단하다

협곡 스노클링을 즐기고 돌아오는 길에 맹그로브 나무 아래에서 한참 휴식을 취했다

마지막 도착 지점, 왼쪽으로 협곡이 살짝 보인다. 바닷물과 민물이 섞이는 구간이다

산타크루스 신착장에서 수상택시(보트)를 타고 5분간 가서 작은 독 (Dock, 부두)에 내렸다. 호텔 전용 부두도 있다. 갈라파고스의 바다는 '민트색'이라고 해야 하나 '밀키스 색'이라고 맘대로 이름을 지어야 하나? 이정표가 곳곳에 있어 찾아가면서 걷는 것이 쉬웠다. '핀치 베이 (Finch Bay)' 방향과 같았다. 바다로 튀어나온 땅이 만(Bay)인데 핀치는 부리가 작은 새를 말한다. 길옆에 있는 작은 호텔의 비상구 문이 영화 '맘마미아'에 나오는 색깔처럼 예뻐서 여성회원에게 사진을 찍어주는 오지랖을 발동했다.

바다 위의 외딴 화산섬이 모여 있는 곳이 갈라파고스인 만큼 그 어떤 곳에서도 보지 못했던 경관이 펼쳐진다. 밑동이 완전히 나무인 거대한 선인장이 제일 눈에 띄고 푸에르토 아요라에서 못 봤던 갈색의 육지 이구아나도 곳곳에 나타난다. 맹그로브 숲도 있고 육지의 늪지대처럼 보이는 곳도 있다.

거무튀튀한 색으로 험상궂게 생긴 제법 큰 바다이구아나를 보는 투어도 있을 듯한데 일행의 여행 기간이 짧아 가끔 만나는 좀 작은 바다이구아나에 만족해야 한다. 이곳에 서식하는 바다이구아나는 세계에서 유일하게 바닷속을 헤엄치는 도마뱀이다. 찰스 다윈도 처음 봤을 때

오랜 세월을 거친 선인장은 소나무 줄기처럼 변하고 있다. 화분 선인장과는 너무 다르다

선인장이나 나무에 Spanish Moss가 치렁치렁 달려 있다. 그만큼 청정지역이란 뜻이다

"생김새가 정말로 흉측하군."이라고 했단다. 험상궂은 모습 때문에 사나운 사냥꾼일 것 같은데 실제로는 바닷속 식물을(해조류) 먹고사는 순한 동물이다. 검은 몸은 해가 뜨면 태양열을 빠르게 흡수하여 체온을 끌어올리기 위해서다. 주둥이에는 끈적끈적하게 보이는 하얀 게 덮여 있다. 바다이구아나가 먹은 해조류의 소금기를 걸러낸 뒤 재채기처럼 몸 밖으로 배출한 것이 입 주변에 쌓인 것이다.

시내 근처에서 자주 만나는 육지이구아나는 몸이 노랑, 분홍에 가깝다. 이들은 해조류 대신 선인장을 많이 먹는다. 선인장은 후손 보존을 위해 키가 더 커지고 가시가 더 많은 쪽으로 환경에 적응했다. 갈라파고스 이구아나의 천적은 맹금류(매, 올빼미 등) 정도인데 섬에 사람들

211

이 들어온 이후에는 들개와 고양이가 가장 무서운 천적으로 변했다. 유기된 들개와 들고양이가 곳곳을 돌아다니며 알과 새끼들은 먹어 치우는 바람에 숫자가 급속히 줄어들어 멸종 위기까지 내몰린 것이다.

이구아나라는 말은 카리브해 섬과 남미의 원주민 아라와크족이 '이와나(도마뱀)'라고 부른 데에서 유래했다. 굵다란 머리와 몸통 가운데를 따라서 삐죽삐죽한 가시처럼 생긴 게 솟아 있어서 우락부락한 느낌이 강하다. 사라진 공룡이나 영화 속 '고질라'를 떠올리게 한다. 그래서 어떤 사람들은 '고질라 도마뱀'이라고도 부른다. 처음에는 흉측해서 다가가기가 꺼림칙했는데 자세히 보니 굉장히 매력이 있었다. 한 마디로 존재감이 대단하고 멋지다.

좁은 오솔길 분위기의 길을 통과하고 계단을 올라가니 얕은 물이 고인 곳이 나타났다. '핑크 호수'라는데 오늘은 구름이 많아서인지 그냥 연두색과 갈색이 섞인 밋밋한 색깔이다. 겨우 발목이 잠길 정도의 높이여서 육지의 늪처럼 보인다.

작은 가게에서 걸음을 멈췄다. 구명조끼와 스노클링 장비를 빌려야 하고 현지 가이드를 고용해야 한다고 한다. 가이드가 큰 물통을 하나씩 건네주었다. 물에 첨벙 그냥 한번 들어갔다가 나올 예정이어서 구명조끼만 신청했다. 목적지를 향해 가다가 멋진 해변을 발견했다. 'Playa de los Alemanes' 해변인데 해수욕과 스노클링 모두를 할 수 있는 곳이었다. 해변 왼쪽과 해수욕장 뒤편에는 맹그로브 숲이 있고 오른쪽에는 작은 바위가 있어 아이들이 그냥 수영하지 않고 물놀이하기에도 좋은 장소였다. 해수욕장 모래사장 한가운데에는 거대한 맹그로브 한 그루가 있는데 자연 파라솔 역할을 하고 있었다.

드디어 라스 그리에타스에 도착했다. 화산 벽의 높이는 20m 정도이고 갈라진 협곡에 녹색의 짙은 물이 고여 있었다. 한쪽에서 바닷물이 스며들어오고 반대쪽에는 육지에서 흘러들어온 물이 섞이는 지점이었다. 협곡 속의 물이라 굉장히 맑았지만, 입구 쪽에는 깊이가 상당했다. 위로 올라갈수록 너비는 더 좁아지고 바위 사이를 지나서 다시 수영하거나 스노클링을 즐긴다.

마지막 지점에 있는 벤치에 옷과 짐을 두고 장비를 챙겨서 지그재그 계단으로 내려간다. 현지 가이드는 위에서 기다린다.

물이 차갑다. 구명조끼를 입어서 둥둥 잘 뜬다. 수영을 잘 못하는 나는 그냥 뒤로 드러누워서 하늘을 보다가 팔다리를 휘저어 조금 앞으로 갔다가 물 밖으로 나왔다. 여행 마니아여서 그런지 60대가 넘어도 우리 팀은 굉장히 유쾌하게 잘 논다. 손을 잡고 드러누워서 꽃을 만드는가 하면 바위 사이를 지나 반대쪽으로 탐험을 즐기기도 하고 작은 바위에 올라 다이빙을 하기도 한다.

옷과 장비가 놓여 있는 벤치에서 바다 쪽을 바라봤다. 크루즈 선박, 고급 요트가 떠 있고 집들도 보인다. 맹그로브 숲을 통과하여 집으로 가는 길도 보인다. 근처에는 나무 같은 선인장이 많고 공기를 맑게 해 준다는 '스패니시 모스(Spanish Moss)'가 나무에 치렁치렁 걸려있다. 오염이 없는 깨끗한 환경임을 증명해 주는 것이다.

돌아오는 길에는 알레마네스 해변에서 놀았다. 모두 지쳤는지 해수욕도 하지 않고 커다란 맹그로브 파라솔로 들어와서 쉰다. 너무 재밌다.

'라스 그리에타스'에서 바라본 '핀치 베이', 맹그로브 숲이 바다를 깨끗하게 만들고 있다

절벽의 높이가 20m 정도다. 위로 올라가면서 다양한 곳에서 스노클링을 즐길 수 있다

맹그로브 위에 통통한 펠리컨 한 마리가 계속 앉아 있다. 딱 한 그루의 나무인데 아래의 줄기가 둘둘 말려 있고 상당히 커서 열 명이 넘는 사람이 앉아도 비좁지 않았다.

갑자기 여성 한 분이 노란 양산을 들고 해변을 걷자, 모두 손뼉을 치고 환호성을 지르며 격려한다. 남편이 동영상을 찍고 다른 사람들은 사진을 찍는다. 한국 가이드가 나머지 여성들도 해보라고 해서 '미스코리아 대회' 겸 '모델 워킹'을 하게 되었다. 체면 차리지 않고 순수한 감정으로 노는 어른들을 보니 저절로 미소가 나왔다. 남에게 피해가 되지 않는다면 울고 싶을 땐 울고 기쁠 땐 맘껏 웃는 감정 표현이 건강에도 좋을 것 같다. 너무 감정을 억누르지 않고 자연스럽게 살았으면 좋겠다. 남의 눈치 보느라 자신의 솔직한 마음을 숨기지 말자는 것이다.

페루

1. 쿠스코 구시가지, Cusco

쿠스코로 가는 과정도 힘들었다. 갈라파고스에서 과야킬로 갔다가 다시 비행기를 타고 리마에 도착한 후 또다시 비행기를 타고 쿠스코 공항에 도착했다. 케추아어로 '지구의 배꼽(지구의 중심이라는 의미)'이란 뜻을 가진 쿠스코는 쿠스코 왕국의 9대 사파 잉카이자 잉카 제국의 첫 번째 황제 파차쿠텍(파차쿠티)이 건설한 잉카 제국의 수도였다. 잉카인들은 하늘은 독수리, 땅은 퓨마, 땅속은 뱀이 지배한다고 믿었는데, 쿠스코는 전체가 퓨마 모양을 하고 있다. 잉카 제국의 수도였던 만큼 식민지 시대의 건축물과 잉카 유적이 많이 남아 있다.

역사가 너무 어렵다. 이집트의 왕을 신격화하여 파라오(신이 거하는 집)라 부르는 것인데 사파 잉카(태양신)는 인간이 완전한 신으로 변하는 호칭이다. 파차쿠텍과 파차쿠티가 같은 인물인지도 몰랐다. 파차쿠텍은 태양신의 후예로, 개혁자로 추앙받는 통치자였는데 잉카의 전성기를 이끌었고 마추픽추도 그가 건설했다는 설이 있다.

중남미의 주요 도시에는 대부분 아르마스(Armas)라는 이름의 광장

쿠스코 공항에 내릴 때쯤 비행기 창밖으로 바라본 쿠스코 지역 부근의 모습

황량한 사막일 거라고 예상했는데 연두와 녹색이 섞여서 더 아름답게 보인다

왼쪽 대성당, 오른쪽 헤수스 성당, 모두 잉카 제국의 신전을 허물고 지은 성당이다

이 있고 대성당이 붙어 있다. 리마, 콜롬비아의 보고타, 쿠바의 아바나, 칠레의 산티아고 등이다. 스페인이 남미 지역을 정복하고 도시 계획 건설에 따라 식민지 도시에 광장을 건설한 후 '아르마스'라는 이름을 써서 그렇게 되었다. 잉카 제국의 수도였던 쿠스코도 예외가 아니다.

한국 가이드가 예약한 숙소는 광장에서 딱 50m 떨어진 곳에 있었다. 스타벅스 건물이 10m 근처에 있다. 이틀간 숙박을 했으니까, 광장을 여섯 번 이상을 들렀다. 도착한 오후, 산 페드로 시장에서 늦은 점심을 먹은 후, 밤, 다음 날 아침 식사 전, 식사 후 여행을 떠날 때, 한국 식당(사랑채)에서 식사한 후 이런 식으로 말이다. 흐렸을 때, 비가 올 때, 비가 그친 후, 조명이 켜진 밤 등 다양한 시간으로 광장을 보았다. 이젠 광장을 머릿속으로 훤하게 그릴 정도가 됐다.

　광장의 대성당은 15세기 스페인 정복자들이 잉카의 비라코차 신전을 허물고 지은 것이다. 북쪽에 있는 언덕 삭사이와만에서 가져온 붉은 화강암으로 지었는데 내부에는 메스티소(원주민 인디언과 백인의 혼혈) 화가의 대형 그림이 많다. 메스티소 화가들은 쿠스코 미술학교에서 정복자들에게 유럽 르네상스 스타일의 예술을 배웠다. 제일 인기가 높은 것은 마르코스 사파타(Marcoz Zapata)의 '최후의 만찬'이다. 만찬 음식에 꾸이(Cuy, 안데스산맥 주변에서 기른 기니피그 고기로 만든 음식)가 등장한 것이 너무 웃겼다. 갈색 피부의 예수상이 있는데 이곳에서 '지진의 신'으로 불린다고 한다. 지붕에는 남미에서 제일 큰 종이 있다.

　광장의 아름다움을 빛내는 또 하나의 성당은 라 꼼빠니아 데 헤수스(La Compania de Jesus)다. 규모는 대성당만 못 하나 외관의 조각은 훨씬 화려하다. 잉카의 제11대 황제 와이나 카파크 궁전터에 세워진 성당

조명으로 빛나는 헤수스 성당, 왼쪽의 테라스가 있는 건물에 스타벅스 매장이 있다

분수대에서 바라본, 쿠스코 구시가지를 바라보는 전망대 역할도 하는 '산 크리스토발 성당'

으로 아라베스크(아랍 문양), 잉카 십자가(4방향과 이승, 저승, 천계를 상징하는 잉카의 문양), 바로크 양식을 혼합하여 160년에 걸쳐 완공한 성당이다. 제단 등이 금으로 되어 있어 황금 성당이라고 불리기도 한다. 정복자가 재물(태양신에게 바쳤던 황금으로 만든 것)을 빼앗아 황금을 녹인 후 제단 등을 장식하는 데 썼다고 한다.

쿠스코 구시가지는 돌, 광장, 성당의 잔치라고 할 수 있겠다. 광장에서 북쪽 산(삭사이와만 언덕)을 바라보면 산 중턱에 또 성당이 있다. 쿠스코에서 가장 높은 곳에 있는 '산 크리스토발 성당'이라고 한다. 성당 옆 광장에 서면 구시가지의 전경이 잘 보인다. 밤에는 아르마스 광장과 떨어져 있기에 공중에 떠 있는 것처럼 보인다. 저곳에 오르지 못해서 무척 안타까웠다.

파차쿠텍이 있는 분수대, 백조 두 마리, 상체는 사람이고 하체는 물고기인 조형물도 재밌다

박물관으로 변한 '라 메르세드 교회', 파랑과 녹색이 섞인 문에 박힌 황금색 공이 예쁘다

아르마스 광장과 모든 길, 주요 건물의 벽 아래는 전부 납작한 돌로 되어 있는데 차와 사람이 오랜 세월 지나다녀서 반질반질하다. 밤에는 조명을 받아 더 빛이 난다. 시장으로 향하는데 한 블록 지나면 성당이 나오고 작은 광장이 나온다. 치앙마이는 불교 사원으로, 일본은 신사와 절로, 이곳은 성당으로 채워져 있는데 종교의 힘이 무섭기도 하다.

헤수스 성당에서 한 블록 거리에 있는 성당은 박물관으로 쓰이고 있는 라 메르세드 교회(La Merced)다. 내부에는 쿠스코 수녀원이 있다. 돔 형태의 지붕과 24개의 기둥 아치로 둘러싸인 클로이스터(회랑으로 둘러싸인 수도원 안뜰)를 찍은 사진이 입구에 있었다. 들어가려고 하니 입장 티켓을 사라고 한다. 페루 돈이 하나도 없어서 포기하고 돌아섰다.

물줄기가 세차게 솟아오르는 쿠시파타 광장 분수대, 뒤로 국기가 걸린 시청사가 보인다

산 프란시스코 광장은 공원 같은 수수한 분위기다. 뒤에는 간결한 양식의 산 프란시스코 성당

구스코 시정이 있는 쿠시피티 광장에는 상당히 큰 분수대가 있다. 시청사는 한때 정복자 프란시스코 피사로의 저택으로 이용되었다. 산 프란시스코 광장은 공원 같은 수수한 분위기다. 예외 없이 산 프란시스코 성당이 있는데 종탑이 무척 높았다. 내부에 수도원과 박물관이 있었다. 수도원은 무료였는데 박물관은 유료여서 수도원만 슬쩍 보고 나왔다. 산 페드로 성당은 아르마스 광장에서 본 대성당과 헤수스 성당에 비하면 너무 밋밋하다. 바로크 양식의 황금빛 제단은 괜찮다. 성당 옆에 창문이 많은 하얀 벽 건물은 국립 과학 대학교였다. 비가 그쳤을 때 아르마스 광장 쪽을 바라보니 멀리 산에서 하얀 물안개가 피어오르고 있었다. 쿠스코는 안데스산맥에 둘러싸인 분지였다. 오른쪽에 있는 산에는 비행기에서 봤던 'Viva El Peru(페루 만세)'라는 글자가 산에 적혀 있다.

비가 내려 반짝이는 산 프란시스코 광장, 왼쪽 흰 건물은 국립 과학 대학교 건물이다

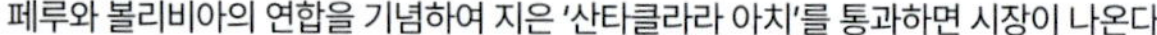

페루와 볼리비아의 연합을 기념하여 지은 '산타클라라 아치'를 통과하면 시장이 나온다

　시장으로 가려면 산타클라라 아치(Arch of Santa Clara)를 통과해서 직진해야 한다. 1835년 페루, 볼리비아 연합 구성을 기념하여 지은 아치인데 국가 연합은 5년도 유지하지 못하고 1839년 해체되었다. 아치를 지나면 금세 같은 이름의 산타클라라 수도원이 나온다. 아치에서 수도원의 이름을 따온 것이다.

아치를 지나면 같은 이름의 '산타클라라 수도원' 종탑이 보인다. 왼쪽 돌벽이 볼만하다

산 페드로 시장, 대형 성당에 가려 관광객의 관심을 받지 못하는 산 페드로 성당

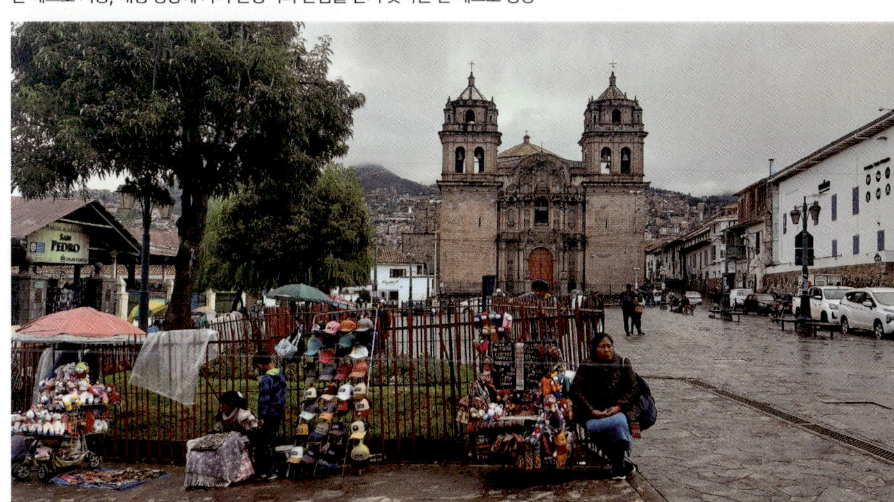

늦은 점심을 위해 산 페드로 시장에 도착했다. 우리나라 닭백숙과 흡사한 요리를 먹었다. 흐린 날씨여서 뜨끈한 국물이 피로를 풀어주었다. 1925년 문을 연 시장은 쿠스코에서 가장 오래된 시장이다. 총 1,200여 개의 점포가 있다. 그러다 보니 물건의 종류가 참으로 다양했다. 호불호가 갈리는데 물건을 살 때에는 흥정을 잘해야 한다. 다른 말로 하면 바가지를 쓸 수 있다는 뜻이다. 시장 옆에도 성당이 있다, 이름은 시장과 같은 산 페드로 성당(Iglesia de San Pedro)이다. 문이 잠겨있어서 내부를 보지 못했다. 이 성당은 좀 불쌍하다. 아르마스 광장에서 너무 화려한 두 개의 성당을 봐서 현지인은 그렇지 않겠지만 관광객은 눈길도 제대로 주지 않는다. 그래도 세계유산으로 지정된 쿠스코 역사 지구에 속하는 성당인데 말이다. 17세기 중반 지진으로 무너진 옛 병원 자리에 17세기 후반에 세운 성당이다.

스타벅스에서 내려다본 대성당

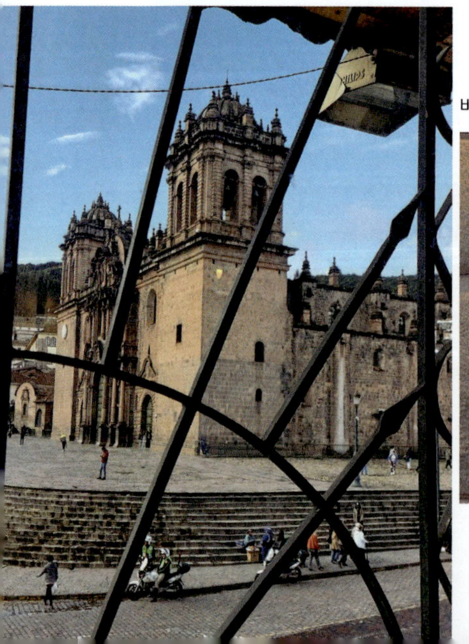

바늘 하나 통과되지 않는 잉카의 건축물인 12각 돌벽

개인적으로 아르마스 광장은 베네치아의 산마르코보다 더 좋았다. 크기가 적당해서 오히려 더 마음에 들었고 광장을 둘러싼 2층 건축물이 눈길을 확 끌어서였다. 테라스가 광장으로 향하고 있는데 모양도 색깔도 가지각색이다. 2층에는 대체로 고급 레스토랑과 카페, 고가 의류점이 점령하고 있다. 1층은 아케이드(윗부분이 덮여 있어 비를 피할 수 있음)처럼 되어 있고, 회랑(줄 기둥이 있는 복도)을 끼고 있다. 신전이나 박물관의 기둥을 떠올리게 한다.

광장 한가운데에 멋진 분수대는 약속 장소로 이용되고 있어 분수대 앞의 벤치 부근은 사람이 많다. 분수대 맨 위에 잉카 제국의 전성기를 이끈 파차쿠텍 왕이 태양을 향해 두 손을 치켜들고 있다. 그 아래에는 두루미와 백조를 닮은 하얀 새 두 마리가 있고 맨 아래쪽에는 상반신은 남자의 몸이고 하체는 물고기의 모양을 한 존재가 나팔을 불고 있는 묘한 모습이다. 분수대 전체는 진한 녹색이고 흰색 커튼의 레이스처럼 된 장식이 굉장히 고급스럽다.

잠깐의 자투리 시간을 이용해서 숙소 옆에 있는 스타벅스에 갔다. 입구가 어디인지 모르겠다. 광장 쪽에서 2층으로 오르는 곳은 없고, 숙소가 있는 로레토 거리 쪽으로 올라가야 했다. 문을 통과하면 작은 중앙 정원이 있다. 정원에 면한 부분은 전부 호텔이었다. 구부러진 계단을 올라 가게에 들어가니 사람이 많아서 괜찮은 자리를 잡을 수 없었다. 실내를 돌아다니다가 창가에 두 사람이 앉을 수 있는 자리가 생겨 얼른 앉았다. 철제 창틀 사이로 광장과 대성당이 멋지게 보인다. 창틀 사이에 비치는 대성당을 찍었는데 앞에 서 있던 아가씨가 몸짓으로 사진 부탁을 하며 스마트폰을 건넸다. 내 방식대로 경치 사진을 한 장 찍어줬다. 화면을 보더니 깜짝 놀라며 연신 "쌩큐" 하면서 인사를 했다. 돈은 잘 못 벌어도 사진은 잘 찍는다.

12각 돌은 밤에 만났다. 한국 식당 사랑채에서 제육 비빔밥을 맛있게 먹고 오다가 가이드가 다녀오라고 가르쳐주었다. 텔레비전에서 자주 봤던 로레토 거리(Calle Loreto)로 걷는다. 틈새 하나 없는 튼튼한 돌벽이 죽 이어졌다. 하지만 12각 돌은 안 나왔다. 공예품 망토를 파는 가게 주인에게 몸짓으로 말했더니 손짓으로 조금 더 가라고 한다. 숙소에서 식당까지 짧은 거리라서 무거운 등산화를 벗고 슬리퍼로 왔더니 조금 부끄럽기도 하고 빨리 걸을 수 없었다. 조명이 비친 12각 돌은 환상적이었다. 손끝으로 12각을 따라가 봤다.

12각 돌 앞으로, 남북으로 가로지르는 좁은 길이 있고 직선 방향으로 나가는 길이 또 있다. 그런데 언덕으로 오르는 길이다. 좁은 길인데 차도 다니고 딱 한 사람만 오를 정도의 돌계단이 양쪽의 인도다. 너무 예뻐서 "와우!" 감탄사를 계속 내뱉으며 사진을 찍었다. 동행한 동료가 쭉 따라가면 삭사이와만(Sacsayhuaman) 유적과 전망대가 나오는 길이라고 알려주었다.

삭사이와만 유적으로 올라가는 길, 가운데는 차도이고 양쪽으로 좁은 인도가 있다

2. 성스러운 계곡, Sacred Valley

성스러운 계곡은 쿠스코에서 마추픽추로 가는 길에 있는 협곡을 말한다. 잉카는 모라이에서 식량을 얻고 살리네라스에서 소금을 얻어 광대한 제국을 이룩할 수가 있었다. 아침 일찍 일어나 캐리어는 모두 숙소에 맡기고 가벼운 배낭을 어깨에 메고 아르마스 광장 북쪽에서 버스를 기다렸다. 사람이 거의 없는, 비가 그친 광장의 모습은 아주 깔끔했다.

처음 도착한 곳은 친체로(Chinchero)다. 버스가 도착한 마당 가장자리에는 알파카 털을 뽑아 실로 만들고 천을 짜는 모습을 보여준다. 염색 과정이 신기했다. 선인장에 있는 벌레(코치닐, 연지벌레, Cochineal)를 으깨어 빨간색을 만든다. 벌레를 으깬 가루에 무엇을 넣느냐에 따라 여러 색이 만들어지는 모양이다. 사크타(Saqta)라는 식물의 뿌리를 이용하기도 하고 아이들의 오줌도 염색에 이용한다. 어쨌든 모두 화학 약품이 아닌 천연 염색의 과정을 따른다.

마당 주차장에서 언덕 마을로 오르는 입구에 매표소가 있었다. 모레이, 오얀타이탐보를 모두 이용할 수 있는 통합권을 산 모양이다. 올라가는 돌길이 너무 예쁘다. 처음에는 얇고 넓은 돌로, 그다음에는 조금 큰 자갈돌로 되어 있는데 길 가운데에 수로가 있다. 수로는 잉카 시절에 마을로 물을 공급했던 시설이었는데 마을 다른 쪽에는 지금도 이용되는 수로가 있다고 한다. 오르막길 양옆으로도 수공예로 만든 모자, 망토, 기념품들을 파는 가게가 많았다. 체스판의 장기를 잉카 원주민과 스페인 군인으로 만들어 놓은 게 재미있었다.

오르막길 끝에는 산 페드로 성당이 나왔다. 잉카 신전을 허물고 성당

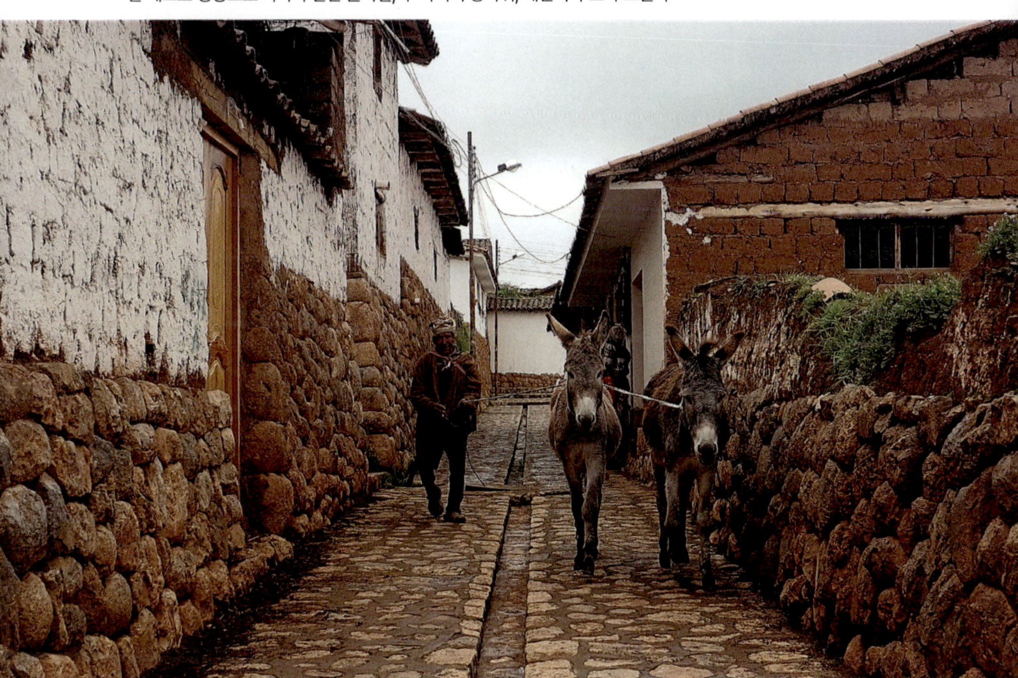
산 페드로 성당으로 가다가 만난 골목길, 두 마리의 당나귀, 예전의 수로가 보인다

성당 앞 광장에 열린 시장, 잉카 토속 신앙을 반영한 십자가가 보이는 산 페드로 성당

을 세운 것은 변함이 없다. 성당 앞에는 마을 입구의 주차장보다 몇 배는 넓은 잔디 광장이 있다. 가운데에 돌로 된 십자가가 있는데 토속 신앙을 수용한 모습이다. 5개의 층으로 된 기단 위에 돌로 된 십자가가 있다. 5개의 기단은 대지의 여신을 상징한다. 광장은 커다란 천을 깔고 그 위에 물건을 놓고 장사를 하는 모습이다. 장사하는 아주머니는 대부분 햇빛을 막을 수 있는 챙이 넓은 전통 모자를 쓰고 계셨다. 시골 마을의 성당은 아주 단순했다. 내부에는 검은 예수와 검은 성모상이 있었고 스페인어와 원주민 케추아어로 미사 드리는 유일한 성당이라고 들었다.

성당 옆으로 죽 나가면 잉카 유적지가 나온다. 테트리스 게임의 조각 모양처럼 착착 들어맞는 석축을 봤다. 쿠스코에서 봤던 12각 돌이 떠오른다. 석축 뒤쪽으로는 20층이 훨씬 넘는 계단식 밭이 비스듬히 올라간

마추픽추의 예습 현장인 친체로, 무너진 곳도 있으나 촘촘한 잉카의 건축물이 많다

잉카인들의 농경 생활을 엿볼 수 있는 계단식 논이 높은 산과 함께 펼쳐져 있다

다. 이곳을 보면 마추픽추가 어떻게 만들어졌는지를 상상할 수 있다. 해발 3,760m여서 시원한 바람이 불어온다. 뒤쪽에 있는 산은 높이가 거의 5,000m 정도다.

광장을 둘러보다가 마을 앞쪽으로는 넓은 공사 현장이 보였다. 새로운 공항을 건설하는 중이라는데 물자 운반 차량도 공사 인부도 보이지 않는다. 현대 건설에서 기획하고 추진한다는 데 페루 정부의 자본이 투자되지 않고 있어서인지 진척이 없는 듯하다. 마추픽추를 찾는 관광객이 너무 많아서 새롭게 지으려고 하는 모양이다.

마을을 내려오면서 "빈체로(승리하리라), 빈체로!" 푸치니 오페라 '투란도트'에서 주인공 칼라프 왕자가 부르는 유명한 아리아, 네순 도르마(아무도 잠들지 마라)에 나오는 소리가 자꾸 떠올라서 웃음이 나왔다.

현대건설에서 기획한 공항 건설은 페루 정부의 자금 부족으로 중단되고 있는 것 같다

모라이로 가는 길은 환상적인 경관을 보여주었다. 고산 지대에 핀 유채꽃이 절경을 만든다

깔끔하면서 예쁜 사진을 컴퓨터의 바탕화면으로 많이 쓴다. 이 사진을 그렇게 쓰려고 한다

　계곡 투어의 두 번째 장소는 모라이(Moray)다. 입구에서 표를 받아 펀치로 구멍을 내고 준다. 펀치가 두 개 뚫린 입장권이 귀엽게 보였다. 설명을 간단하게 듣고 자유 시간 30분이 주어졌다. 언뜻 보면 농업 연구시설이라기보다 원형 경기장으로 보인다. 1.5m~2m 너비의 원형과 타원형의 밭들이 계단식으로 만들어져 있는데 밭들은 상당히 깊은 곳까지 연결되어 있다. 3,400m 높이로 연중 기온이 20도 안팎인 이곳은 신선한 기후로 재배가 가능한 농작물이 제한되어 있었다. 잉카인들은

모라이를 보러왔는데 모라이 주변의 경치가 너무 예뻐서 어리둥절했다

둥근 모양으로 된 계단식 밭 모라이, 고도를 점차로 높여 식물 재배를 가능하게 만들었다

이러한 제한적인 품종을 다양화하려고 모라이를 만들었다. 열대 지역 농작물을 맨 아래에 옮겨 심고 매년 조금씩 위쪽의 계단밭으로 옮겨 심어 기후에 적응시켰다. 열대 농작물 옥수수를 고산 지대에 재배하는 데 성공하였고 위쪽에는 조금 추운 곳에서도 자라는 감자를 심었다.

충계로 된 밭에는 층마다 배수로가 있고 밭으로 오르내릴 수 있는 계단이 벽에 박혀 있다. 친체로에서 봤던 석축, 모라이에서 보는 계단식 밭을 보면 마추픽추의 건설 방법을 제대로 알 수 있다. 위에서 물을 흘러내리면 맨 아래 밭까지 흘러갈 수 있는 구조다. 가장 높은 곳과 가장

유채꽃, 용설란과 함께하는 모라이의 경치는 절경 그 자체, 산허리를 빙 돌고 싶어졌다

낮은 곳의 온도 차이는 5도 정도라고 하는데 아래쪽에는 노란 들꽃이 많이 피어있는 것을 본다. 아래쪽이 확실히 따뜻한 모양이다.

모라이 둘레를 걸어보았다. 모라이 유적 앞쪽에는 농사를 짓고 사는 몇 채의 집들이 있고 평평하게 잘 정리된 밭이 상당히 넓다. 고원지대이지만 상당한 양의 옥수수를 거둬들일 것 같다. 날씨가 사진을 만든다. 고산 지대의 쾌청한 날씨, 연두와 초록의 풀 사이로 노란 꽃이 지천으로 피어있다. 정말 행복하다. 전기도 안 들어와서 호롱불 켜고 살았던 촌놈이 잉카의 유적지까지 보다니, 촌놈 출세했다.

세 번째로 구경한 곳은 '살리네라스(Salinas de Maras)'다. 고원지대의 염전이 있는 곳인데 이름이 잘 외워지지 않았다. 방법을 찾았다. 모차르

설명을 들어서 인정은 하지만 그래도 신기한 고산 지대 염전, 이곳이 옛날 바다였다니?

까마득한 옛날 처음 물맛을 본 사람은 얼마나 놀랐을까? 고원지대에 소금물이라니?

트의 괴상한 웃음이 나오는 영화 아마데우스에서 모차르트를 질투하는 인물 '살리에리'를 떠올린 것이다. 세상은 요지경이다. 3,000m의 높은 산에 소금이 생산된다니 말이다. 먼 옛날 이곳은 바다였다는 증명이 된다.

　버스가 산허리를 가로질러 돌아가자 큰 보자기 천을 수천 장 깔아놓은 경관이 펼쳐졌다. 계곡에는 나무도 별로 자라지 않는데 어떻게 소금 성분을 품은 물이 나오는지 궁금했다. 평균 높이가 4,000m인 안데스산맥의 만년설이 녹아 지하로 스며든 것(지하수)이 '살리네라스'로 빠져나온다. 이 물을 사각형이나 타원형의 웅덩이에 가두어 햇빛에 증발시켜 소금을 얻는 것이다. 바위 속에 포함된 소금(암염)을 얻는 것이라 우유니 사막에서 얻는 소금보다 질이 훨씬 더 좋다고 한다. 잉카 시대부터 지금까지 이어진 까마득한 역사를 가진 웅덩이는 3,000여 개에 달한다. 입장권을 보여주니 기념으로 암염이 담긴 작은 주머니를 주었다. 백두산보다 높은 고원 언덕 비탈에 있는 염전은 마라스 마을 옆 계곡에 있다고 해서 '마라스'라고도 불린다.

　계단으로 내려가 마지막 전망대에서 염전 웅덩이를 바라보았다. 흰색, 분홍색, 주황색이 어우러진 경관이다. 웅덩이 사이로 한 발만 디딜 수 있는 작은 길이 보인다. 허락 없이 웅덩이에는 들어갈 수 없다. 잉카인들은 바다에서 멀리 떨어져 있는 고산 지대에 살면서 소금 걱정 없이 생활했다. 옛날 사람들이 현대인보다 훨씬 지혜로웠던 것은 아닐까. 단지 우리는 지혜의 산물(문명) 덕택으로, 많이 알고 똑똑해 보이는 것뿐일 거라는 생각이 들었다. 까마득한 옛날에 바다가 솟아올라 육지가 되고 이곳에 사람들이 삶의 터전을 마련하고 소금을 발견하고 계곡을 일

구어 소금밭을 만들고 또 수많은 세월이 흘러 대한민국에서 온 60대 중반의 아저씨가 산속에서 채취되는 소금을 보고 놀란다고 생각하니 여러 생각들이 떠올랐다. 100년도 못 사는 인생, 남은 짧은 인생은 이 세상 모든 것들을 사랑하며 살아야겠다. 사랑해도 짧은 세월, 미워하고 싸우며 시간을 허비할 수는 없다.

마지막으로 방문한 곳은 '오얀타이탐보(Ollantaytambo)'이다. 오얀타이탐보는 케추아어로 오얀타이의 휴식처라는 뜻인데, 도착해서 보

오얀타이탐보는 고원에 있으나 넓은 농경지, 예쁜 주택, 수리 시설이 모두 놀라웠다

유적지를 보면 황량한데 아래로는 물이 콸콸 세차게 흘러서 외지인을 놀라게 했다

니 요새였다. 오얀타이는 잉카의 황제 파차쿠텍의 부하 장군이었다. 왕의 딸을 사랑했는데 신분 차이로 결혼할 수 없었다. 이런 갈등으로 왕과 장군은 10년간 싸움을 벌였다고 한다. 전쟁 기간에 왕의 딸은 임신한 채 쿠스코에서 살고 있었다. 왕이 죽은 후 공주의 오빠가 오얀타이탐보에서 장군과 살 수 있도록 허락했다. 장군이 파차쿠텍 왕의 군대에 맞서 싸운 곳이니까 어느 나라든 내전이 있는 모양이다. 요새 꼭대기에는 태양의 신전이 있다.

이 요새는 세월이 흘러 스페인 군대에 맞서 저항한 마지막 마을이었다. 잉카인 2만 명은 도끼를 들고 스페인 군사 200명과 맞서 싸웠다. 총을 든 군인들에게 패배하고 빌카밤바 정글로 도망쳤다. 정글에서 40년 동안 버텼다고 하니 오얀타이탐보 마을 사람들의 의지에 혀를 내둘렀다. 마을을 라마의 모양으로 만들었다고 하는데 요새 아래 잔디밭에는 라마 두세 마리가 느긋하게 돌아다니고 있었다.

매표소를 통과하면 까마득한 돌계단만 보인다. 미리 겁을 먹은 여성 회원 중 2명은 그냥 아래에서 쉬겠다고 한다. 계단을 오르며 오른쪽을 바라보니 벼랑에 붙은 곡물 창고가 보였다. 인간의 끈질김이 대단하다. 이런 척박한 곳에 감자, 옥수수, 코카, 아마 등을 생산했다고 한다. 힘에

스페인에 끝까지 저항했다는 도시답게 까마득한 돌계단과 뾰족한 산들로 연결된 유적지

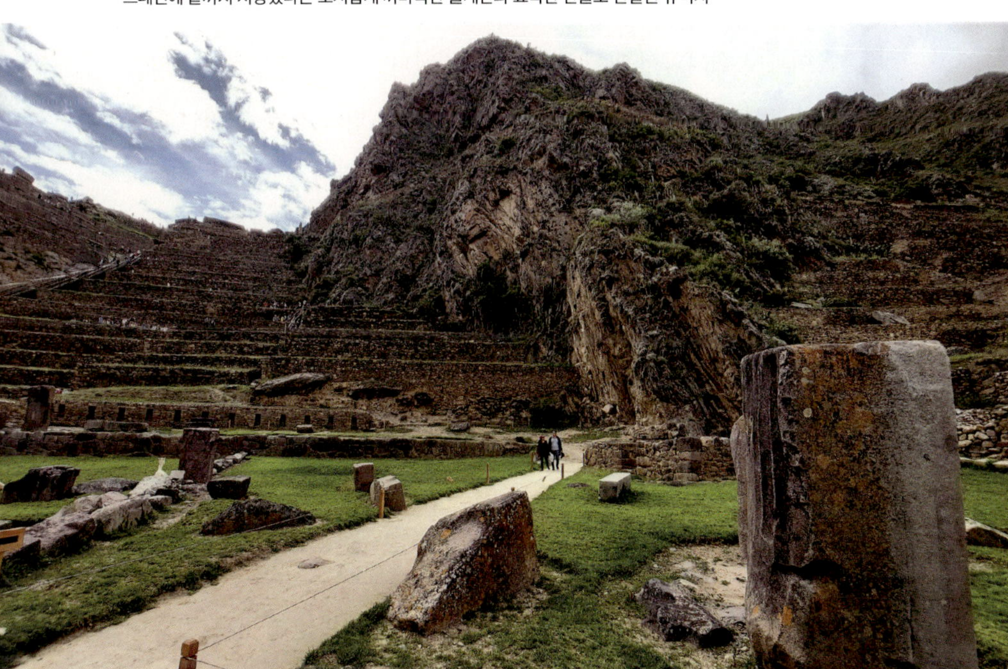

부쳐도 지그재그로 돌지 않고 길이 연결되어 있으며 직진으로 올랐다. 중간중간에 테라스처럼 쉴 수 있는 곳에서는 숨을 몰아쉬면서 매표소 쪽을 내려다보았다. 붉은 벽돌과 붉은 지붕의 집들이 빼곡하게 들어선 마을이 언제 전쟁이 있었냐고 하는 듯 너무 평화롭게 보였다.

태양의 신전 입구는 사다리꼴 모양의 커다란 돌로 지어졌다. 덮개까지 세면 4층 문이다. 신전에는 건물은 없고 6개의 길쭉한 바위가 병풍처럼 버티고 있다. 사람 키의 두 배 정도의 높이인데 돌 하나가 40톤에 달한다. 분명 여기에 있던 돌이 아닐 것인데. 잉카인들은 카치카타라는 채석장에서 밧줄 등을 이용해 6km를 끌고 와서 세운 것이라고 하니 기가 막힌다.

맨 아래로 내려와서 일행 중 두 분을 만났다. 잔디밭 옆으로 가보라고 권한다. 유적지 마당에도 큰 돌이 아주 많다. 한 발로 건널 수 있는 너비의 수로에 물이 콸콸거리며 세차게 흘러간다. 충격이고 멋지다. 전체적으로 메마른 곳인데 이 정도의 물이 흘러가다니, 유적 꼭대기에서 봤을 때 마을에 집들이 빼곡하게 많았는데 그 까닭을 알 수 있었다. 높은 산으로 싸여있지만, 물이 풍부하고 농사를 지을 평평한 밭이 많아서 살기 좋은 곳이었기 때문이었다. 잉카 제국 시절, 쿠스코 다음의 제2의 도시였고 지금도 발전하여 마추픽추로 가는 기차역이 있는 마을이다.

3. 마추픽추, Machu Picchu

'아구아스칼리엔테'는 마추픽추에 가기 위해 쉬어가는 작은 마을인데 종착역, 숙박 시설, 음식점, 기념품을 파는 시장, 카페 등 시설들이 꽉 들어찬 곳이다. 높은 산 아래의 기차역 옆에는 거센 물살을 뽐내는 우루밤바강(Urubamba River)이 흐르고, 주택가를 가로지르는 계곡에도 물이 세차게 흐른다. 특히, 판초 시장(일반 시장이지만 90%가 판초를 판매)에는 망토(판초), 라마 인형, 티셔츠, 열쇠고리, 모자 등 다양한 물건들을 구경하고, 흥정을 할 수 있어 재미가 쏠쏠하다. 망코 카파크 광장(Plaza Manco Capac)에서 시작되어 주민들이 사는 주택가로 발을 옮기며 길가에 다양한 조각상과 조형물이 있어서 사진을 찍고 잉카의 다양한 이야기를 쉽게 알 수 있다. 마을 이름이 온천이란 뜻인데 이 좁은 마을에 온천까지 있다고 하니 작으나 볼거리가 무척 많은 마을이라고 생각된다.

아침 일찍 쿠스코를 떠나 성스러운 계곡 투어를 모두 끝내고 이 마을에 왔지만, 쿠스코에서 바로 온다고 해도 상당한 시간이 걸릴 것 같다.

우리는 우루밤바에서 점심을 먹은 후 버스로 오얀타이탐보역에 온 후 다시 '잉카 레일'을 타고 '아구아스칼리엔테'로(2시간 소요) 왔다.

마을에서 세계 7대 불가사의 중 하나인 마추픽추(2,430m)로 가려면 버스를 타거나 걸어서 입구 매표소에 가야 한다. 버스를 타고 구불구불한 길을 올라간다. 걸어서 가는 분들은 직선으로 가로질러 걸을 수 있으나 경사가 너무 심해서 별로 추천하고 싶지는 않다. 밴드장(인터넷 Band '꽃중년들의 배낭여행' 회장)과 여행사 '여행 퍼즐' 대표에게 모든 일정을 맡기고 있어서 입장료 등에는 신경 쓰지 않았으나 마추픽추의 입장료는 너무 비싸서(10만 원 정도) 분명히 기억한다. 버스를 타고 올라올 때부터 신경 쓰였던 운무가 잘 걷히지 않는다. '망지기의 집(사진 스팟)'에 도착하니 관광객들로 붐빈다. 산으로 올라온 사람들이 앞으로 가지 않고 모두를 멍하니 앞만 쳐다보고 있다. 물안개가 걷히기를 바라며 서 있는 것이다. 물 한 모금을 마시고 우두커니 서 있을 수밖에 없다. 20분 정도 기다려도 변화가 없어서 전망대 주위를 걸어보았다. 망지기의 집 왼쪽으로 빼곡하게 맞춰져 있는 돌벽이 층층이 쌓여있고 뒤에는 높은 산(마추픽추)이 내려다보고 있다. 여기에 와서 알았다. 마추픽추는 원래, 유적지 뒤에 있는 산 이름인데 유적에도 산 이름이 붙어버렸다는 것을. 그리고 유적지와 함께 사진에 나오는 산은 마추픽추(케추아어로 늙은 봉우리)가 아니라 와이나픽추였다.

다시 20분이 지나도 운무는 걷히지 않아서 망지기의 집(지붕이 있음) 옆으로 난 돌길을 걸어 올라간다. 유적은 보이는데 와이나픽추가 완전한 모습이 아니다. 층층 벽 위에는 모두 계단식 밭인데, 오랜 옛날,

망지기의 집과 계단식 경작지

메인 게이트와 가운데 봉우리 와이나픽추

운무에 가려 뾰족한 꼭대기만 보여주는 마추픽추, 그 아래 망지기의 집이 보인다

여기서 감자와 옥수수를 재배했을 것이다. 다시 돌아서 내려오다가 알파카 한 마리를 봤다. 사실, 라마와 알파카를 구별 못 하기에 정확하지는 않다. 사진을 찍으려는데 휙! 방향을 바꿔 올라가 버린다.

앗싸! 이제 물안개가 조금씩 조금씩 걷혀 간다. 모두 환호성을 지르고 길가의 바위에 올라 사진을 찍는다. 빨간 바탕에 검은 줄이 있는 판초를 꺼내 입고(아마도 마을 시장에서 구입한 듯) 두 팔을 벌리고 사진을 찍는다. 오래 기다려도 순서가 돌아오지 않아 좀 지루했다. 다음부터는 유적지 순례 순서에 따라 길을 가야 한다.

'메인 게이트(Main Gate)'라 불리는 인티푼쿠(Intipunck)는 엄청 좁은데 방문자의 검색을 위해, 적이 쉽게 들어오지 못하게 하는 역할을 했을 것 같다. 인티푼쿠를 지나면 창고로 썼다는 건물(방)을 지나고 채석장(돌무덤)을 지나 신전 지역에 이른다. 세 개의 창문을 가진 신전

채석장과 마추픽추 전체 경치. 광장을 거치지 않고 시계 방향으로 돌아서 걷는다

신전 지역을 지나 올라온 인티와타나에서 경작지와 계곡을 바라다본 경치

전분내 억할의 인티와디니, 지붕이 덮인 집이 있는 곳에서 '와이나픽추'로 오를 수 있다

'잉카의 피라미드'라 불리는 유적지의 신전 지역 모습

(Temple of the Three Windows, 마을의 제사장급들, 즉 지배층이 거주함) 등이 있는데 그다지 크지 않은 작은 공간이다. 신전 지역을 내려와서 다시 높은 계단으로 오르면 인티와타나(Intiwatana, 천문관측소, 태양을 붙잡는 곳)가 나온다. 바위 위의 기둥이 해시계란다. 바윗돌의 네 변은 정확히 네 방향을 가리킨다. 태양은 동지가 되면 힘이 약해지는데 이때 태양을 붙잡는 의식을 거행했다.

인티와타나를 지나 와이나픽추(Wayna Picchu, 케추아어로 젊은 봉우리) 쪽으로 진행한다. 지붕이 덮인 집 두 채는 와이나픽추의 등산로 입구다. 메인 광장에서 지나온 신전 구역을 보면 급격한 경사의 돌계단이 보인다. 사람들은 여기서 페루의 잉카 문명을 떠올려 '잉카의 피라미드'라 부른다. 와이나픽추 입구 부근에는 사람이 일부러 산 모양으로 깎아놓은 듯한 바위가 있는데 자연석이란다. 맞은편 능선과 너무 흡사해서 쉽게 믿을 수 없다. 신성한 돌(Ceremonial Rock, 제례용 돌)이라 부르는데 이곳에서 제사를 지내거나 행사를 벌였다.

동쪽 구역에서 가장 중요한 유적인 콘도르 신전을 만난다. 하늘과 제사를 담당하는 신, 아푸 쿤투르를 모시는 신전(Temple of Condor)이다. 거대한 자연석을 콘도르의 날개라고 생각하고 그 앞 땅바닥에는 조각

자연석을 아래에 두고 그 위에 돌을 얹어 콘도르의 날개 모양을 만든 대단한 상상력

산 모양으로 깎아놓은 듯한 신성한 바위, 이곳에서 제사를 지내거나 행사를 벌였다

한 머리가 놓여 있다. 옛사람들의 멋진 상상력에 박수를 보낸다. 콘도르의 날개 밑에는 자연스럽게 만들어진 지하 공간도 있다. 마추픽추가 사라진 지 5백 년밖에 되지 않았는데 의문투성이로 남은 것은 기록으로 남아 있지 않기 때문이다. 건축 기술은 발달했는데 인문학(언어)에는 재능이 부족했나 보다.

타원형으로 된 성벽 같은 태양의 신전이다. 지하에 살짝 높이가 다른 계단 모양의 유적이 있다. 왕의 시신을 모셨던 곳이라고도 하고 왕족들의 미라 안치 장소였다고 현지 가이드가 말해 주었다. 귀족의 무덤(Tumba Real)이라 부른단다. 탐방 끝부분에 와서 조금 지쳤다. 그래서 수리 시설이나 의식용 목욕장, 해와 달을 비추는 장소 등을 정확하게

왼쪽 경사진 곳에 세워진 식량 비축 창고 '콜카' 모습, 구름에 가려진 마추픽추

우루밤바강, 종 모양의 산, 유적지로 올라오는 지그재그로 된 길

보지 못하고 사진도 찍지 못했다.

식량 창고로 사용되었던 '콜카(Qolqas Storage)'에는 지붕이 덮여 있다. 이 높은 고지에 남는 식량이 있었고 그것을 비축했다니. 오기 전에는 그냥 마추픽추의 멋진 경치를 담겠다는 욕심이 컸는데 돌아보다가 각종 유적과 그에 담긴 이야기에 빠져버렸다. 도서관에서 책을 빌려 더 깊게 알고 싶다. 읽는 것만으로도 즐거울 것 같으니까.

거의 한 시간을 기다려 '태양의 도시, 공중 도시, 잃어버린 도시'로 불리는 잉카 문명의 상징인 마추픽추를 볼 수 있어서 마음이 홀가분해졌다. 이렇게 먼 곳까지 와서 곰탕으로 마추픽추를 제대로 못 봤다면 여행 기간 내내 마음이 찜찜했을 것 같다.

볼리비아

1. 라파스, La Paz

비행기를 탈 때 나만의 좌석 선택 방법이 있다. 장거리 비행일 때는 통로 쪽을 원하고 짧은 비행일 때는 창 쪽을 고른다. 쿠스코에서 라파스로 가는 좌석은 항공사에서 배정해 준 창 쪽이었다. 비행시간을 모르니까 좋은 건지 안 좋은 건지도 알 수 없었다. 고산 지대에 적응이 됐는지, 성스러운 계곡과 마추픽추를 본 이후인데도 그렇게 피곤한 줄 모르겠다. 창밖에서 보이는 구름을 지켜봤다가 지루하다 싶으면 눈을 감았다.

쿠스코에서 라파스로 오는 비행기에서 '티티카카' 호수를 찍게 되었다. 이런 행운이?

공항 근처의 라파스 건물들이 성냥갑보다 작게 보인다. 길이 난 지역은 보자기로 보인다

시간이 다시 많이 흐른 느낌이 들어서 창밖을 내다보니 파란 바다와 산맥이 보인나. 밝은 구름도 예쁘게 걸려있다. 주머니에서 얼른 스마트폰을 꺼내어 사진을 찍었다. 가끔 비행기 창 밖의 경치를 찍어본 경험이 있다. 야경일 때는 좋은 사진 얻기가 무척 어려웠다. 비행기가 자동차보다 빠른 속도로 날고 있기에 초점이 잘 맞지 않는 이유다. 햇빛이 있는 경치는 구도만 잘 잡으면 괜찮은 사진이 나온다. 확인해 보니 제법 깨끗한 장면이다. 바다 가운데 길쭉한 섬이 보이고 멀리 육지와 바다가 만나는 사진이었다. 본인은 신분을 밝히지 않았으나 교수로 재직했다는 나이가 비슷한 여성 여행 회원(옆자리에 앉음)에게 사진을 보여줬더니 갑자기 눈을 크게 뜨셨다. "파란 바다가 예쁘지요?" 물으니까 "선생님, 바다가 아니고 호수가 아닐까요?" 하셨다. '으억! 호수라고 하면 티티카카호수인데?' 이런 대박을 터트리다니.

마녀 시장으로 가는 입구의 모습, 보라색과 파란색이 화려한데 약간 우울한 느낌도 있다

어느덧 라파스가 가까워지는 모양이다. 나무가 거의 없는 황량한 경치가 이어진다. 메마른 곳에 난 도로와 밭의 경계선이 나스카의 지상화를 닮았다. 산은 까마득히 먼 곳에 있고 넓고 황량한 평원이 펼쳐지고 있는데 농작물이 별로 보이지 않았다. 착륙하기 전의 라파스의 모습은 산비탈에 집이 많은 부산과 비슷했다.

복권 당첨이다. 비행기에서 찍은 사진은 바다가 아니라 티티카카호수였다. 볼리비아는 바다가 없는 내륙 국가였고 호수는 페루와 볼리비아에 걸쳐 있었다. 티티카카 호수는 상선(화물선, 여객선 등)이 다닐 수 있는 호수 중 세계에서 제일 높은 곳에 있다. 숙소에 짐을 던져 놓고 일행은 곧바로 시내로 나왔다. 건물들이 무척 더럽다. 멕시코시티와 쿠스

하얀 어린 라마가 주렁주렁 걸려있는 마녀 시장, 다양한 주술 용품을 파는 가게가 있다니

2층 레스토랑 창을 통해 본 라파스 시내, 산에 있는 주택 모습이 부산을 떠올리게 했다

코는 꼬질꼬질 때가 묻어도 예뻤는데 라파스의 일반 건물은 흉하다. 벽돌이 떨어져 나가고 그라피티도 지저분했다. 볼리비아의 시골도 아니고 수도에 있는 골목인데 실망이 커졌다.

네그로 시장에서 산타크루스 거리의 언덕길을 내려가니 람푸 거리와 교차로가 나왔다. 큰 차 두 대가 만나면 완전히 멈춘 다음 아주 천천히 가야 빠져나갈 수 있다. 교차로에서 오른쪽으로 빠져 오르막을 오르려는데 분위기가 묘하다. 가게 높은 벽에 하얀 라마 새끼가 주렁주렁 걸려있다. 박제해서 말린 것 같다. 이상한 향도 피우고 주술용 나무, 벌레도 있다. 가이드가 마녀 시장이라고 알려줬다. 병을 치료하기 위한 약초, 부정을 막는 부적 등을 원주민들이 이곳에서 팔기 시작하면서 이런 이름을 갖게 되었다. 말린 라마를 걸어놓으면, 새집을 지을 때 라마를 땅에 묻으면 행운이 온다고 믿어서 말린 라마를 판매한다. 리나레스 거리에는 알록달록한 우산으로 건물 사이를 장식해 놓았다. 이곳에서 만나는 그라피티는 크기도 상당하고 볼만한 가치가 있었다. 그런데 색깔들은 보라색이나 짙은 감색(짙은 푸른색에 붉은빛을 풍기는 색)이 많아서 밝고 화려하지 않고 신비롭고 조금은 우울한 느낌이 든다. 그리스 출신으로 스페인 톨레도에서 활약한 엘 그레코의 독창적인 색과 흡사했다.

시장 근처의 2층 레스토랑에서 피자, 파스타, 콜라, 맥주로 조금 이른 저녁을 먹었다. 레스토랑 창밖으로 라파스의 고지대가 보인다. 산기슭에 붉은 지붕이 다닥다닥 붙어 있다. 물론 높은 지대까지 남미 특유의 케이블카가 운행되겠지만 일정한 오르막을 올라야 하니 서민들의 고생

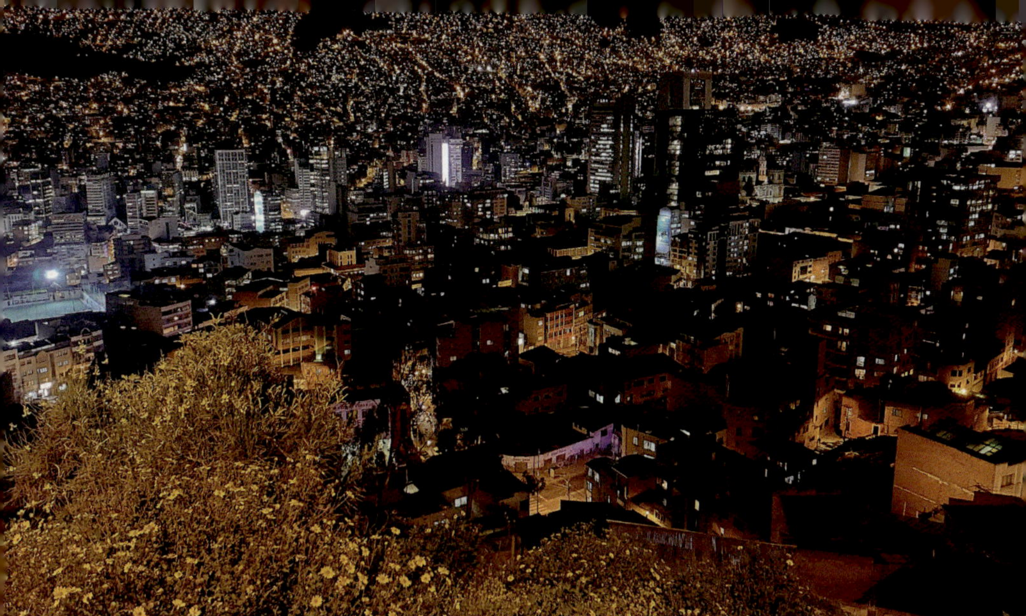

허술하고 지저분한 라파스 시내 골목에서 느꼈던 실망감이 이 야경으로 녹아내렸다

이 느껴졌다.

저녁을 먹고 공부를 좀 했다. 볼리비아 헌법상의 수도는 수크레였고 행정수도가 라파스였다. 알티플라노고원의 3,600m 지대에 건설된, 세계의 수도 중 가장 높은 곳에 있는 도시였다. 페루의 쿠스코보다 고도가 높았다. 볼리비아는 브라질 남서쪽에 위치하고 남미 국가들 틈에 콕 박혀 있어 바다에 면한 곳이 없는 내륙 국가였다. 황금 같은 귀한 땅은 주변국에 다 빼앗기고 우유니와 고산 지대만을 가진 불쌍한 나라였다.

처음 숙소에서 내려 마녀 시장으로 올 때의 불편함을 이해할 수 있게 되자 갑자기 동정심이 생겼다. 야경을 보러 가는 길에는 우리나라 70년대와 80년대의 모습을 보기도 했다. 어린 아들이 어머니와 함께 좁은 인도에 앉아 물건을 팔고 있었다. 우리 어머니도 화로에 인두를 달궈서 옷을 다리고, 한복을 만들어서 우리를 키우셨는데. 눈물이 찔끔 나면서 처음 느꼈던 불편함이 부끄럽게 느껴졌다.

전망대로 가기 위해서 마녀 시장 입구 도로에서 택시를 잡는 데 시간이 많이 소요됐다. 석 대를 잡아 회원들이 나눠 타고 간다. 택시 기사도 정확하게 오르는 길을 모르는 듯했다. 똑똑한 회원이 구글맵을 켜서 기사에게 알려주었다. 조금 헤매다가 목적지에 이르렀을 때는 벌써 캄캄한 밤이 되었다.

킬리킬리 전망대(Mirador Killi Killi)였다. 우리를 제외한 관광객은 한 명도 없다. 치안이 좋지 않은 도시라 밤에 이곳에 혼자 가는 것은 권하지 않는다. 아무리 야경이 좋아도. 악마의 문(Puerta del Diablo)이라 불리기도 하는 킬리킬리의 문은 석조 아치 형태의 문인데 전망대 입구에 홀로 우뚝 서 있다. 전망대에 두 연인이 꼭 껴안고 서서 꼼짝하지 않았다. 아무 말도 없이 오래 서 있는 연인을 방해하기 싫어서 킬리킬리 문에서 계속 기다렸다. 젊은 커플이 잘 되기를 빌었다. 여러 말보다 한 번의 깊은 포옹이 서로에게 더 큰 신뢰를 주지 않을까.

야경이 끝내준다. 높은 산까지 이어진 빼곡하게 들어찬 집들, 아래쪽의 높은 빌딩이 만들어내는 야경이라 입체감이 상당하다. 일본의 3대 야경(하코다테, 고베, 나가사키)을 모두 본 사람으로서 이렇게 바다가 없는 높은 산에 면한 야경을 보니 또 새로운 느낌이다. 군데군데 타원형이나 길쭉한 사각형의 검은 부분은 산이나 계곡이 있어 불빛이 없는 곳이다. 전부 불빛으로 되어 있으면 오히려 밋밋한데 깜깜한 부분이 섞여서 훨씬 더 멋지다.

　내려올 때는 염소 목소리와 비슷한 가수 임병수가 생각났다. 그는 '아이스크림 사랑'이란 노래를 히트시켰는데, 볼리비아에 살았던 것으로 기억된다. 이런 지식은 '알쓸신잡(알아둬도 쓸데없는 신비한 잡학사전)'이 되고 아내의 잔소리를(돈 안 되는 것은 참 잘해요) 듣게 되는 일이다.

2. 우유니, Uyuni

공항에 도착했는데 크기가 아주 작다. 갈라파고스 공항처럼 걸어서 건물로 가는데 재밌는 장면을 목격했다. 고객의 캐리어를 잔뜩 실은 컨 테이너를 사람이 끌고 가는 것이다. 컨베이어벨트를 쓰지 않으니까 여 러 사람이 동원되든지 여러 번 같은 작업을 반복해야 할 것 같았다. 한

먼지가 날리는 우유니 마을은 황량했다. 서부 영화에 나오는 썰렁한 마을 분위기다

참 기다려도 캐리어가 나오지 않는다. 슬슬 짜증이 나기 시작했다. 남의 짐을 가져가면 안 되니까 잘 확인하라고 관리자가 영어로 계속 말한다. 40분이 지나서야 겨우 짐을 찾을 수 있었다.

우유니 마을은 초라했다. 미국 서부 영화에 나오는 분위기다. 시멘트 길이지만 먼지가 폴폴 날리고 주택과 가게들은 나지막한데 모두 하얀 먼지를 뒤집어쓰고 있다. 영화 촬영 장소로 이용하면 좋을 것 같다. 현지 여행사가 밀집한 곳에서 한국 가이드와 밴드장이 우유니 투어 계약 교섭을 진행했다. 2박 3일의 긴 여정이고 16명이 단체로 참가하니 가격 흥정과 편의성, 여행 진행 등에 대해서 상담해야 할 것이 많은 모양이다.

발상 전환이 필요하다. 버려진 기차가 관광지로 변한 것이다. 사진 찍기 명소가 되있다

기차에 그라피티가 있고 녹이 슨 기차는 부서져 있지만 대단한 광경을 보여준다

4륜 구동 지프에 나눠 타고 투어를 시작했다. 처음 도착한 곳은 소금 사막이 아니라 '기차 무덤'이라는 곳이다. 볼리비아 정부는 철도 산업의 발전과 태평양 연안 항구로의 자원 운반을 위해 철로 공사를 시작했다. 그러나 1888년 원주민 인디오들의 반대로 사업은 중단되고 철로는 쇠퇴하기 시작한다. 그 후 광산 관련 회사들만이 기차를 운영했는데 차츰 광물자원이 고갈됨에 따라 철로는 점점 활기를 잃어갔다. 1940년 모든 기차가 운행 중단이 되었다. 옛날 운행되었던 기차들이 쓰레기처럼 철로 옆에 버려지게 되었다. 흉물로 보이던 기차가 관광객의 사진 명소로 차츰 유명해지면서 반전이 일어났다. 우유니 소금사막을 찾는 세계의 관광객들이 기차 무덤을 멋진 사진 촬영 장소로 만든 것이다. 태평양과 연결된 녹슨 철로는 아직도 그대로 남아 있다.

쇠가 녹슬고 썩어서 속이 텅 빈 기차, 벽에 그라피티가 있는 기차, 지붕으로 오를 수 있는 기차 등 다양한 종류의 기차가 널려 있다 보니 많은 관광객이 몰려왔는데도 그렇게 복잡함을 느끼지 못했다. 기차 무덤이란 이름이 참 마음에 든다. 대충 줄을 맞춰 녹슨 기차가 서 있는데 저 멀리까지 평원이 펼쳐져 있고 하늘의 구름마저 예술이어서 마음을 탁 트이게 한다. 철로 위에서 한 발로 균형을 잡는 사람, 기차 지붕 위에서 연인과 하트를 만드는 사람, 기차에 있는 기둥을 잡고 허공으로 발을 뻗는 사람 등 관광객들은 각자 자기만의 동작을 취하고 사진을 찍었다. 철로 위에서 그 모습을 한참 바라보았다.

소금사막으로 들어왔다. 말로 표현하기 어려운 대단히 넓은 공간이다. 이리저리 살펴봐도 소금 채취하는 모습이 보이지 않는다. 온 천지가 소금인데. 하루 전 가이드가 물이 살짝 고이지 않으면 데칼코마니 형태

소금 호텔에서 바라본 우유니 소금사막, 다카르 랠리의 기념물이 호수 왼쪽에 보인다

의 사진을 찍을 수 없다고 했는데 사막 바닥이 완전히 말라 있지는 않았다. 나름 행운이다. 우리 차 옆으로 지나가는 차를 보니 현대 자동차 광고 장면이 떠올랐다. 넓은 대지를 달리는 차가 있는 경치는 예술이었다. 바닥에 거북이 등껍질처럼 갈라진 선이 보인다. 5각형에서 8각형으로 죽 이어져 있는데 아무래도 각이 많은 8각형 소금 결정 무늬가 제일 예쁘다.

와우! 야호! 남성 회원들이 환호성을 지른다. 까마득한 곳에 산이 낮게 보이고 그 사이 공간에는 아무것도 없는 소금 평원이다. 하늘과 소금 바닥이 맞붙어 하나의 공간을 연출한다. 기사는 사막에 길도 없는데 천천히 차를 잘 몰고 간다. 30km에서 40km의 빠르기로 달린다. 한참 가다가 차가 멈췄다. 끝이 없는 듯한 공간이라 잠깐 쉬어가는 것이다. 사진 놀이를 하고 있을 때 가이드가 장화를 건네준다. 바닥에 물이 있는 곳부터 걸어가는 코스가 있나 보다.

또 30분 정도를 달려 차에서 모두 내렸다. 소금 호텔이 있는 곳까지 걸어가야 한단다. 기분이 더 좋아진다. 이 광활한 흰색 세계를 발로 밟으며 가는 것이다. 연신 감탄하며 멈춰 있는 지프를 보며 걸어가는데 비가 내리기 시작한다. 차는 벌써 앞서서 가버렸는데. 등산복 모자를 쓰고 조금 더 빠른 걸음으로 걷는데 빗방울은 점점 더 굵어졌다. 처음 장화를 신고 내렸을 땐 좋았는데 슬슬 겁이 났다. 여행 동료가 자기 우산으로 들어오라고 손짓했다. 우산 준비까지 했다고, 고맙다고 감사의 인사를 했다. 빗속에 60대 아저씨 둘이 어깨동무하고 소금 호수를 걸어갔다.

소금 벽돌로 만들어진 'Dakar Bolivia' 조형물을 발견했다. 다카르 랠

비가 갑자기 내려서 소금 호텔 주변이 물로 잠겼다. 두 개의 플라밍고 조형물이 예쁘다

소금 호텔 창문에 덕지덕지 붙은 광고지가 스테인드글라스로 보이는 묘한 경치

리는 자동차 경주 이름인데 여기에서 자동차 경주가 열린 모양이다. Off Road 자동차 대회 코스로 소금 호수가 이용되었는데 지금은 코스가 바뀌었고 예전의 조형물은 그대로 남았다는 설명을 나중에 듣게 되었다. 소금 호텔에 들어와 옷을 털었다. 빗줄기는 그칠 기미가 보이지 않았다. 소금 벽돌로 만들어진 벽, 의자, 탁자, 화장실 등을 신기하게 생각하며 둘러본다. 탁자 위에 수공예 전통 천을 깔면 레스토랑으로 변하는 것이다. 기사와 여행 업체 직원이 음식을 꺼내서 탁자에 배치한다. 호텔에서 내주는 음식은 없는 모양이다. 다른 팀들도 그렇게 하고 있었다. 비가 얼른 그치기를 바라며 점심을 맛있게 먹었다.

적응력이 대단하다. 여러 나라의 국기가 꽂혀있다고 '국기 무덤'이라고 이름을 지었다

하늘과 대지 구분이 사라지는 이런 사진을 찍을 수 있는 우유니, 물이 살짝 있어야 가능함

비가 좀 약해졌다. 점심을 먹으며 창밖으로 바라본 여러 나라의 국기가 모인 곳으로 갔다. 기차 무덤에서 전염되었는지 동료가 국기 무덤이라고 불러서 웃음을 터뜨렸다. 소금 바닥에 기초 단을 올리고 세계 각국의 국기를 막대기에 주렁주렁 걸어 놓았다. 튼튼하고 직선이 쇠로 된 게양대가 아니어서 오히려 더 예뻤다. 호텔 입구 오른쪽에는 플라밍고 등의 조형물이 있고 호텔을 오른쪽으로 돌면 바닥에 조금 넓은 돌이 한두 개 있다. 평범한 돌이지만 물이 고인 바닥보다는 조금 높은, 물이 닿지 않은 곳이라 돌에 올라가서 소금 호수 경치를 찍었다. 다행이다. 빗줄기가 서서히 그치고 있다.

이런 경치를 못 볼 수도 있다고 하루 전부터 걱정했던 가이드의 고민이 완전히 사라졌다

얕은 물 아래로 육각형의 소금 결정 덩어리가 보인다. 6~8각형으로 이뤄져 있었다

오전 내내 차를 타고 들어왔는데 점심 후에도 지프로 호수를 달린다. 도대체 어느 정도의 크기인지 가늠이 안 된다. 오늘 저녁이 될 때까지 호수에서 머물며 구경한단다. 온종일 호수에서 보내는 셈이다. 지프가 멈췄다. 이제부터 본격적인 사진 작업을 하라고 한다. 조금 실망이다. 작은 공룡이나 바나나, 병 등의 소품을 제공해 줄 것을 기대했는데. 여행 블로그를 보면 원근법을 이용해서 찍은 유쾌한 사진을 많이 볼 수 있는데 그런 사진을 찍을 수 없게 되었다. 찍는 사람 앞에 입을 벌리고 앞다리를 세운 공룡을 두고 모델은 뒤로 걸어가 공룡과 싸우는 동작을 하든지, 깜짝 놀라 허리를 뒤로 젖히는 동작을 하면 재밌는 사진을 얻을 수 있다. 바나나를 앞에 두고 네 사람이 뒤로 가서 앉으면 바나나 보트를 탄 사진이 된다.

산이 없으면 하늘과 대지의 구분이 사라진다. 데칼코마니가 제대로 나타났다

공룡 인형이나 바나나 등 소품 준비가 안 되어 데칼코마니를 강조한 사진을 찍었다

그래도 알록달록한 무지개 의자가 있어서 데칼코마니 사진은 찍을 수 있었다. 모두 각각의 색깔 의자에 앉은 다음 손을 펴서 연결하는 사진이다. 밴드 회장이 동영상을 찍는다고 모이라고 한다. 일행이 십자가 모양으로 줄을 맞춰 서면 지프차가 360도로 돌면서 촬영하는 것이다. 간단하게 보였지만 제대로 찍는 데에는 시간이 제법 걸렸다.

세상에는 현실보다 더 비현실적인 장소가 있다. 중국과 베트남의 고산 지대, 이곳 볼리비아 서부에 있는 우유니 소금사막(Salar de Uyuni)이 그런 곳이다. 그냥 끝 모르게 펼쳐진 호수 면을 봐서 체감이 안 되지만 이곳은 해발 3,600m에 있는 고원지대다. 소금으로 뒤덮인 이곳은 무공해 평원으로 하늘과 맞닿아 있다. 날씨가 맑아진 이 넓은 호수면 가운데에 서보니 현실의 세계인지 꿈의 세계에 있는지 구분이 잘 안 된다. 저 멀리 보이는 산그림자가 없다면 방향도 거리도 제대로 알 수가 없게 된다. 오랜 옛날에는 이곳이 바다였는데 지각 변동이 일어나 지면으로 솟아 나온 후 빙하기를 거치고 수만 년의 세월이 흐르면서 물이 모두 증발하고 소금 결정만 남아 거대한 소금사막이 되었다. 영겁의 세월 속에 너무나 짧은 인생을 살고 있는 존재가 수많은 시간이 쌓인 호수 가운데에 와 있는 것이다.

아침부터 시작된 호수 투어가 일몰을 보면서 일정이 끝난다. 가늠하기 어려운 크기의 호수

잠시 감상에 빠져 있다가 다시 차에 올라탔다. 차는 호수의 가장자리를 향해 또 달린다. 기사님이 경험이 많아서 길을 잘 달리지만 경력이 짧은 기사는 날씨가 흐릴 때, 길을 찾지 못해서 곤혹을 치르는 경우도 간혹 생긴다고 한다.

산이 가까워진 호수에 멈췄는데 물이 거의 없는 새하얀 바닥이 많다. 여기서 일몰을 볼 예정이다. 기사님과 직원들의 손길이 바쁘게 돌아간다. 탁자와 의자를 꺼내어 호수 바닥에 놓고 테이블보를 탁자 위에 반듯하게 깔았다. 포도주를 내고 과자와 쿠키를 접시에 담는다. 태양은 하늘을 짙은 주홍색으로 물들이고 있는 가운데 포도주를 투명한 유리잔에 따라 주었다. 흰 포도주가 목을 타고 배로 흘러가는 느낌이 분명하게 전달된다. 슬슬 배도 고파오는 모양이다. 다과를 즐기며 호수 바닥에서 바라보는 일몰은 처음 느껴본다. 근처의 산은 이제 새카맣고 하늘은 붉게 타오르며 마지막 기세를 발하고 있다.

캄캄한 밤인데 호수에서 육지로 가는 길로 지프가 달린다. 호수 사이로 소금이 눈 치우듯이 밀려져 있고 작은 돌들로 길 표시를 해둬서 마음이 놓였다. 운전과 식사, 다과회, 동영상 촬영, 그리고 밤까지 운전하는 기사님과 직원들이 고마웠다.

낮에는 온통 하얗고 선명했던 사막은 해가 기울면 금빛으로 물들고 해가 지면 다시 얇은 물이 고이고 별빛은 하늘만큼 땅에도 내려앉았다. 사방이 별로 둘러싸인 풍경이 되었다. 우유니는 이제 거대한 거울로 변해서 온 우주를 반사한다. 일행 모두는 차의 불빛이 닿지 않는 먼 곳을 계속 주시하며 조용하게 우유니의 밤 경관(찬란한 우주 쇼)을 바라보았다.

3. 알티플라노, Altiplano

"44일간의 남미 여행 중 제일 좋았던 곳은 어디였어요?"라고 묻는다면 주저 없이 알티플라노라고 답할 것이다. "까닭은?"이라고 재차 묻는다면 여행하기 전까지 전혀 몰랐고, 이틀을 꼬박 봤던 곳인데 전혀 지루하지 않았고 김딘을 계속 내뱉게 했던 곳이어서다. 매력을 한마디로 말하면 '환상적인 황량함'이다. 역설적인 표현으로 '나는 아직 기다리고 있을 테요, 찬란한 슬픔의 봄을'이라는 김영랑의 시가 있다. 황량함은 대체로 예쁘지 않을 때 많이 쓰는 말인데 볼리비아의 알티플라노는 그 황량함에 극적인 아름다움이 있다. 우유니도 알티플라노에 속하는 지역이다.

페루 남동부, 볼리비아 남서부, 칠레와 아르헨티나 북부에 걸쳐 있는 알티플라노(고원)는 안데스산맥에서 가장 넓고 높은 고원이다. 이름 자체가 '높은 평원'이란 뜻인데 세계적으로 티베트 고원 다음가는 크기의 고원이다. 지역 전체 고도가 평균적으로 3,500m이고 5,000m를 넘는 곳도 많다.

우유니 투어를 잘 마치고 아침 일찍 일어나보니 숙소만 달랑 있는 산 아래다. 마을도 없고 근처에 다른 숙소도, 밭도 없는 오로지 우리가 묵은 숙소만 있는 곳이었다. 기지개를 켜고 광활한 광경을 본다. 저 멀리 우유니 소금 사막이 펼쳐져 있는데 우리가 탐방했던 방향은 아니었다.

아침을 먹고 짐을 챙겨 지프차에 올랐다. 비포장도로인데 조금 덜컹거린다. 이틀 동안 이런 길을 달릴 것인데 안전하기를 기도했다. 도로에 물이 고인 웅덩이를 건너고 쭉 뻗은 길을 가다가 산을 돌아가는 길을 만났다. 산에는 선인장과 풀만 듬성듬성 있고 나무 한 그루가 없다. 그런데 경치는 그만이다. 산을 돌아가는 오르막이고 돌이 많아서 처음 출발할 때보다 더 덜컹거렸는데 차가 갑자기 멈춰 섰다. 고장이 난 게 아니고 진행 방향의 길에 알파카 무리가 천천히 이동하고 있었다. 차 문이 열리자, 양주에 사는 분이 얼른 내리고 뒤를 따라 일행 모두가 재빨리 내렸다. 알파카 무리는 그래도 태연하게 천천히 걸어간다. 주인 남자가 알파카를 산 쪽으로 몰았다. 알파카의 귀에는 빨간 실이 달려있는데 살랑거리면 굉장히 귀엽다. 야생이 아니고 주인이 있는 동물이라는 표시였다. 산 위에까지 따라 올라가 사진을 찍었다. 투어 시작부터 큰 것 한 방을 보여주었다.

산을 돌아나가니까 이제는 시야가 완전히 트인 경치다. 밭에 분명히 고랑 표시가 있는데 자라는 작물이 없다. 산에 나무가 없어서인지 색깔이 검정과 짙은 남색을 섞은 색으로 보여 신기했다. 가이드의 요청으로 차가 한 번 더 멈췄다. 산후안(San Juan) 마을이었다. 동네 마당에 큰 선인장 삼총사(맘대로 지은 것)가 예뻤다. 사총사였는데 한 그루는 쓰러

알티플라노고원 투어의 시작 지점인데 우유니 사막이 아래로 펼쳐진다

저 누워 있다. 두 손을 서로 맞잡은 모양의 왕 선인장은 머리에 혹이 많이 붙어 있다. 저 혹이 떨어지면 다시 자라는 모양이다. 300~400년 정도 자란 것으로 보인다. 가이드로부터 물을 한 병씩 받고 다시 출발했다.

마을을 지나서 넓은 평원의 길을 달리다가 처음으로 재배하는 식물을 만났다. 밭에 다른 작물은 아무것도 없었다. 퀴노아(Quinoa)라는 작물인데 좁쌀 크기의 열매가 달린다. 산후안 마을 매점에도 팔고 있었다. 퀴노아 열매(통곡물)는 나트륨이나 글루텐이 거의 없는 고단백 건강식품으로 인기가 높다고 한다. 밭에 있는 퀴노아는 붉은색 싸리처럼 보였다. 퀴노아는 케추아어로 '모든 곡물의 어머니'라는 이름이니까 영양이 풍부한 곡물임에는 분명하다.

알티플라노 여행에서 식물 두 가지를 알게 되었다. 해발 5,000m가 되는 곳에서도 비만 조금 내린다면 자라는 생명력이 강한 식물이다. 이두 가지 식물이 없으면 야생동물들은 도저히 살아갈 수가 없다. 빠하(Paja)와 옥시필럼(Oxyphyllum)이다. 빠하는 예전에 뉴질랜드 남쪽 고원지대를 달릴 때부터 봤던 식물인데 이번 여행에서 겨우 이름을 알게되었다. 밤송이를 떨어뜨려 놓은 모습이다. 실처럼 가는 줄기가 둥글게모여 있다. 옥시필럼은 생김새는 퀴노아와 닮았는데 키가 더 작고 회색이 짙은 녹색이다. 거친 야생의 느낌이 강하다. 알티플라노에서는 이 두가지 식물도 자랄 수 없는, 그야말로 풀 한 포기 찾을 수 없는 곳도 상당히 많다.

등산하거나 여행할 때 동물보다는 식물에, 꽃에 더 관심이 간다. 이름을 외우고 싶은데 현지 이름을 찾기도 어렵고 영어로 바꿔야 하니까 힘이 든다. 발음도 여러 가지여서 어떤 게 맞는지 확신이 서지 않을 때도많다. 남미 여행에서 신기하게 바라봤던 나무는 야레타(Yareta)다. 가시로 덮여 있는데 가까이 가서 보지 않으면 푹신한 방석으로 보인다. 그리고 풀이 아니다, 가시가 잎의 역할을 하는데 가시를 들춰보면 빽빽하게 모인 줄기가 있다. 가시와 줄기가 한꺼번에 뭉쳐있어 강한 바람에도, 강수량이 적어도 자랄 수 있는 모양이다.

'몽키 마운틴' 갑자기 기사님이 소리쳤다. 상당히 먼 거리에 있는 산인데도 시야가 트여서 잘 보였다. 산을 어떤 방향에서 보면 고릴라 모양으로 보여서 이렇게 부르는 모양인데 정식 이름을 찾을 수 없었다. 화산(Volcan, 볼칸)이다. 산허리보다 조금 높은 곳에 분화구가 있는데

고원에서 발견한 유일한 작물, 퀴노아, 나트륨과 글루텐이 거의 없는 고단백 곡물이다

주인이 있는 표시로 귀에 예쁜 장식을 단 알파카 무리로 5분 정도 차가 멈췄다

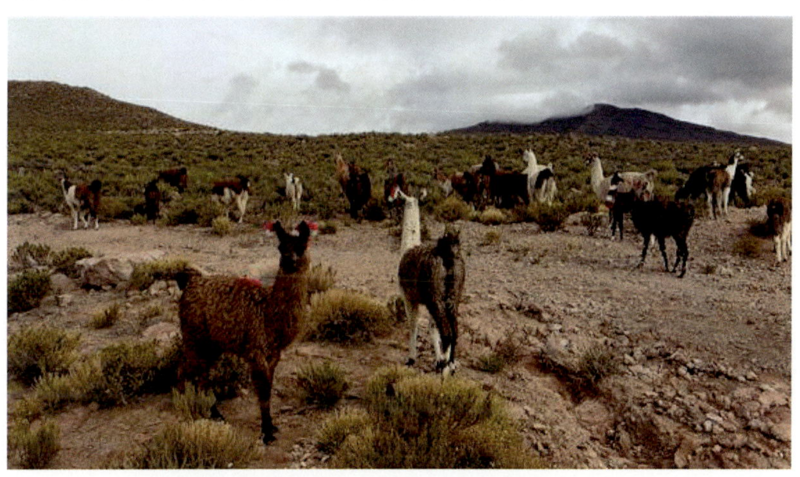

산후안 마을에서 만난 선인장 삼총사, 한 그루는 쓰러져 바닥에 누워 있었다

눈으로 둥글게 싸여있었다. 버스가 다가갈 때까지 계속 '몽키 마운틴'을 찍었다. 20장이 되는데 하나도 버릴 게 없이 예뻤다.

한참을 달려 몽키 마운틴을 조금 지난 지점에 차가 멈췄다. 공기가 너무 깨끗해서 상쾌함이 굉장했다. 바닥에는 표면이 뽀글뽀글한 바위와 풀뿐이고 정상과 분화구에 눈이 덮인 몽키 마운틴은 절경이었다. 버스가 먼지를 폴폴 뿌리며 도로를 달린다. 먼 곳에 있는 높은 산은 대부분 분화구를 가지고 있었다. 철길이 보이는 곳(치구아나 소금 평원, Salar de Chiguana)도 나왔다. 그냥 창고만 있을 뿐, 역도 아니었다. 주택도 없다.

차에서 30분간 계속 몽키 마운틴을 바라보았다. 분화구 정면을 보고 찍은 사진이다

눈이 쌓여있는 분화구, 옥시필럼 군락지, 산허리 아래의 연두색이 신비로운 느낌을 준다

　호수었는데 물이 말라 버린 하얀 지대(플라야, Playa)도 있고 비쿠냐(Vicuña)가 노는 지대도 보았다. 비쿠냐는 작은 낙타과의 동물이다. 알파카, 라마, 비쿠냐는 모두 낙타과 동물이다. 비쿠냐 털은 짧고 미세한 굵기인데 열 보존이 좋고 가벼워서 최고급 의류의 재료가 된다. 이런 까닭에 개체 수가 자꾸만 줄어들고 있는 현실이다. 비쿠냐는 '김의털(Paja, 빠하)'이라는 풀 등을 먹고 산다. 노랗게 물든 모습이 예쁘다. 갑자기 빗방울이 떨어지니 경치가 확 바뀐다. 하얗던 땅이 붉게 보이고 '빠하'도 진하게 보여서 영화에서 바뀐 장면을 보는 느낌이다. 시간이 조금 지나니 흙탕물이 조금 흐른다. 생명의 물이다. 이런 적은 양의 비라도 내리지 않으면 풀마저 자랄 수 없을 것이고 비쿠냐도 고통에 빠질 것이다.

알티플라노고원에는 설산이 많다. 라마, 알파카, 비쿠냐의 먹이가 되는 빠하와 옥시필럼

우유니 소금 호수와 연결된 기찻길인데 철로만 있고, 역도, 주변의 건물도 거의 없다

산 페드로 드 코메스(San Pedro de Quemes) 자연공원 화산전망대(Mirador Volcan)에 도착했다. 또다시 비가 내린다. 거대한 돔 모양의 천막(천장이 높은 몽골의 겔을 닮은 모양)에 들어가서 비를 피했다. 전망대는 황토색 바위가 풍화작용으로 깎여 신비한 광경을 보여주는 멋진 곳에 자리를 잡았다. 멀리 눈 덮인 오야구에(Ollague Volcan) 화산도 잘 보인다. 오야구에는 볼리비아와 칠레의 국경에 있다. 전망대에서 '조리판'이라는 라마 고기 햄버거를 먹었는데 비린 냄새가 나지 않아서 그런대로 먹을 수 있었다.

화산전망대에서 바라본 오야구에 화산의 모습, 주변의 붉은 지형이 아주 특별했다

고산 지대 동물의 소중한 먹이가 되는 주황색 빠하, 연두색 옥시필럼만이 대지를 덮고 있다

40분 정도를 달려 라구나 카냐파(Laguna Canapa)에 닿았다. '라구나' 는 호수를 나타내는 말이다. 호숫가여서 그런지 마른 대지에 있는 '빠하'와 다르게, 키도 크고 둘레도 상당하며 색이 연두색이어서 좋았다. 호수에는 플라밍고(Flamingo)가 많다. 도요새의 무리도 보았다. 광물 질에 독이 있는 성분이 있어 호수에는 물고기가 없다. 플랑크톤을 먹고 사는 모양이다. 플랑크톤에 들어있는 색소가 몸에 쌓이면서 플라밍고 는 붉게 변해간다. 가느다란 다리로 서서 열심히 고개를 숙이고 먹이를 먹고 있는 플라밍고에게 건강하게 즐겁게 지내라고 말해줬다.

플라밍고가 여유롭게 먹이를 찾고 있는 고산 지대의 호수, 라구나 카냐파

물가에 자라는 빠하와 오른쪽 거친 지역의 파하는 색깔과 키가 다르다. 신비로운 고동색의 산 정상에 눈이 쌓여
있다

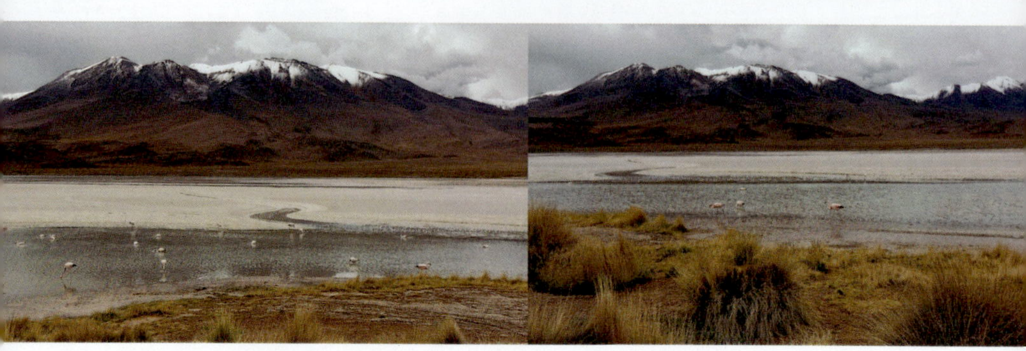

카냐파보다 플라밍고가 훨씬 더 많은 라구나 에디온다, 분위기는 카냐파와 비슷했다

광물에 독성이 있어 호수에는 물고기가 없다. 그래도 플랑크톤을 먹으며 살아가는 플라밍고

창밖으로 비쿠냐 무리가 보인다. 극세사인 비쿠냐 털로 만든 천은 최고급 옷감이 된다

라구나 에디온다(Laguna Hedionda)에는 플라밍고가 더 많았다. 비쿠냐도 나타났다. 비쿠냐는 배 부분이 하얗다. 알파카와 구별하기 위해서 특별한 것을 기억해 둔 보람이 있었다. 라구나 온다(Laguna Honda)는 옆에서 보면 하트 모양의 호수가 된다.

무지개산(산에 띠처럼 색이 다르게 보여서 맘대로 지은 이름)이 멀리 보이는 곳에 차가 정차했다. 고도가 4,560m가 되는 곳이다. 이 지역 일대는 볼리비아 실롤리 사막(Desierto de Siloli)으로 불리고 칠레 아타카마 사막으로 이어진다.

비스카차가 살고 있는 비스카차 바위 지대, 토끼라기보다 오히려 큰 쥐를 닮았다

비스카차 바위 지대를 통과한다. 비스카차는 긴 귀를 가진 야생 토끼인데 사진을 보니 토끼라기보다 큰 쥐를 닮았다. 이 토끼가 산다고 비스카차 바위 지대로 부르는데 '똥 바위 지대'로 부르면 더 어울릴 것 같다. 바위가 묽은 똥이 굳은 것처럼 빙글빙글 줄이 있고 얇은 층으로 되어 있었다. 바위 지대가 비슷한 경치를 바꿔줘서 좋았다. 풀 한 포기가 자라지 않는 넓은 지대가 대부분이었다.

숙소 벽에서 봤던 돌 나무(Arbol de Piedra, 아르볼 데 삐에드라)를 만났다. 화산 암석이 풍화작용으로 깎여 나무 모양으로 된 바위가 있어서 이런 이름이 붙었는데 나무 모양이 아니라고 해도 서 있는 바위들이 모두 나무로 보였다. 풀, 초록색 나무는 꿈도 꾸지 못할 지형이어서 입체로 서 있는 바위들이 모두 나무로 보이는 것이다. 비는 그쳤지만 구름이 짙게 깔려서 숙소에서 봤던 멋진 사진은 만들지 못했다.

바위가 돌에 깎여 나무 모양을 하고 있다고 해서
'돌 나무'라는 이름을 갖게 되었다

붉은 호수 콜로라다, 알티플라노고원에는 녹색 호수, 흰색 호수 등 많은 호수가 있다

붉은 호수인 라구나 콜로라다, 현무암이 많은 곳에 뷰포인트가 있다

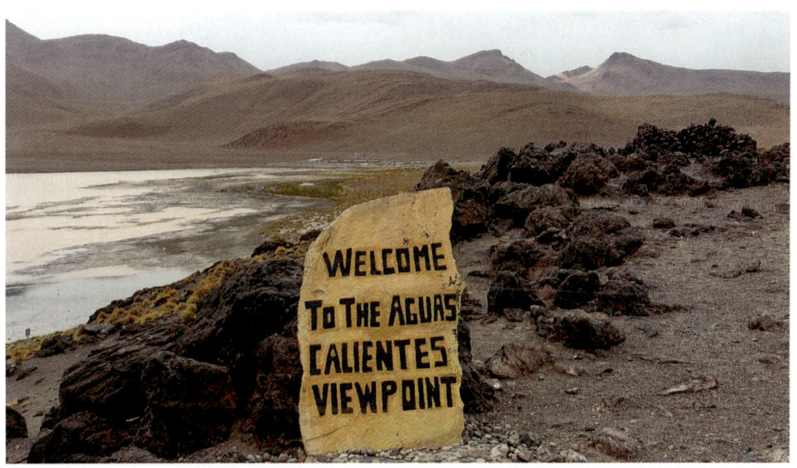

간헐천 지대 솔 데 마냐나, 온천수가 뿜어져 나오는 게 아니라 온천 연기가 뿜어나온다

아바로아 국립공원(Eduardo Abaroa Andean Fauna Nacional Reserve) 입장 절차를 마치고 호숫가를 자유롭게 구경했다. 공원 사무소에 면해 라구나 콜로라다(Laguna Colorada)가 있다. '붉은 호수'다. 고도가 높아서 여름인데도 초겨울 날씨다. 플리스 재킷에 고어텍스 등산 재킷을 하나 더 걸쳐 입었다. 호숫가에 비스듬하게 올라가 있는 뷰포인트(Aguas Calientes Viewpoint)에서 호수를 바라보니 붉은색이 잘 나타났다.

고원 탈출의 마지막 숙소는 산후안(San Juan) 호스텔이다. 온수가 공급되지 않아서 샤워도 못 하고 손발을 씻고 양치만 했다. 다행히 배터리 충전은 할 수 있었다. 소금 벽돌로 지은 단순한 집이었다.

마른 편이라 추위를 많이 탄다. 잘 때 잠옷에다 체육복 바지를 껴입고 잤는데도 새벽에 일어나니까 몸이 으슬으슬했다. 고양이 세수만 하고 윗도리에도 카디건을 하나 더 걸치고 등산복을 입었다. 새벽 4시에 일어나 후다닥 짐을 정리하고 30분에 출발해야 한다. 캐리어를 끌고 방에서 차가 있는 마당으로 나가니 달이 떠 있다. 묵었던 숙소 이름이 'Luna Dorada Hostel'이다. 차에서 아직 안 탄 일행을 기다리는데 별이 있는 사진을 찍는다고 마당에 모이라고 한다. 미안했지만 추워서 밖으로 나가지 않았다. 폰을 땅에 세워놓고 찍는데 별이 찍힐지 궁금했다. 우리나라에서 고향 시골에 갔을 때 해봤는데 눈에 보이는 것과 다르게 폰에는 제대로 별이 많이 찍히지 않았다. 나중에 봤는데 제법 멋진 사진이어서 깜짝 놀랐다.

감기는 아닌 것 같고 고산병이 생겼나 싶어서 타이레놀을 꺼내 먹었다. 여행 출발하기 전에 약국에서 고산병약을 받는 것이 어려웠다. 절차도 까다롭고 고산병만을 위한 처방이 거의 없으니, 안과와 내과에서 도움을 얻을 수 있는 약을 주는 것이다. 코토팍시 여정 전부터 잘 챙겨 먹어서 큰 어려움이 없었는데 걱정이 되어 타이레놀을 또 먹은 것이다.

캄캄한 길을 달려 '솔 데 마냐나(Sol de Mañana)'에 차가 멈췄다. 간헐천 지대이다. 아이슬란드, 옐로스톤에는 물이 솟구치는데 이곳은 수증기가 뿜어져 나왔다. "콰아!" 하고 영화에서 괴물이 내는 소리와 비슷한 소리가 크게 들려서 깜짝 놀랐다. 수증기 높이도 50m 정도로 높았다. 아직 어둠이 걷히지 않았다. 하얀 돌로 경계선을 해 둔 곳에는 시커먼 구덩이가 많았다. 새벽인데 관광객이 많이 몰려왔다. 주위를 조금만 둘러보면서 사진만 찍고 혼자 차로 들어왔다. 유황 가스는 달걀 썩는 냄새를 풍겼다. 시끌벅적한 가운데 관광객들은 고산 지대의 간헐천을 즐기고 있었다. 차가 떠나려고 할 무렵, 날이 서서히 밝아왔다.

해발 4,400m에 천연 온천이 있다. 해가 솟아난 시간인데 김이 무럭무럭 피어오른다

햇빛을 받아 반짝이는 '솔 데 마냐나' 뒤에 있는 산의 모습, 한 그루 나무도 없다

　빛을 받은 산은 밝은 주황색으로 빛나고 주변에 지열 발전소 시설이 보였다. '아침의 태양'이란 뜻을 가진 '솔 데 마냐나'는 해가 뜰 때 가장 아름답고 밖의 찬 공기와 내부의 뜨거운 증기가 만날 때 뿜어 나오는 소리가 제일 크다고 한다. 새벽 4시 30분에 출발한 이유를 알게 되었다. 뉴질랜드의 후카 폭포 근처에서, 일본 이부스키의 모래찜질 장소 부근에서 지열 발전소를 본 적이 있는데 어쩌다 고산 지대에서 세 번째로 지열 발전소를 보게 되었다.

　풀이 거의 없는 고산 지대를 달려 두 번째로 도착한 곳은 폴케스 온천(Termas de Polques)이다. 4,900m의 간헐천에서 500m 고도를 내려온 4,400m에 있는 천연 온천이다. 물고기 모양을 닮은 큰 야외 탕에는 네 명의 외국인들이 몸을 데우고 있었다. 옷을 갈아입기도 귀찮아서 그냥 양말을 벗고 족욕만 즐겼다. 김이 무럭무럭 솟아나는 탕이 두 개나 있고 멀리 얕으나 넓은 호수가 있는데 이곳에도 플라밍고와 도요새는 아주 많았다. 온천 뒤의 산은 연한 주황색으로 빛나고 있으나 왼쪽의 산은 시커멓다. 자세히 보면 짙은 보라색 느낌도 있다. 탕에서 나와 호수 가장자리로 다가갔다. 햇빛을 받은 빠하(Paja)가 노랗게 빛나고 있어서 되도록 밟지 않도록 주의하며 걸어갔다. 역시 다른 라구나처럼 근처는 끈적끈적한 흙이다. 호수 건너 까마득한 곳에 있는 산들은 모두 설산으로 산맥을 이룬다. 분명히 세계의 유명 온천 Best 5에 들어갈 것 같다. 마음대로 상상한 이유는 무료 천연 온천이고(탈의실과 화장실 이용료는 낸다) 고지대에 있는 온천이어서 그렇다. 온천과 호수를 마음껏 돌아보고 다시 탕으로 오니 탈의실 위에 있는 식당에서 아침을 먹는다고 했다. 뜨거운 음식을 좀 먹고 햇빛이 비쳐서 몸 상태가 좋아졌다.

천재이자 괴짜인 살바도르 달리의 작품에 자주 등장하는 곳, 듬성듬성 있는 돌이 신기하다

폴케스에서 넓은 사막 지대를 한 시간가량 달리고 있는데, 무지개산(맘대로 붙인 이름)이 자꾸 나타난다. 텔레비전에서 페루의 비니쿤카(무지개산)를 본 적이 있어서 그대로 적용했다. 화려한 비니쿤카에는 상대도 안 되지만 나름 괜찮다. 점점 더 큰 무지개산이 보여서 차를 세워 주기를 간절하게 바랐다. 고맙고 기쁘다. 비포장이지만 넓은 곳이 나오자, 얼른 기사가 차를 세운 것이다. 뒤에 우리 차 석 대가 서야 할 공간을 잘 찾은 셈이다. '살바도르 달리' 사막이란다. 초현실주의 화가 달리의 그림에 이곳과 흡사한 경치가 나온다.

토양에 포함된 광물질의 종류가 달라서 여러 가지 색을 발하는 달리 사막에 있는 산

날고 있는 콘도르의 모양을 닮은 마운트 넬리, 양쪽 산은 날개, 가운데가 몸통이 된다

개미, 흘러내리는 시계처럼 자주 등장하는 경치라 머리로 기억한다. 무지개산 쪽보다 반대편 시커먼 산에 듬성듬성 떨어져 있는 바위가 있는 곳이다. 사람이 일부러 갖다 놓은 것도 아니니까 화산 폭발로 날아온 돌이라고 생각하니 화산의 위력을 실감해 볼 수 있었다. 신기한 것은 관광객들이 이곳을 재발견하여 이름을 지었고, 달리는 이곳에 와서 영감을 받아 그린 것도 아닌데, 어떻게 흡사한 장면을 표현했을까? 하는 점이다. 무지개산이 이어진 곳에는 날고 있는 콘도르를 닮은 마운트 넬리(Mount Nelly)가 있다. 양쪽 산등성이는 날개로 보이고 우리와 제일 가까운 산은 꼬리로 보인다, 그 너머의 산은 몸통과 머리를 숙인 모습이어서 거대한 콘도르가 고개를 숙이고 나는 모습이 연상된다. 산의 색이 띠처럼 여러 색으로 보이는 것은 나무가 전혀 없고 토양에 포함된

301

칠레 국경 근처에는 녹색 호수인 라구나 베르데, 흰색 호수인 라구나 블랑카가 있다

광물질(미네랄) 종류가 달라서이다. 붉은색은 철, 흰색은 유리, 녹색은 구리 성분이 많은 지대다.

버스가 달리다가 물만 보이면 눈이 커진다. 매력적이나 비슷한 황량한 모습이 계속되다가 장면을 확 바꿔주기 때문이다. 어제는 붉은 호수를, 오늘은 녹색 호수와 흰색 호수를 만났다. 라구나 베르데(Laguna Verde)가 녹색 호수이고, 라구나 블랑카(Laguna Blanca)가 흰색 호수다. 두 호수는 서로 곁에 있는데 차의 진행 방향으로 보면 오른쪽이 베르데이고 왼쪽이 블랑카다. 바람이 불어야 녹색으로 보인다는데 회색이 섞인 연두색으로 보인다. 호수의 색깔보다 뒤에 있는 산의 색깔이 예술이다.

베르데 호수 뒤쪽에 활화산 리칸카부르(5,920m)가 있는데 회색빛으로 빛난다. 이 산은 볼리비아와 칠레의 국경을 구분해 주는 산이다. 왼쪽에 리칸카부르보다 250m 낮은 후리케스(Juriques)가 있다. 후리케스가 리칸카부르보다 낮은데, 가까이 있어서 리칸카부르보다 더 높게 보인다. 햇빛이 강해서 그런지 모르겠지만 리칸카부르보다 짙은 보라색의 후리케스에 자꾸 눈길이 간다. 짙은 보라색이라고 했지만, 호수에 면한 아랫부분은 주황색과 갈색이 섞인 묘한 색이다. 우유니에서 출발한 지 얼마 안 되어 본 '몽키 마운틴'만큼이나 신비로운 매력을 뽐낸다.

볼리비아를 통과해서 칠레로 들어가기가 무척 힘들었다. 볼리비아에서 세관 신고를 한 후 다른 곳으로 가서 출국 도장을 받은 다음, 다시 칠레 입국 사무소까지 가야 한다. 세관 신고서를 작성해야 하는데 와이파이 접속이 잘 안돼서 애를 먹었다. 출국 도장이 찍힌 출국신고서를 들고 다시 한 시간을 달렸다. 동식물 검역이 까다롭다는 칠레 입국 사무소다. 엑스선 검색대를 통과시켰는데도 다시 짐을 풀어 내용물을 살폈다. 우리 일행에게도 저렇게 하면 시간이 너무 많이 소요될 것 같아서 긱징이 앞섰다. 우리 일행이 마지막이어서 그런지 우리 일행은 검색대만 통과하고 절차를 끝냈다.

PART 6

칠레

1. 아타카마 사막, Desierto de Atacama

캐리어를 대형 버스에 싣고 아스팔트 길을 달린다. 몸이 의자에 착 붙어서 기분이 좋다. 문명의 혜택이 편하긴 하다. 칠레 입국 사무소(Hito Cajon, 4,480m)에서 산 페드로 아타카마 마을(2,400m)까지 내려간다. 알티플라노고원과 작별하고 아타카마 사막을 만났다. 알티플라노는 영원한 이별이 아니다. 호수에서 봤던 두 산은 계속 볼 수 있다.

집착이 너무 심한 사나이다. 몽키 마운틴에 빠져 20장의 사진을 찍었던 나는 베르데와 블랑카에서 봤던 두 산에 꽂혔다. 마을에 도착할 때까지 지켜봤으니 거의 산을 270도 정도의 방향으로 본 셈이다. 버스가 달리는 곳 근처는 낮은 아타카마 사막이고 그 위로는 알티플라노의 높은 산들이 경치를 만들어내고 있다. 황량한 아타카마 사막의 특징은 미국 캐니언 랜즈 국립공원(Canyon Lands)처럼 평평한데 그 아래 협곡이 있는 것이다. 낮은 아타카마의 다양한 지형과 거리를 달리한 알티플라노의 두 산이 만들어내는 경치를 1시간 넘게 구경한 셈이다.

버스가 마을로 들어가지 못하고 입구 넓은 터에 멈췄다. 좁은 비포장도로여서 그렇다. 5분 정도 걸어가는데 먼지로 길과 주택의 벽이 하얗다. 마을을 둘러싼 아타카마 사막의 길이는 1,000km를 넘어선다. 아타카마 사막은 세계에서 가장 건조한 사막이다. 알티플라노고원보다 더 건조하다고 해서 혀를 내둘렀다. 마을에는 지하수가 솟아 올라서 사막의 오아시스라고 불리는데 인구 1만 명의 작은 도시다. 관광객이 무척 많고 숙소와 가게로 꽉 찬 분위기다.

마을 길을 걸으며 길 사이에서 아주 멀리 보이는 설산이 있어 물었더니 리칸카부르라고 했다. 그렇다면 후리케스는 제쳐두고 리칸카부르를 사방 360도로 훑어본 셈이다. 거의 6,000m에 달하는 산의 위용을 제대로 느꼈다. 마을에서 먹는 점심은 꿀맛이었다. 새벽부터의 강행군을 한 덕택으로 음식을 말끔하게 해치웠다.

왼쪽 리칸카부르, 오른쪽 후리케스, 가까이 있어서 후리케스가 더 높게 보인다

점심 후에 다시 버스를 타고 공항으로 향한다. 이 근처에 너무나 유명한 '달의 계곡'이 있단다. 어디쯤 있을까? 하고 두리번거렸으나 달의 계곡으로 예상할 만한 단서를 잡지 못해서 찾는 것을 포기했다. 다시 버스를 타고 공항으로 향한다. 넓은 평지에 물길이 돌아가는 곳에 마을이 자리하고, 주변의 설산으로 둘러싸여 있어, 칼라마(Calama)에 있는 마을과 도시는 아주 작게 보였다. 위아래는 황량한 산과 사막이고 가운데 녹색의 숲과 마을이 함께 있어 녹색 띠를 보는 듯했다.

이제 리칸카부르가 후리케스보다 더 높게 보인다. 아타카마와 알티플라노가 함께하는 경치

사막 가운데 갈라진 협곡이 나타났다. 미국의 캐니언 랜즈가 떠올랐다

알티플라노와 분위기는 비슷한데 땅의 색깔이 검게 나타나는 것이 달랐다

'달의 계곡'이 나타나기를 바라며 지형을 살폈는데 안내판도 나오지 않았다

메마른 대지 가운데 녹색의 나무가 있는 마을은 녹색 띠로 보인다

좌충우돌하는 여행을 아주 싫어한다. 아니 너무 무서워서 싫다. 그래서 일본을 제외하고는 패키지나 밴드, 동호회가 주관하는 해외여행에 참여한다. 또 일이 터졌다. 멕시코에서 넘어져 고생했고 오늘 새벽에 몸이 안 좋았는데 이번에는 일행의 가방이 없어졌다. 원인을 모르겠다. 공항에서 짐을 한곳에 다 모으고 화장실에 가거나 가게 구경을 했는데 작은 가방이 없어졌다는 것이다. 80대 제일 연장자분의 가방이다. 버스에서 분명히 가지고 내렸단다. 내 앞에 한 사람이 짐을 지켰고 그다음 내가 지키는 역할을 했는데. 마음이 찜찜했다. 다행히도 가방에는 양압기(코골이 방지로 착용하는 기계)가 들어있고 여권이나 돈은 들어있지 않았다. 그래도 다시 사려면 십만 원이 훨씬 넘어갈 것이다. 누가, 언제 훔쳐 갔는지 모르나 일단은 죄송하다고 말씀드렸다. 아직도 여행 일정은 많이 남았는데 제발 일행 모두가 무사하게 끝마쳤으면 좋겠다.

2. 콘차 이 토로, Concha y Toro

남미 최대의 와이너리를 구경한다고 한다. 가이드 김 대표가 와인에 빠져 있는 모양이다. 술을 못 마시지만 와이너리 구경에 기대가 됐다. 언제 외국의 본격적인 포도밭과 공장, 창고를 한꺼번에 볼 수 있을까? 이번이 절호의 기회라고 생각했다. 고원과 사막을 3일 동안 봤으니 이젠 변화가 필요한 시점이기도 하다.

숙소에서 산티아고 시내를 좀 걷다가 버스를 타고 살짝 변두리로 나왔다. 맥도날드 가게 근처에서 기다리니 투어 예약을 한 셔틀버스가 왔다. 다른 외국인 관광객도 많이 모였다. 투어 가이드가 영어로 설명하는데 왼쪽 귀가 안 들리는 나는 그냥 무시하기로 했다.

시내가 흐르는 곳, 그라피티가 있는 건물을 몇 개 지나니 멀리 있던 산이 가까이 다가오고 시골 냄새가 풍겨온다. 신비하긴 했지만 계속 흙 색깔을 이틀 보다가 연두와 초록을 보니 이것 또한 힐링이 된다. 확실히 인간은 약하다. 변화가 없는 생활에 약한 존재가 사람인 것 같다. 이렇게 힘들게 고생하면서 다른 나라로 오는 것도 다른 음식, 생소한 언어, 안 보던 경치 등 변화를 주고 싶어서이다.

와이너리 주차장은 굉장히 넓었다. 큰 나무가 있고 바로 옆에 안내판이 있어서 슬쩍 읽어봤다. 옛날부터 포도를 재배했던 곳인데 농장으로 규모를 확대하고 관광업까지 하기 위해서 최근까지 리모델링해서 지금에 이른다. 관광객을 모아서 일정한 시간 간격을 두고 안내를 하고 탐방하는 모양이다. 우리 팀 입장 시간이 되지 않아서 기다려야 하는데 기다리기가 지루해서인지 모두 가게 안으로 들어갔다. 와인에 대한 상식이 없어서, 와인을 살 형편도 아니어서 그냥 가게 디자인이 예쁜지 살펴보았다. '디아블로(악마)'란 상표의 포도주병을 발견했다. 현실을 살짝 잊기 위해서, 현실에서 조금 떨어진 상황(낭만)을 느끼기 위해서, 즐거움을 위해서 마시는 와인인데 '악마'라는 상표가 붙어 있다니. '알마비바(Almaviva)' 와인은 종류가 무척 많았다.

30분 정도가 지났을까, 입장할 시간이 됐다고 가게 밖으로 나오라고 한다. 다른 외국 관광객도 합세하여 포도 농장으로 들어갔다. 유럽의 작은 정원 느낌이다. 처음 보는 묘한 열매가 있고 포도 덩굴을 터널로 만들어 놓은 곳도 좋다. 포도 덩굴 터널을 통과하니 유럽의 작은 미술관이나 박물관 형식의 건물이 나왔다. 농장의 초창기 창립자가 생활했던 공간이라고 한다.

예쁜 이 건물 앞에는 커다란 연못이 있다. 연꽃이 아닌 노란 수련이 연못 대부분을 덮고 있다. 보라색 꽃이 아직 피지 않은 부레옥잠도 보인다. 연못 근처에는 큰 나무들이 많은데 닭들이 열심히 모이를 찾고 있다. 농장에 있는 것을 보면 하와이에서 봤던 야생닭은 아닌 것 같다.

디아블로는 악마라는 뜻이다. 왼쪽에 디아블로 상표가 붙은 와인이 많아서 의아했다

"닭들아 나처럼 비쩍 말랐구나. 벌레나 사료를 많이 먹고 살 좀 쪄라, 보기 흉하다." 갑자기 아재 개그를 했더니 여성 회원이 깔깔 웃는다.

연못에서 포도밭으로 들어가는 입구에 머리가 반짝이는 직원이 테이블 뒤에 서 있다. 대머리에 마이크를 끼고 있다. 와인에 대해 알려주고 시음하는 곳이다. 너무 어려워서 조금 듣다가 포기했다. 화이트 와인을 'CT, Concha Toro' 글자가 적힌 유리잔에 건네주었다. 맛을 모르니 평가도 못 하겠다. 두 잔을 마실 수 있는데 한 잔만 마셨다. 유리잔은 기념으로 가져갈 수 있는데 대부분 잔을 탁자에 올려놓고 안 가져갔다. 안 예뻐서가 아니라 예쁜데, 캐리어에 계속 넣어 운반하는 게 불편하기 때문이다.

　이제 작은 포도밭에 들어가 자유롭게 포도를 따 먹으라고 한다. 입구에는 팻말로 포도의 종류를 글자로 적어놓았다. 스페인어가 아니고 프랑스어로 적혀 있는 것 같다. 말을 모르니까 일단 팻말을 사진으로 찍는다. 나중에 살펴보니 대부분 레드 와인 종류였고 리슬링(Riesling)만 화이트 와인 품종이었다. 카베르네 소비뇽(Cabernet Sauvignon), 카리냥(Carignan), 카르메네르(Carmenere)가 모두 레드 와인 품종이었다. '아비뇽(교황이 있었던 도시 이름), 소비뇽, 카리냥' 소리를 내어보니 뭔가 프랑스 귀족이 되는 기분이었다. 사람, 참 간사하다.

포도 덩굴로 터널을 만들어 놓았다

창립자가 거처로 사용했다는 건물은 작은 미술관이나 박물관처럼 보인다

앵두처럼 작은 이것을 따 먹으라고? 처음에 만난 포도를 보고 실망했다. 입장료를 내고 속은 기분이 들었다. 빙 둘러서 그냥 나오려는데 남자 일행 몇 분이 세 고랑 정도 안쪽에서 포도를 따고 계셨다. 불평을 호소하려고 갔는데 얼굴이 화끈거렸다. 보통 우리나라의 포도알 정도가 달려있었다. 그제야 허리를 굽히고 포도를 따서 먹었다. 그런대로 괜찮았다. 밭을 나오는 길에 처음 실망했던 곳으로 가서 작은 포도를 따서 입에 넣었다. 생긴 것은 별로인데 큰 포도보다 조금 더 달았다. "포도를 외모로만 보고 판단하면 안 되지요."라고 포도가 말하는 것 같았다.

대머리 아저씨가 와인에 대해 자세히 설명해 주고 시음도 권한다

큰 오크통이 술시어 있는 지하 창고, 디아블로의 비밀을 알 수 있어서 좋았다

이제는 와인 저장고로 간다. 콘차 이 토로는 칠레의 와인 대표주자였고 수출을 많이 해서 우리나라 마트에서도 쉽게 만날 수 있다고 한다. 집에 돌아가서 마트에 있는지 확인해 보고 싶어졌다. 벽돌로 지어진 저장고와 오크통이 모여 있는 멋진 지하실 공간이었다. 불을 다 끄고 영상물을 보여주는데 대부분은 알 수 없고 딱 한 가지 악마에 관한 전설은 조금 이해할 수 있었다. 창립자 돈 멜초가 와인을 훔쳐 가는 사람들을 막기 위해 지하실에 악마가 살고 있다는 소문을 퍼뜨렸다. 지하로 조금 더 내려가면 유명한 '악마의 저장고(Casillero del Diablo)가 있다. 지금은 콘차 이 토로 임원진과 많은 셀럽들(유명 인사들)이 고가의 와인을 저장하는 장소로 쓰이고 있다. 쇠창살로 막고 있는 악마의 저장고는 벽에는 각종 와인병이 꽂혀있고 복도 끝에 삼지창을 쥔 악마의 그림자가 있었다. 처음 가게에서 봤던 '디아블로'에 대한 의문이 풀려서 기뻤다.

칠레의 와이너리를 무시해서가 아니고 와인으로 유명한 프랑스 보르도에 있는 와이너리를 보고 싶다는 꿈이 생겼다. 분명 이곳보다 더 멋진 구경이 되리라. 어쨌든 가이드 김 대표 덕분에 난생처음으로 꽤 아름다운 와이너리를 볼 수 있어서 좋았다.

인생 처음으로 구경해본 와이너리, 술을 못 마셔도 좋았다. 보르도에도 가고 싶어졌다

3. 푼타 아레나스, Punta Arenas

푼타 아레나스는 칠레 수도 산티아고에서 남쪽 약 2,200km 지점, 브런즈윅 반도 동쪽에 있는, 마젤란 해협을 면하고 있는 도시로 '모래밭의 곳'이란 뜻이 있다. 세계 최남단의 도시 아르헨티나의 우수아이아 다음이니까 칠레의 최남단 도시가 된다. 유전 개발이 진행되고 있고 부근에 로레토 탄광이 있다. 파나마 운하가 개통되기 전에는 태평양과 대서양을 연결하는 중요한 길목 역할을 담당했다. 그 후 잠깐의 쇠퇴기를 갖다가 남극으로 가는 가장 가까운 항로로 다시 발전하고 있다. 마젤란 해협은 폭이 3~32km, 길이는 560km다.

숙소가 언덕 근처에 있었다. 짐을 내려놓고 방을 배정받았는데 4명이 함께 자야 한다. 언덕에는 마을을 내려다볼 수 있는 전망대가 많다. 전망대라고 하지 않아도 그냥 언덕 위에 있는 길을 따라가며 마을과 항구, 바다를 내려다볼 수 있다. 미라도르 데 라 크루스(Mirador de la Curz), 십자가 전망대는 그저 중요 포인트일 뿐이다.

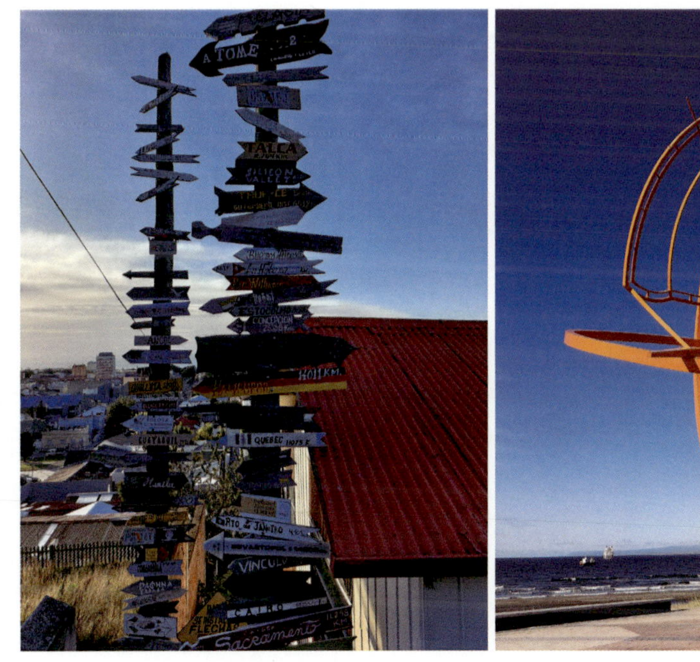

'미라도르 데 라 크루스'에서 바라본 푼타 아레나스 전경, 유명한 마젤란 해협이 펼쳐진다

세계 여러 나라와 도시가 새겨진 이정표, 나침반을 넣은 지구의 조형물

진한 파랑의 바다가 일직선으로 펼쳐지고 알록달록한 집들이 모인 경치는 너무나 아름다웠다. 이곳에서 사람들은 자기의 고향, 가고자 하는 도시를 떠올렸을까. 각국의 도시 이름이 적힌 빈티지 나무 이정표가 귀여웠다. 평창(12,515km), 코리아(17,790km) 표시를 찾았다. 생각해 보니 참으로 먼 곳까지 온 것이다.

언덕을 내려와 마을을 지나고 번화한 시내로 들어갔다. 앞쪽에 유리 온실 모양을 가진 건물이 멋있었는데 구글에 '사라바룬성'이라고 나온다. 지금은 사무실이나 다른 용도로 쓰이는 것 같다. 중앙 공원이 있는 아르마스 광장에 왔다. 마젤란 동상이 있는 곳이 광장의 중심이었다.

대포 위에 있는 마젤란을 받치고 있는 방패를 든 인어, 오른발이 반질반질해진 원주민

해변 근처의 건물에는 벽화가 그려져 있는데 입체감이 뛰어난 수준 높은 그림이었다

　　대포 위에 마젤란이 서 있고 그 아래에는 두 개의 방패를 들고 있는 천사가 받치고 있다. 천사 양쪽 면에는 원주민 두 사람이 앉아 있는데 도토리 머리의 원주민은 오른발을 내리고 있다. 오른발은 반질반질하다. 사람들은 조금 특별한 것이 있으면 의미를 잘 만든다. 원주민의 발을 만지면 건강해진다, 다시 이곳으로 올 수 있다 등 다양한 뜻이 있었다.

　　마젤란은 포르투갈 출신인데 스페인으로 귀화한 탐험가이다. 최초로 세계 일주를 한 것으로 되어 있으나 안타깝게도 필리핀 막탄섬에서 원주민과 싸우다 죽었다. 그의 부하들과 노예 몇 명만이 살아서 스페인으로 돌아왔다. 동상 가운데에 있는, 'Hernando de Magallanes'란 스페인어로 쓰인 글자가 빛나고 있었다.

옛날 선착장으로 쓰였던 시설이 낡은 채로 남아있는데 새들의 쉼터가 되고 있었다

대항해 시대를 표현한 거대한 조형물, 마젤란 일행과 노예들을 표현하고 있다

바다로 나오면 오른쪽에 항구가 있고 짙푸른 마젤란 해협을 만나게 된다. 바람이 제법 세게 불고 있다. 하얀색의 '푼타 아레나스' 글자 조형물, 항해를 표현한 거대한 배 모양의 조형물 등 볼거리가 아주 많다. 도로 건너편 건물벽들은 모두 벽화로 장식되어 있다. 바다로 향하는 끊어진 나무다리에는 펭귄을 닮은 새와 갈매기들이 차지하고 있다.

해변을 죽 걷다가 새로운 역사적 인물을 만났다. 후안 세바스티안 엘카노, 처음 알게 된 인물이다. 마젤란이 죽고 새로운 탐험 대장으로 임명된 사람이었다. 1522년 9월 '빅토리아호'와 함께 스페인으로 귀국하여 인류 최초의 세계 일주를 완성한 인물이었다. 3년간의 여정으로 지구의 크기와 형상에 관한 이해를 넓힌 역사적 사건이었다. 20m를 넘는 붉은색의 지구 조형물 근처에서 그의 동상을 발견했다.

성냥, 마젤란 해협, 옹기종기 모여 있는 집들, 역사적인 발자취를 말해 주는 조형물, 벽화, 그라피티, 카페 등 작으나 많은 것을 보여준 마을이었다.

대항해를 마치고 귀국한 새로운 탐험대장 엘카노, 100년 넘게 작동되고 있는 시계탑

4. 막달레나 섬, Isla Magdalena

12월에서 2월 사이가 절정기이고 3월 중순 이후에는 가끔 진행된다
는 펭귄 투어에 참여했다. 4월부터는 펭귄이 따뜻한 곳으로 이동하기
때문에 푼타 아레나스에 온다고 늘 볼 수 있는 것은 아니다. 배 안에서
직원(Staff)이 지도와 펭귄 인형을 들고 영어와 스페인어로 열심히 설명
했는데 청력이 안 좋은 나는 오늘도 패스했다. 2시간 정도 배를 타고 섬
에 도착했다. 섬에 정착하는 배가 신기해 보이는지 자갈밭에서 고개를
들고 쳐다보는 펭귄들도 있다.

'Bienvenido(Welcome)' 펭귄 자연공원에 온 것을 환영한다는 커다란
표지판이 관광객을 맞이한다. 봉긋하게 솟은 언덕으로 오른다. 산책로
를 벗어나지 말라고 말뚝에 줄을 묶어 표시해 두었다. 아주 가끔 펭귄
이 뒤뚱거리며 산책로를 지나갈 때도 있다. 펭귄이 굴을 파고 살고 있
는지는 알지 못했다. 두더지 게임에 나오는 구멍처럼 굴이 아주 많다.
털갈이 철이라 별로 예쁘지 않다는데 내 눈에는 그것마저도 귀엽다. 해
협도 마젤란, 펭귄도 마젤란이다. 마젤란 어른 펭귄은 70cm 정도의 크

기이고 가슴에 두 줄의 무늬, 부리와 머리 사이에 분홍 피부가 있는 것이 특징이다. 털갈이가 끝나도 눈 주위가 흰색이고 솜털이 검정이 아닌 회색이면 아기 펭귄이다. 텔레비전에서 보던 다른 펭귄보다는 작다.

막달레나 섬은 무인도이고 관광객에게는 딱 1시간만 탐방을 허락해 준다. 트레킹 시작 지점에는 갈매기가 많다. 갈매기들이 치열하게 싸우는 모습도 봤다. 아기 펭귄은 그냥 회색 털로 덮여 있어 어른 펭귄의 화려함에는 뒤진다. 아직 깨어나지 않은 알을 갈매기로부터 지키려고 망을 보는 펭귄도 보았다.

털갈이하는 시기라 곳곳에 펭귄 털이 보인다. 펭귄이 작은 굴에 산다는 것을 몰랐다

국기와 주 깃발이 있는 등대가 보인다. 선착장에서 등대로, 시계 방향으로 돌아서 구경한다

섬의 중심이 되는 가장 높은 곳에 하얀 등대가 있다. 지붕과 등대의 가운데 몸체는 빨간색이다. 건물 밖에는 아주 커다란 칠레 국기와 주 깃발(노랑과 파랑 사이에 흰 물결이 있음)로 예상되는 깃발 두 개가 게 양되어 있고 등대 건물 안에는 펭귄 사진과 설명이 많았다. 등대 광장 에서 올라온 길을 바라보니 줄이 있는 말뚝, 구멍과 펭귄들, 바다 가장 자리에 있는 자갈과 갈매기들, 우리가 타고 온 배, 무엇보다 가장 예쁜 파란 바다가 펼쳐진다.

이제는 다른 길로 내려간다. 펭귄을 더 크게 찍고 싶어서 말뚝에서 가장 가까운 펭귄을 모델로 삼았다. 다행히 펭귄 앞에 앉아도 도망가지 않았다. 바람이 불면 펭귄과 갈매기 등 여러 새의 깃털이 날린다. 2월은 펭귄의 이동이 이미 시작된 시기여서 개체 수가 감소한 상태라고 하는데 그래도 꽤 많았다. 6만 쌍 정도의 펭귄이 이곳으로 와서 여름을 나고 3월이 되면 브라질 쪽 해안으로 떠난다. 내려가는 길에는 가마우지가 많았다. 전체적으로 회색인 가마우지는 펭귄의 귀여움에 가려 관광객의 눈길을 받지 못한다. 뒤뚱뒤뚱 걷다가 철퍼덕하고 앉아 버리는 모습에 웃음이 나왔다.

눈과 이마 부위에 붉은빛이 있으면 어른 펭귄, 붉은빛과 말끔한 털이 없으면 아이 펭귄

이동 시기가 되어 개체 수가 줄어들었다고 하지만 외지인에게는 대단한 펭귄 무리다

막달레나 섬에는 사실 엄청난 광물자원이 있어서 개발의 도마에도 올랐다고 하는데 칠레 정부의 확고한 의지로 인해서 지켜지고 있다고 했다. 수족관의 펭귄이 아닌 야생의 펭귄을 봤는데 너무 비싸다고 불평했던 내 입이 쏙 들어갔다.

다시 2시간의 항해 후 선착장으로 왔다. 녹색의 시계탑이 괜찮다. 100년이 넘은 시계탑인데 지금도 작동하고 있다. 하지만 방향에 따라 시간이 몇 분 다르게 보였다. 선착장은 대형 크루즈 선박, 펭귄 섬을 가는 페리, 태평양과 대서양을 모두 이동할 수 있는 곳, 남극으로 가는 항구가 되는 매우 중요한 장소였다. 숙소로 향하는 길은 아르마스 광장을 통과하지 않고 다른 길을 선택했다. 길옆에 띠처럼 잔디가 깔려있고 특이한

녹지대에는 런던 버킹엄 궁전의 근위병 모자, 초콜릿 송이를 떠올리게 하는 나무가 많다

모양의 나무가 있는 공원(녹지 축대) 형식이다. 제법 큰 개들도 많다. 엄청 큰 나무인데 런던 버킹엄 궁전의 근위병이 쓰는 모자 형태로 다듬은 나무가 제일 많고 가끔 초코송이 모양으로 다듬어진 나무도 있었다.

다음날 버스 수르(Bus Sur) 터미널에서 버스를 타고 푸에르토 나탈레스로 떠났다.

5. 푸에르토 나탈레스, Puerto Natales

푼타 아레나스에서 버스로 3시간을 달려 푸에르토 나탈레스 버스 주차장에 도착했다. 처음에는 손님이 적었는데 중간에 있는 공항에서 관광객이 많이 타서 버스는 꽉 찼다. 숙소로 가는데 버스 터미널에서 상당히 멀었다. 포장된 길이지만 울퉁불퉁한 부분, 계단으로 내려가야 하는 곳도 있어서 무거운 캐리어를 끌기가 힘들었다. 여행 전 주의 사항으로 15kg을 넘지 않은 캐리어를 준비하라고 했는데 44일간의 장기간이어서 주의를 무시하고 20kg이 되는 캐리어를 준비했다. 1km 넘게 걸어야 하니 불평이 나온다. 아르헨티나에서 브라질로 갈 때는 초과 무게의 금액을 카드로 결제했다. 한국을 떠나기 전, 각오해서 돈을 낸 것은 괜찮았는데 엘리베이터가 없는 숙소에서 여러 번 곤혹을 치렀다. 어떤 때는 보다 못한 가이드가 캐리어를 방까지 운반해 주기도 했다. 자주 빨래를 못 할 거라고 예상하고 양말, 팬티, 러닝셔츠 등을 넣었더니 부피가 커져서 큰 캐리어를 준비한 것이다.

만화 캐릭터가 쓰레기통을 짊어지고 있는 모습, 도심 공원에 이런 시설물이 있으면 좋겠다

나무로 된 지붕, 벽, 창문이 있는 집, 숙소로 오는 길에는 대부분 나무로 지어져 있었다

　주의 사항을 어기고 내 생각대로 한 것이니 가이드에게 불평은 못 했지만 먼 거리여서 다른 분도 분명히 짜증이 났을 것이다. 방에 짐을 내리고 세수하고 좀 쉬다가 점심을 먹으러 마을로 나왔다. 집들이 거의 판자로 지어져 있다. 벽들은 모두 미국에서 볼 수 있는 판자가 겹친 형태인데 가끔 지붕마저 판자로 된 집들이 있었다. 거기다 원색으로 페인트를 칠한 집이니 예쁘지 않을 수 없다. 쓰레기통이 눈에 확 띈다. 만화 캐릭터들이 쓰레기통을 짊어지고 있는 모습이다. 하나의 예술 작품이다. 우리나라의 시내에 이런 쓰레기통을 설치하는 것은 곤란할 것이고 유명 관광지에 이런 쓰레기통을 한두 개만 설치했으면 좋겠다.

노동자의 데모로 부두는 불타서 사라졌고 목축업에서 관광업으로 완전히 바뀐 마을

모래나 자갈이 있는 해변이 아니고 가장자리에 돌만 있는 해변, 주변의 설산은 웅장하다

앙 길비 스테이크와 감자튀김을 먹고 느긋하게 해변으로 걷는다. 모래사장, 자갈이 없고 바닷가에 큰 돌만 있어서 해변에 놀고 있는 사람이 안 보인다. 거기다가 옛날 선착장으로 쓰였던 말뚝만 보이고 낡은 어선은 땅에 묻혀 있다. 뭔가 허전하고 쓸쓸한 느낌이 확 밀려왔다. 바다 멀리 눈이 덮인 안데스산맥은 이런 외로움을 달래주었다. 풀은 누런 단풍이 들었는데 민들레와 쑥부쟁이(구절초인지도 모른다)가 피어있다. 민들레는 봄에, 쑥부쟁이는 가을에 피는데 한꺼번에 보는 게 신기하다.

드넓은 바다에는 딱 낡은 어선 두 척, 요트 세 척만이 떠 있다. 대신에 백조들이 무척 많았다. 바닷가 도로 옆에 바다사자와 함께한 두 사람의 벽화가 컸다. 두 사람의 얼굴은 왠지 몽골인을 많이 닮았다. 이곳이 파타고니아에 속한 곳인 줄은 저녁에 알게 되었다.

　파타고니아 지역에 있는 작은 항구 도시, 푸에르토 나탈레스는 광활한 초원으로 목축업(양)과 농업이 주를 이뤘던 곳인데 멋진 자연경관이 세상에 알려지면서 현재는 관광업을 주로 하고 있다. 토레스 델 파이네 국립공원을 방문하기 위한 관광객들로 도시가 북적인다. 양모 산업의 급격한 성장 속, 열악한 환경에서 일하던 노동자들이 데모를 일으켜 부두를 불태웠다. 부두는 재건할 여지가 없었고 다른 곳에 새로운 항만이 개발되면서 이곳 항구는 역사로만 남게 되었다. 처음 봤던 바다의 기둥들은 선착장이 불타고 남은 것이었다.

6. 칠레 파타고니아, 라스 토레,
Mirador Base de las Torres

"김 대표, 44일간의 남미 여행인데 어찌 그 유명한 파타고니아를 빼고 일정을 잡았나요?" 물었더니 어이없다는 표정으로 여기가(푸에르토 나탈레스) 모두 파타고니아 지역이고 내일 트레킹을 한다고 했다. 살짝 부끄러워서 입을 다물고 계속 검색을 해봤다. 파타고니아는 한 개의 산이 아니고 어마어마한 지역 이름이었다. 남미 대륙의 남위 38°선 이남 지역을 부르는 명칭이다. 정확하게는 칠레의 푸에르토몬트에서 아르헨티나의 콜로라도강을 잇는 이남 지역이다. 토레스 델 파이네(Torres del Paine), 피츠로이(Fitzroy)가 모두 파타고니아에 속하고 한반도 면적의 5배 정도의 크기이다. 마젤란 원정 당시 탐험 대원들이 원주민들의 발과 손이 큰 것을 보고 파타곤(동물의 큰 발바닥)이라고 부른 것에서, 이름이 유래되었다. 트레킹도 힘들지만, 트레킹 입구까지 가는 여정이 더 힘들었다.

설산 위로 토레 3봉이 살짝 보인다. '가시방석 나무'로 불려온 야레타

칠레의 수도 산티아고에서 비행기를 타고(5시간) 푼타 아레나스에 내린 다음 버스로 3시간 달려서 베이스캠프 마을인 푸에르토 나탈레스에 도착한다. 여기서 하루 숙박한 다음 새벽 버스를 타고 다시 국립공원 출입사무소인 '라구나 아마르가(Laguna Amarga)'에 가야 한다. 그다음은 버스로 갈아 타고 다시 라스 토레스 산장 근처에 있는 방문자 센터(Visitor Center)까지 가야 등산이 시작된다.

라스 토레(토레 3봉)를 보는 호수(전망대)까지 왕복하는 코스다. 여정은 '비지터 센터→라스토레스 파타고니아 호텔→칠레아노 산장→토레스 캠핑장→라스 토레스 전망대→비지터 센터'로 왕복 20km, 8시간 정도의 코스였다. 토레스 델 파이네 여러 코스 중 W 자의 오른쪽 날개 한 줄을 왕복하는 것이다. 순환 코스(O 코스)는 7~8일, W 코스는 4~5일이 걸리지만 세계의 등산 마니아들은 이 코스들을 너무나 좋아한다고 한다. 대단한 분들이다.

출발부터 최후의 목적지에 있는 3봉(북봉, 중앙봉, 남봉)이 살짝 보이고 그 앞에도 웅장한 산들이 있어 걷는 것이 즐겁다. 물이 흐르는 계곡을 지나고 산허리를 타고 오르면 자귀나무꽃과 흡사한(색깔은 새빨간 색) 꽃을 가진 나무도 있고 길쭉한 호수도 보이며 출발 지점에서 보이지 않았던 산들도 보여서 더욱 신이 났다. 평원에는 야레타(Yareta, Llareta)가 가득하다. '브로콜리 바위'라도 불러도 되겠다. 햇볕이 강한 사막에서 자라고 그늘에서는 살지 못한다. 가시로 덮여 있는데 나무줄기가 매우 빽빽하여 쿠션이나 둥근 바위로 보이는 것이다. 풀이 아닌 고산 이끼 나무인데 3,000년을 살고 1년에 1cm 정도로 자란다. 알티플라노고원부터 계속 지켜봤던 식물인데 조사해서 찾기까지 상당한 시간이 걸렸다.

계곡의 움푹 들이간 곳에 자리 잡은 칠레아노 산장에 도착한다. 샌드위치, 소시지, 맥주, 오므라이스와 비슷한 음식도 팔고 있다. 평소에 많은 사람으로 북적대는 모습을 별로 좋아하지 않는데 오늘은 오히려 힘을 받는다. 특히, 젊은 여성들이 제법 많았다.

20분 정도 쉬다가 다시 출발한다. 숲속으로 들어온 길에는 큰 고목들이 많아서 원시 숲에 들어온 느낌이었다. 하지만 숲을 벗어나자 어마어마한 크기의 모레인(Moraine, 氷推石, 빙하에 쓸려서 쌓인 암석, 자갈, 흙덩이)이 나타났다. 경사가 가팔라서 "헉헉"댈 수밖에 없고 지그재그로 올라야 하니 시간이 훨씬 더 걸린다.

산 아래에 긴 호수가 있다

산봉우리를 오른쪽으로 감아 돌면 왼쪽으로 토레 3봉의 방향이 보인다

　드디어 3봉 바로 아래에 있는 작은 호수(전망대)에 도착했다. 3봉에서 차가운 바람이 아래로 세차게 밀려온다. '바람의 대지'라는 별명이 거짓이 아니었다. 높이 차이가 그리 크지 않은 너덜 지대와도 확연히 다른 기후를 보여주었다. 얼른 큰 바위틈에 몸을 숨겼다. 물병을 꺼내고 빵을 와그작 먹으면서도 눈은 계속 호수와 3봉을 바라보았다. 불순물이 거의 없는 순수한 화강암으로 된 봉우리다. '동봉, 서봉'이라 하지 않고 '북봉, 남봉'이라고 표현하는 것도 재미있다. 수직으로 서 있으니 거대한 탑이 연상되는데, 눈이 내려도 아래로 흘러내려 잘 쌓이지 않는다. 그래서 창백한(Paine) 탑(Torre)이라고 부른다.

칠레아노 산장 앞 계곡에서 왼쪽 토레 3봉을 바라본 풍경, 3봉이 중첩되어 2봉으로 보인다

거대한 모레인 지대가 있고 그 너머에 설산들이 웅장함을 자랑한다

가운데 토레 3봉이 보인다. '북봉, 중앙봉, 남봉'이라고 부른다

'토레 전망대'를 오르며 되돌아본 경치가 '토레 3봉' 경치보다 훨씬 더 좋아 깜짝 놀랐다

암석 지대를 오르면 작은 호수가 나타나고 그 위에 탑처럼 보이는 토레 3봉이 있다

완전한 모습의 토레 3봉을 보지 못해서 아쉬움이 많았다

내려올 때는 오를 때보다 더 조심해야 한다. 화산 쇄설물과 모레인에 발목을 삐기 쉽기 때문이다. 비지터 센터에 도착하니 김 대표가 회원들에게 콜라와 커피를 사주었다. 모처럼 8시간을 걸어서 피곤이 몰려왔지만, 뿌듯한 보람을 느꼈다.

7. 라구나 페오에, Lago Pehoe

처음 계획은 '그레이(Laguna Grey) 빙하 트레킹'이었다. 토레스 델 파이네 국립공원(관리사무소)→푸테토 선착장→페리 탑승→파이네 그란데 산장→그레이 산장→빙하 전망대. 이렇게 왕복하는 24.8km, 7~8시간의 산행이었다.

'라스 토레'와 '라구나 페오에' 방향으로 갈 때 거쳐 가는 '라구나 아마르가'

라구나 그레이로 가려면 보이는 선착장에서 페리를 타고 가서 다시 걸어야 한다

아침부터 머리가 떵하고 속도 부글거렸다. 다시 고산병인가 싶어서 알약 2개와 타이레놀 1개를 식사 후에 먹었다. 사무소(Amarga 호수 근처에 있음)에 도착할 때 즈음엔 괜찮아질 거야. 국립공원의 웅대한 경치를 보며 통증을 잊어 보려고 애썼다. 어제 왔던 그 길을 그대로 달리는 것이다.

선착장 주변은 2011년 화재로 나무가 불타서 하얗게 변해 있다. 아늑하게 보이는 휴게소

푸데토 선착장에서 떠난 페리가 페오 산장으로 향하고 있다. 오후엔 바람이 약해졌다

국립공원(Parque Nacional Torres del Paine) 사무소에 입장료를 내고 입장권을 받아야 한다. 어제도 방문했는데 '이틀 권, 삼일 권 이런 표는 없나?'라는 생각이 들었다. 어제 안개가 꼈던 토레 3봉이 이곳에서도 보인다. 오늘도 꼭대기는 볼 수 없다. 기다리는 동안 아마르가 호수를 더 가까이 보려고 언덕 끝으로 가봤다. 길게 흐르고 있어서 호수라기보다는 강처럼 보인다. 햇빛이 났으면 물 색깔이 환상적이었을 텐데 그리 감탄할 정도는 아니다. 하지만 주변 산맥과 어울린 전체 경치는 아주 좋았다.

토레 3봉이 안 보이지만 파타고니아의 설산은 등산객의 마음을 달래주었다

살토그란데로 가는 길에서 다시 바라본 파타고니아의 멋진 설산들

Torre 버스를 타고 어제와 다른 왼쪽 길로 간다. 호수 위에 나타난 봉우리들은 너무나 거대하다. 호수에서 이어진 높이로 봐서 그런 것이다. 모퉁이를 돌면 또 다른 호수가 나타난다. 조금 전 봤던 호수와 계속 연결된 것인지도 모른다.

설산 있는 곳과 완전히 다른 풍경을 보여주는 반대쪽 경치, 나무가 거의 없는 말끔한 모습

마을에서 푸데토(Pudeto) 선착장까지 거의 3시간 30분이 걸렸다. 카페 겸 페리 선착장 대기소다. 바람이 너무 세게 불어서 호수가 파도치는 바다로 보인다. 바람이 겁날 정도로 불어서 선착장의 페리가 많이 흔들린다. 저 정도로 흔들리면 탈 때도 위험할 것 같았다. 머리는 계속 아프고 흔들리기 시작한다. 통증은 참을 수 있는데 균형을 잡지 못하니 도저히 동행을 못 할 것 같아 저녁까지 이곳에서 기다리겠다고 했다. 산이 아닌 빙하를 보는 특별한 산행을 놓치게 되어 무척 안타까웠다.

카페 구석으로 가서 책상에 엎드렸다.

일행들은 페리를 타러 이동한다. 바람은 여전히 거세다. 유리창으로 일행이 페리에 오르는 것을 지켜봤다. 페리가 크게 흔들리니까 직원이 고객 한 사람 한 사람 손을 붙잡고 끌어올렸다. 정말 누구라도 빠질까 봐 지켜보는 것도 조마조마했다.

몸 관리를 평소 별로 못했나. 건강이 최고인데 뭐 하고 있느냐. 온갖 자학의 말들이 머리에서 맴돌았다. 카페에는 아무도 없고 탁자에 엎드려 있자니 미안하기도 하고 부끄럽기도 했지만 다른 수는 없었다. 거의 두 시간을 엎드려 뒤척이다가 자리에서 일어섰다. 조금이라도 움직여야 내일부터의 여정을 이어갈 수 있을 것 같아서다.

배낭은 카페 밖 벽에 던져 놓고 겨울 모자를 쓰고 다시 등산복 모자를 눌러썼다. 바람은 강도는 조금 약해졌으나 여전히 세다. 우리 일행이 걱정된다. 이 강풍 속에서 빙하를 보러 걷는다는 것은 정말 힘들고 위험할 것 같아서이다. 페오에(Pehoe) 호수에 오리를 닮은 새 가족(다섯 마리)이 있다. 가장자리에서 놀다가 가끔 호수로 들어가서 둥둥 떠다니기도 했다.

근처에 호수가 있는데 나무가 다 말라 죽어 있다. 선착장까지 천천히 걸어보았다. 좌충우돌 여행은 정말 싫어하는데, 거금을 내고 참가한 여행인데, 어떻게 이런 일이 생길까. 머리는 인정하라고(받아들이라고) 하는데, 마음의 감성은 실패를 쉽사리 받아들일 수 없었다. 선착장에서 카페로 돌아오다 버스가 오는 길로 연결된 오솔길이 보여서 그쪽으로 걸었다. 선착장은 360도 산맥으로 둘러싸인 곳에 있었다. 어딜 봐도 절경이다. 머리의 어지럼증은 좀 약해졌고 통증은 여전했다. 카페로 다시 돌아와 스마트폰을 열었다. 호수 주위에 화재 사건이 있었다. 2011년 이스라엘 청년이 똥 닦은 휴지를 불로 태우다 화재가 일어났는데 그레이 빙하에서 푸데토 선착장까지 서울의 4분의 1이 되는 면적이 불탔다.

　다시 탁자에서 누웠다가 잠을 자다가 하면서 뒤척거렸다. 시계를 보니 오후 2시다. 배도 고프지 않았지만, 받은 햄버거를 처리하지 않을 수 없어서 따뜻한 아메리카노를 한 잔 시켜서 억지로 입에 넣었다. 바나나는 큰 저항 없이 먹을 수 있었다. 이젠 너무 지루하다. 배낭끈을 당겨 매고 카페 밖으로 나왔다. 넓은 길인데 관광객을 실을 버스는 한 대도 지나다니지 않았던 길이다. 아마 현지인들이 승용차를 몰고 지나는 길인 모양이다. 호수를 다른 방향에서 보니 느낌이 또 다르다. 햇빛이 나서 처음 봤을 때보다 연한 민트색이 훨씬 더 예쁘게 보였다. 고갯마루까지 700m 정도를 올라가니 페오에 호수는 계곡으로도 이어져 있었다. 우리 일행이 페리를 타고 간 호숫길을 예상할 수 있었다. 호수 사진을 찍고 있는데 8명의 무리가 지나쳐가고 있었다. 다른 트레킹 코스가 있는 모양이다. 관심 없는 척하고 천천히 그들의 방향으로 걸어보았다. 200m 정도를 걷자, 트레킹 안내판이 나왔다. 폭포(Saltogrande)로 가는 코스가 있었다. 살토그란데(커다란 폭포라는 뜻)까지 길은 나타나 있는데 거리와 소요 시간이 없다. 시간만 알면 그냥 따라가면 되는데 왕복으로 어떻게 될지 몰라서 포기했다. 지나치던 사람에게 물어봤으면 될 텐데. 참! 일이 잘 안 풀린다.

안내판이 있는 곳에서 이리저리 돌아다니며 사진을 찍다가 카페로 향했다. 머리는 아프지만 기분이 좀 나아졌다. 잠깐의 걸음으로 그래도 멋진 경치를 볼 수 있어서 좋았다. '라구나 그레이'가 '라구나 페오에'로 바뀐 일정이 되었다. 어둑해지는 6시 40분이 돼서야 일행들이 카페로 돌아왔다. 모두 상기된 얼굴이다. 무사히 등산을 마친 일행들이 반갑기도 하고 대견하게 보였다.

PART 7
아르헨티나

1. 5월 광장, Plaza de Mayo

5월 거리(Avenida de Mayo)를 걸어서 5월 광장으로 간다. 5월 거리는 국회의사당에서 5월 광장까지 약 1.5km에 달하는 길이로 부에노스아이레스에서 가장 오래된 거리다. 페루의 쿠스코, 칠레의 산티아고보다 훨씬 세련된 느낌이다. 사람들도 유럽인과 크게 다를 바 없다. 높은 빌딩들이 깔끔하고 아름다웠다. 부에노스아이레스는 라플라타강 어귀에 있는 도시로 남미에서 세 번째로 큰 아름다운 도시다. 스페인어로 '좋은 공기'라는 뜻이 있는데 이탈리아어 '좋은 바람의 성모'에서 유래되었고 공기의 질과는 관계가 없다.

광장을 가로지르는 도로에는 18세기의 화려한 건물이 양쪽으로 서 있는데 시의회로 쓰이던 건물이다. 오른쪽은 주 경찰청 청사로, 도로 건너의 왼쪽은 시청으로 쓰이고 있다. 5월 광장은 스페인으로부터 독립을 선언한 5월 혁명, 대통령 취임식, 집회와 시위, 월드컵 축구 우승 기념식 등 국가의 역사와 함께하는 상징적인 광장이다.

작은 성당처럼 보이는 '카빌도'는 혁명기념관의 성격을 띤 박물관으로 사용되고 있다

12개의 기둥과 12 제자가 부조된 대성당 외벽은 도서관이나 박물관처럼 보인다

모자이크로 완성한 바닥이 예술인 대성당, 순결을 상징하는 백합으로 보인다

오벨리스크 위에 천사가 있는 5월 기념탑, 가운데에 '1810년 5월 25일' 날짜가 적혀 있다

　　광장 왼쪽에 있는 작은 성당처럼 보이는 건물(카빌도, Cabildo)은 작은 박물관(혁명기념관의 성격이 강함)으로 쓰이고 있었다. 식민지 시대에 지어진 최초의 시청 건물로 식민지 행정협의회가 회의했던 곳이다. 세월이 흘러 1810년 독립 선언을 한 곳인데 독립 선언을 한 건물 2층에는 아르헨티나 국기가 꽂혀있다. 2층은 현재 5월 혁명 박물관으로 공개되고 있다. 식민지 시대부터 사용한 책상, 의자 등 아르헨티나의 역사를 알려주는 물품들이 있다.

　　카빌도 앞 잔디 광장에 있는 5월 기념탑(Piramide de Mayo)은 오벨리스크 모습이다. 몸체 가운데에 '25 Mayo 1810'이란 역사적 사건의 날짜가 적혀 있고 위쪽으로 왼손에는 올리브 가지를 들고 오른손에는 긴 창을 든 천사가 서 있다. 기념탑은 독립 선언 다음 해에 세워졌는데 부에노스아이레스에서 가장 오래된 기념물이다.

벨그라노 장군의 기마상 아래 기단에 코로나로 사망한 이를 기리는 조약돌이 놓여 있다

'분홍빛 저택'이라 불리는 대통령궁, 철제문에 멋진 방패가 붙어 있다

광장을 천천히 걸어서 아르헨티나 대형 국기가 있는 곳으로 갔다. 벨그라노 장군 기마상이 있었다. 장군은 아르헨티나의 국기를 만든 인물이다. 대형 국기의 높이가 동상보다 5배 정도로 높았다. 국기를 보면 아래위로 연한 하늘색 줄(바탕)이고 가운데에 빛나는 노란 태양이 있는 하얀색이다. 벨그라노 장군이 입던 복장에서 색깔을 만들었다. 가운데에는 '5월의 태양'이라고 해서 사람 얼굴 모양의 태양이 빛을 뿜어내는 모습이다. 동상 주변에는 현지인과 관광객들이 쉬고 있는데 철제 울타리 안에 예쁘게 꾸민 조약돌이 많았다. 동상의 4개의 기단 위에 소복하게 놓여 있어서 현지인에게 물어봤는데 코로나로 인해 세상을 떠난 가족과 친지를 기리는 표시라고 했다. 갑자기 가슴이 뭉클했다. 최악의 악

몽 시기였던 코로나가 떠올랐고 친지의 장례식에도 참가하지 못했던 아픈 기억이 떠올랐기 때문이었다. 우리나라는 뛰어난 의료진과 기술 덕분에 다른 나라에 비해 희생자가 적었다. 말로만 들었던 중세의 '흑사병'이 코로나와 비슷한 경우였다고 생각하는데 그 옛날 백신이 없었기에 죽음의 물결을 이길 수 없었으리라.

그냥 가볍게 구경하려다가 갑자기 진중해야겠다는 생각이 들었다. 이 광장에서만 해도 얼마나 많은 사람의 고통과 고난에서 벗어나려는 움직임이 있었을까.

동상 바로 앞에는 '분홍빛 저택'이라 불리는 대통령궁(Casa Rosada)이 있다. 지금도 대통령이 거주하고 업무를 보는 곳이다. 철제 장식의 울타리가 있는데 경호원이 없었다. 울타리로 다가가 보니 철제 담장에 여러 가지 문양을 새겨넣은 방패가 걸려있었다. 아르헨티나의 역사를 상징적으로 나타낸 것으로 보았다. 지하갤러리에는 역대 대통령의 유물을 모아 놓은 박물관이 있다. 설명을 들으며 돌아보는 투어는 미리 신청해야 한다. 대통령궁은 원래 침략자로부터 영토를 지키는 요새였는데 스페인 로코코 양식의 건물로 바뀌게 되었다. 건물 착공 초기에 붉은색(자유당), 흰색(연합당)의 화합을 위해 분홍색으로 칠했다고 한다. 페론 대통령 시절에는 에비타와 함께한 그의 연설을 듣기 위해 10만 명이 넘는 시민들이 몰려들었다. 뮤지컬 '에비타(Evita)'에는 에비타가 청중에게 호소하는 연설 장면으로 나온다.

Don't cry for me Argentina, the truth is I never left you.

All through my wild days, my mad existence

I kept my promise, don't keep your distance.

(아르헨티나여 울지 말아요. 난 여러분을 버린 적이 없어요.

거친 날들을 지내며, 미칠 듯한 삶에서도. 난 약속을 지켰어요.

날 멀리하지 말아요)

가끔 노래방에서 불러보는 노래가 귓가를 스쳤다. 역사적 현장에 와 있다는 사실에 가슴이 뜨거워졌다. 마지막으로 대성당(Catedral Metro-politan)을 보았다. 안내 없이 그냥 본다면 박물관이나 도서관으로 착각하기 좋은 스타일의 건축물이다. 5월 거리에서 보면 둥근 돔 위에 십자가 첨탑이 있어 성당으로 보인다. 그리스 신전에 있는 도리아식 12개의 기둥과 기둥 위의 외벽이 그렇다. 예수의 열두 제자를 긴 외벽에 부조로 표현해 놓았다. 18세기의 돔과 19세기 고전주의 양식의 종탑이 없는 외벽을 혼합한 건축물이다. 건물 오른쪽 끝에 검은 등잔이 걸려있는데 365일 꺼지지 않는 횃불이 불타고 있다. 궁금함을 참지 못하는 나쁜 버릇이 있다. 횃불 아래에 쓰인 스페인어가 너무 궁금했다. 똑똑한 대학생으로 보이는 아가씨에게 서툰 영어로 부탁했다. 스마트폰에 있는 리마인더(Reminder, 기록장 역할)를 내밀어 영어로 안내받았다. 역시 눈썰미가 중요하다. 여러 사람을 그냥 보내고 그 아가씨에게 부탁한 것이다.

"후계자의 축복을 기원한다. 잠든 산 마르틴 장군이 이름 모를 분들에게 인사드린다."라는 말이었다.

안으로 들어가면 왼쪽에 독립 영웅 '호세 산 마르틴' 장군의 무덤이 있다. 성인이나 교황의 무덤도 아니고 장군의 무덤이 성당 안에 있다는 것이 놀라웠다. 남미 지역의 독립운동을 성공시킨 인물로 덕분에 세 나라가(아르헨티나, 칠레, 페루) 해방될 수 있었는데 아르헨티나는 그를 국민의 아버지로 여긴다고 한다. 아르헨티나, 칠레, 페루를 상징하는 세 개의 여인상으로 둘러싸여 있고 그 위에 검은 석관이 놓여 있다. 세 개의 복도와 부속 예배당이 있는 대성당에는 라틴십자가 모양, 번쩍번쩍 빛나는 제단, 흑인 예수와 흑인 성모가 다른 성당과 조금 달랐다. 제일 좋았던 것은 모자이크로 완성한 바닥이었다.

2. 레콜레타 지역, Barrio Recoleta

5월 광장을 보고 난 후 우버 앱(Uber App)으로 택시를 잡고 레콜레타 테라스 공원 쪽으로 간다. 점심 먹으러 왔는데, 펍(Pub, 맥주를 주로 파는 가게) 스타일의 레스토랑이었다. 메뉴판을 보고 고민하다가 제일 무난한 함박스테이크를 시키고 맥주 한 병을 추가했다. 작은 유리잔에 한 잔 따르고 남은 병을 여행 동료 선배에게 건네니 선배가 빙그레 웃는다. 레스토랑에 앉아 있어도 눈길은 큰 나무가 보이는 공원에 가 있다. 뚱뚱한 줄기의 나무가 바오바브나무를 많이 닮았다. 1년 전 튀르키예 여행 중에 발견한 꽃나무였다. '렌즈' 앱을 사용해도 이름을 몰랐는데 또 만난 것이다. 이번엔 어떻게든 이름을 알아낼 것이다. 나무의 높이가 거의 20m 되는데 꽃으로 덮여 있으니 화려하기가 그지없다. 꽃은 동백꽃처럼 통째로 떨어진다. 둥글게 둘러놓은 나무 울타리에 꽃이 떨어져 있다. 떨어진 꽃을 찍었다. 분홍색인데 보랏빛을 띤다. 꽃잎이 다섯 장인데 한가운데 꽃잎만 검다. 레콜레타 지역을 다 돌아보고 난 밤에 어렵게 꽃 이름을 알 수 있었다. '바우히니아(Bauhinia)'는 꽃잎이 5

장, 분홍빛이 도는 자주색 꽃이고 꽃 모양이 난초를 닮아서 '홍콩란'이라고도 불리고 있었다. 홍콩 지역이 원산지였고 홍콩의 시화(市花)로 지정되어 있었다.

거부감이 없는 함박스테이크를 먹고 찬 맥주도 한 잔 마시고 나니 배가 불룩해졌다. 한국 가이드 김 대표가 대략적인 장소 안내를 하고 약속 시간을 정했다. 주어진 자유 시간은 1시간 40분 정도였다.

'홍콩란'으로도 불리는 '바우히니아', 동백꽃처럼 꽃이 통째로 떨어진다. 큰 나무로 자란다

　식당에서 50m를 걸어가니 반얀트리와 흡사한 어마어마한 나무가 있었다. 나무 한 그루가 한 개의 숲을 이룰 정도다. 반얀트리는 줄기에서 실뿌리가 땅으로 처졌다가 땅에 닿으면 뿌리가 되어 줄기의 면적이 넓어지는데 이 나무는 그냥 옆으로 힘찬 줄기가 뻗어나갔다. 200년이 넘은 고무나무였다. 줄기를 받치는 쇠 받침대가 많고 큰 줄기를 어깨에 멘 사람 조형물을 세워놓은 게 재미있었다.

흰색 외벽과 높은 종탑이 있는 '필라르 성모 성당', 바로 옆 왼쪽에 공동묘지가 있다

왼쪽 성당과 다르게 화려하게 단장된 '레콜레타 문화 센터', 교육기관이자 휴식 공간이다

　잔디가 깔끔하게 정리된 공원 끝에는 필라르 성모 성당이 있었다. '기둥 위에 성모가 있는 성당(Iglesia Nuestra Senora del Pilar)'이란 뜻이 있었다. 하얀색의 외벽과 높은 종탑이 있는 작은 성당이다. 부에노스아이레스에서 두 번째로 오래된 성당이고 국가 문화유산으로 지정되어 있다. 지금은 주위의 빌딩으로 기능이 사라졌으나 옛날에는 라플라타강을 지나는 선박들의 등대 역할을 했다. 안으로 들어가니 은으로 빛나는 제단이 특별하게 보였고 대리석 기둥 위에 성모상이 있었다. 예수상은 창에 찔린 발과 손바닥, 옆구리의 상처 대신 무릎에 피가 흐르는 모습으로 표현한 것이 특이했다. 작가는 십자가를 지고 오다가 자주 넘어져서 생긴 상처를 강조하고 싶었던 모양이다.

성당 옆에 하얀색 문이 있는 건물이 있는데 문 위에 'Requiescant in Pace(라틴어, 편히 쉬소서)'라고 적혀 있었다. 공동묘지인데 입장료를 내야 들어갈 수 있었다. 다른 볼 것도 많고 환전도 하지 않아 그대로 패스했다. 대단한 공동묘지라는 것은 저녁에 동료를 통해서 알게 되었다. '에바 페론'의 무덤 등 역사적인 인물의 무덤이 많은데 조각 장식이 모두 예술품이었다. 1822년 성당 안에 묘지를 모시는 것을 금지하자 수도사들이 채소를 기르던 정원으로 쓰던 곳을 묘지로 조성했다.

필라르 성모 성당 오른쪽에는 현대적 감각의 알록달록한 건물이 있었다. 미술관일 거라고 입장했는데 청소년들이 힙합 춤을 추고 있었다. 댄서들이나 관객들이나 모두 즐거운 표정이어서 보는 관광객의 마음을 흡족하게 해주었다. 회의실도 있었는데 콘서트, 워크숍, 강의 등을 할 수 있는 '레콜레타 문화 센터'였다.

컨벤션센터로 연결되는 인도교 근처에 분홍으로 물든 '바우히니아' 꽃나무가 많다

레콜레타 광장을 내려와도 잔디가 깔린 다른 공원으로 연결되었다. 센트럴파크, 차풀테펙과 흡사한 분위기다. '부에노스아이레스 디자인(Design)' 등 멋진 건물도 계속 나왔다. 차도를 제외하면 사방으로 잔디가 있는 공원이라고 보면 된다. 처음 식당에서 봤던 바우히니아가 또 나왔다. 이번에는 키가 더 크고 꽃도 더 예뻤다. 감탄을 연발하며 사진을 찍었다. 상체는 사람, 가슴 아래부터 뒷부분은 말인 켄타우로스(Kentauros) 상도 있었다. 신화에서는 거칠고 난폭한 것으로 나오는데 한 손에는 악기를 들고 머리를 젖혀 괴로워하는 모습으로 보였다.

대로를 건너면 바닥이 화려하게 색칠된 인도교가 나온다. 길이는 짧으나 폭이 넓은 다리다. 다리 위에서 차가 지나는 곳을 바라보니, 가로수가 모두 자카란다(Jacaranda) 나무다. 크기도 대단했다. 봄에 아주 큰 벚꽃이 핀 거리를 생각하면 된다. 자카란다는 보라색 꽃나무다. 텔레비전에서 보라색으로 덮인 자카란다 거리를 본 적이 있다. 리스본과 부에노스아이레스가 도시 중 자카란다로 유명했다.

반인반수의 켄타우로스가 무기가 아닌 악기를 들고 있다. 미술관에서 만난 로댕의 키스

화려하게 색칠된 인도교 너머로 UBA 법학부 건물이 보인다. 거대한 신전의 느낌이 난다

인도교를 지나면 지하철역과 컨벤션센터가 나온다. 지하철과 컨벤션센터를 바로 연결한 편리성에 감탄했다. 왼쪽 도로를 건너면 그리스 신전을 닮은 건물이 나오는데 크기가 보통 신전의 두 배가 될 크기였다. 박물관이나 미술관으로 보여서 눈이 번쩍 뜨였는데 대학교였다. 부에노스아이레스의 법학부(로스쿨) 건물이었다. 단과 대학이 저 정도의 크기인가? 도리스식 기둥(가장 단순함) 14개의 모습과 기둥 앞의 계단은 법학의 준엄함을 상징하는 듯했다. 대통령 16명, 노벨상 수상자 4명을 배출한 UBA(부에노스아이레스 종합대학)는 학부는 무료이고 대학원은 등록금을 받는데 여러 장학금을 준다.

움직이는 금속 조형물 '플로라리스 헤네리카'는 물속에 피는 연꽃을 형상화했다

제철이 지나 늦게 핀 보라색 자카란다, 잎 모양을 보면 우리나라 자귀나무와 비슷하다

무료 관광인데 대단한 것들이 연속으로 등장하니 정신이 혼미하다. 대학교 옆에는 금속으로 만든 거대한 꽃 조형물이 있는데 빛을 받아 번쩍번쩍 빛을 내고 있다. '플로랄리스 헤네리카(Floralis Generica)'는 스테인리스(전투기를 만드는 재료)와 알루미늄을 사용해서(18톤 정도 사용함) 만든 연꽃 모양의 조형물이다. 빛을 받는 낮에는 만개하고 저녁에는 꽃잎이 오므라든다. 대신 조명을 비춘다고 한다. 연꽃을 상징해서인지 조형물 아래에는 물이 얕게 고여 있다. 이 조형물이 있는 곳은 'UN 광장'이다. 역시 잔디가 있고 차도 옆에는 나무들이 있다. 나무 끝에 보라색 꽃이 눈에 들어왔다. '혹시 자카란다? 설마? 아닐 거야 인도교에서 자카란다 가로수를 봤잖아, 잎만 무성한 가로수를.' 나무로 다가가는 짧은 순간에 여러 가지를 생각했다. 자카란다는 11월이 만개하는 시기인데 지금은 2월 말이다. 다른 꽃일까 싶어서 사진을 찍은 다음 녹색 잎을 자세히 봤다. 잎이 아카시아, 자귀나무(Pink Silk Tree), 미모사와 흡사한, 맞물려서 나는 모양이었다.

대학교 건물 앞 도로를 건너니까 그림 간판이 있는데 아무래도 미술관인 것 같았다. 미술관 옆에도 공원이 있는데 역시 '바우히니아(Bauhinia)'가 많다. 통째로 떨어진 꽃이 잔디를 덮고 있었다. 듬성듬성 조각상이 있어 공원이 더 빛났다.

예상이 제대로 맞았다. 주홍색 건물은 국립 미술관(Museo Nacional de Amigos del Bellas Artes)이었다. 너무 길어서 'MNBA'로 나타내기도 했다. 뉴욕 현대 미술관을 '모마(MOMA)'라고 부르는 식이다. 입장료가 없다. 이런 호사가 있나. 인디언 핑크빛의 실내 로비는 깨끗하고 단

'벨라스 아르테스' 국립 미술관, 아르헨티나와 유명 유럽 작가들의 작품을 볼 수 있다

순해서 좋았고 3층으로 된 미술관이다. 34개의 전시 방은 1층 24개, 2층 8개, 3층 2개로 배치되어 있었다.

아르헨티나 화가의 작품은 2층과 3층에 있는데 시간이 없어서 1층에 있는 유럽 예술가의 작품만 살펴보았다. 순전히 개인적인 취향이고 취향은 때와 상황에 따라 달라지기 마련이다. 요즘은 회화보다 입체 작품(조각 등)이 좋다. 로댕의 멋진 작품들을 볼 수 있어서 좋았다. 물론 피카소, 고갱, 고흐, 시슬레, 르누아르 등 유럽의 유명 화가의 작품을 봤고 마음대로 사진도 찍었다. 예술에 관한 책을 닥치는 대로 읽어서 설명을 보지 않아도 어떤 화가의 작품인지 바로 알 수 있다, 하지만 작품 제목을 영어로 분명하게 나타내지 않아서 좀 답답했다. 더 보고 싶은 욕심을 억지로 참고 밖으로 나왔다. 이제 약속 시간은 30분밖에 남지 않았다.

스페인 화가, 조각가, 건축가인 Alonso Cano의 작품, 세례 요한의 머리를 보여주는 천사

독한 비평에도 꿋꿋했던 마네의 '놀란 님프', 문명 세계를 떠난 고갱의 '바다의 여인'

수많은 작품 중에 잘 모르는, 예술 서적에 없는 작품을 소개하고 싶다. 알론소 카노의 작품으로 'Un angel con la Cabeza, 세례 요한의 머리를 보여주는 천사' 정도가 되겠다. 고개를 돌리며 아파하는 어린 천사의 얼굴이 놀랍게 표현되었다.

'풀밭 위의 식사'로 온갖 욕을 다 들은 에두아르 마네의 '놀란 님프'는 '풀밭 위의 식사'에 나오는 먼 곳에서 목욕하는 여인의 모습과 흡사해서 놀랐다. 그에 반해 도시 문명을 견디지 못하고 타히티로 건너가 꾸밈없는 원시생활을 좋아했던 고갱의 작품이 같은 코너에 있어서 재미있었다. 로댕의 '덧없는 사랑' 혹은 '벽'으로 불리는 작품은 카미유 클로델의 '성숙'과 분위기가 비슷하다. 카미유는 여자가 남자를 잡으려고 하고 로댕은 여자를 잡으려고 한다.

로댕의 작품으로 '덧없는 사랑' 혹은 '벽'이라고 불린다. 잡는 남자를 뿌리치려는 동작이다

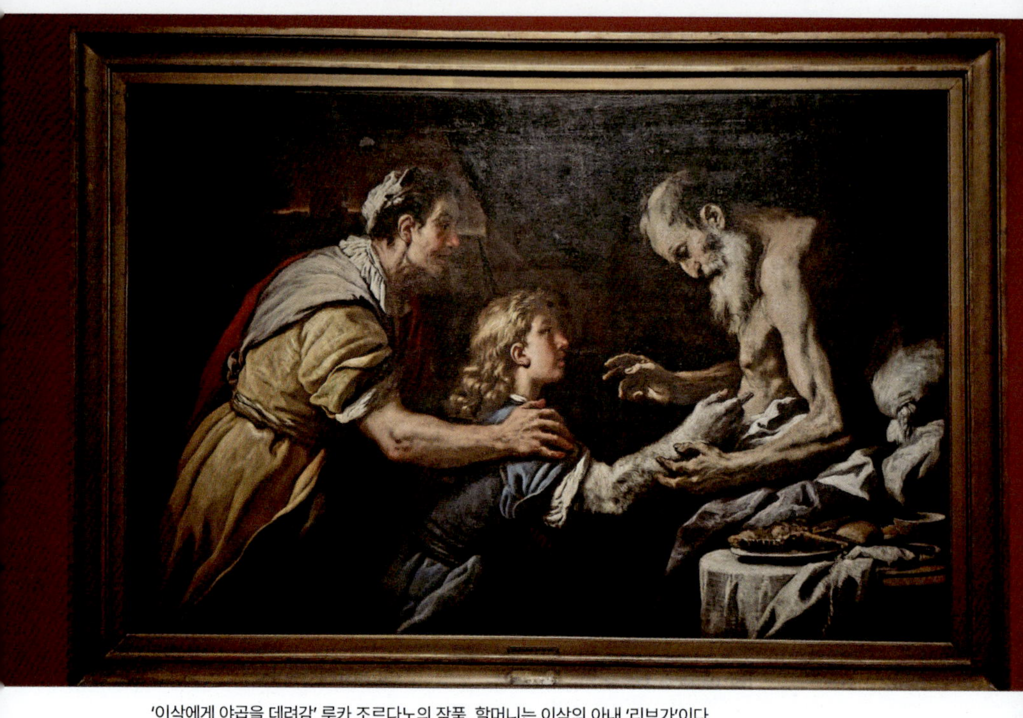

'이삭에게 야곱을 데려감' 루카 조르다노의 작품, 할머니는 이삭의 아내 '리브가'이다

딱 봐도 카라바조의 영향을 많이 받았다는 것을 알게 해주는 (빛과 어둠의 표현, 극적인 한 장면) 작품을 만났다. 루카 조르다노라는 후기 바로크 시대의 화가였다. 서재에, 예술에 관한 책이 5백여 권 있는데도 처음 알게 된 화가다. 여자아이로 보이는 아이는 소년 야곱이고 뒤의 할머니는 이삭의 아내 '리브가'이다. 늙어서 눈이 침침한 이삭은 팔에 털을 붙인 야곱을 첫째 아들 에서로 생각하고 장자권인 축복 기도를 해주는 장면이다.

난 좀 별난 구석이 있다. 대부분 모네를 좋아하는데, 마네를 더 좋아
한다. 마네의 작품은 왠지 모르게 세련된 도시 감각이 느껴진다. 다른
화가들이 쓰기를 꺼리는 검은색도 자유자재로 써서 그런지 모르겠다.
거기다 가난한 동료 화가를 돕기까지 했다니 좋아하지 않을 이유가 없
다. 거기다 좋은 반항아적 기질까지 있지 않은가? 그림 때문에 온갖 욕
을 들으면서도 자신의 주장을 굽히지 않고 밀고 나간 사나이였다.

마네의 '에르네스트 오슈데와 그의 딸 초상', 테두리에 검은색이 많이 쓰였다

드가의 '화가 디에고 마르텔리의 초상', 친구인 화가의 모습을 정물과 함께 그렸다

발레 그림을 많이 그리기로 유명한 드가의 작품인데 정물화와 인물화가 섞인 유쾌한 작품을 처음으로 보게 되어서 신기했다. 드가에 관한 책을 여러 권 읽었는데 왜 저 그림이 실려있지 않았는지 궁금했다.

국토 크기 8위의 국가답게 공원, 미술관 등이 큼직큼직했고 부자들이 산다는 레콜레타는 소문대로 고급 주택과 공원, 화려한 묘지를 끼고 있었다. '좋은 공기'라는 뜻이 있는 곳, '남미의 파리'라는 별칭이 있는 이 도시를 갑자기 사랑하게 되었다.

3. 엘 아테네오, 엘 퀘란디,
El Ateneo, EL Querandi

부에노스아이레스는 서점이 많기로 유명한 도시다. 주민 10만 명당 25개의 서점이 있어 전 세계에서 인구당 가장 많은 서점을 가진 도시로 선정되기도 했다. 엘 아테네오가 그 중심이다. 1919년 5월에 오페라 극장(The Grand Splendid)으로 문을 열었다가 1929년 영화관으로, 2002년부터 서점으로 변신해 오늘에 이른다.

도착했는데 인도가 좁아서 정면을 바라보기가 힘들었다. 엘 아테네오 간판 뒤에 또 다른 글자가 슬쩍 보였다. 'The Grand Splendid' 글자가 아직 남아 있었다. 화려함의 극치다. 웅장한 돔 천장, 화려한 샹들리에, 발코니 좌석 외부의 장식이 입을 다물지 못하게 했다. 한국식으로 4층 건물인데 지하층에는 주니어, 2층부터는 성인을 위한 책들로 배치되고 있었다. 붉은 벨벳 커튼이 있는 무대는 간단한 음식을 먹을 수도 있는 레스토랑 겸 카페로 운영되고 있다. 둥근 천장화도 매력이다. 이탈리아 화가의 작품인데 왼손에 올리브 가지를 들고 오른손을 들어 군중에게 인사하는 여신의 모습으로 보였다. 동양화처럼 많은 여백을 두어서 오히려 살펴보기가 편했다. 2층, 3층으로 올라와서 서점 안을 내려다보면 1층에서 보는 것보다 더 화려한 모습을 볼 수 있다. 책값은 어떤지 모르겠는데 세계에서 아름다운 서점으로 뽑혔고 세계의 유명 인사들도 빠지지 않고 들르는 곳이라 직원들의 자부심이 대단했다.

탱고 디너쇼를 보러 간다. 숙소에서 조금 걸어가면 디너쇼 레스토랑에서 우리를 데리러 온다고 한다. 숙소에서 걷는 길은 굉장한 번화가여서 여러 번 걸어도 즐겁다. 유럽식 건물, 스타벅스, 패스트푸드점 등 볼거리가 풍성하다. 두 블록쯤 걸어서 차를 기다렸다. 5분 정도 기다리고 있는데 유쾌한 표정의 직원이 큰 소리로 불렀다. 길이 좁아서 빨리 타야 하는 모양이다.

식당 벽에는 'Querandi, Casa de Tango'라고 적혀 있었다. 저녁을 즐기며 공연을 보는 소극장이었다. 1920년부터 영업을 시작해 지금까지

'엘 아테네오' 간판 뒤로 오페라 극장 'Grand Splendid' 간판 글자가 보인다

빨간 커튼이 있는 무대는 레스토랑 겸 카페로 쓰인다. 천장화와 외벽 장식이 화려하다

저녁을 즐긴 후 탱고 공연을 볼 수 있는 '퀘란디 카사 데 탱고' 10시 15분에 공연 시작

운영해 오고 있었다. 나름 괜찮은 코스 요리가 나왔고 디저트에 와인까지 나왔다. 탄산음료도 제공받았다. 모처럼 만에 뭔가 귀빈으로 대접받는다는 기분이 들었다. 식사는 8시부터 시작했고 공연은 10시 15분에 시작되었다. 식사 중에도 손님들이 입장해서 자리를 잡았다. 식사 없이 와인이나 음료수를 주문한 고객들이었다.

탱고는 아르헨티나, 우루과이에서 시작된 민속춤이고 음악이다. 1800년대 후반 아르헨티나 노동자 계층, 유럽에서 온 이민자, 아프리카계 아르헨티나인들의 문화가 혼합된 것이다. 빠른 템포, 멜랑콜리한 분위기 등 다양한 레퍼토리가 있다. 피아노, 더블 베이스, 반도네온, 바이올린 4가지의 악기 연주로 공연이 시작되었다. 피아노 선율에 따라 세 가지의 현악기가 재즈 스타일로 연주하는 듯했다. 관객보다 높은 곳에 있는 작은 무대는 중앙에 건물을 받치는 기둥이 있는데 관람에 방해가 되는 게 아니라 색다른 입체감을 보여주었다. 악기 연주에 이어 머리가 희끗한 중후한 할아버지가 열정을 다해 부르는 모습에 완전히 몰입되었다. 이어서 맑은 목소리의 아가씨가 슬픈 노래를 들려주었다. 구성이 굉장히 세련됐다. 할아버지와 아가씨의 듀엣, 솔로 무용과 커플 댄스, 8명 정도의 군무 등으로 변화를 다채롭게 했다. 검은 정장의 아저씨와 붉은 정장의 여인이 착 붙어서 탱고를 출 때는 영화 '여인의 향기' 장면과 흡사했다. 현란한 스텝, 여성 파트너의 쭉 뻗는 다리 동작을 따라 하고 싶었다.

탱고의 역사에 따라서, 악기 연주와 춤을 섞어서, 솔로와 중창 등 다채로운 구성이 좋았다

　가끔 무대를 벗어나 바텐더 위에 올라가 탱고를 출 때도 있고 관객석으로 내려오는 계단에서 춤을 출 때도 있었다. 완전히 관객의 혼을 빼놓는 느낌이었다. 스페인에서 플라멩코 공연을 본 적도 있는데 극장이 컸다. 그때도 좋았지만, 소극장 공연이 훨씬 박진감이 넘치고 몰입이 잘 되었다고 생각된다.

　탱고의 연대별로 공연했는데 특히 'Carlos Gardel'의 곡이 많았다. 프랑스 출신 아르헨티나 가수, 작곡가, 배우였는데 '탱고 음악의 황제'라고 불린다. 11시 30분에 공연이 끝나서 숙소에 돌아오니 피곤함이 몰려왔다. 음악에 집중하느라 근육이 크게 긴장했던 모양이다.

4. 라보카, La Boca

　오늘 여행의 최우선 목표는 예쁜 사진을 많이 찍는 것이다. 빈티지 건물이 많고 탱고의 거리 공연도 볼 수 있는 지역인데 젊은이들에게 아주 인기가 많다고 들었다. 처음 도착한 곳은 축구 경기장이었다. 아르헨티나 프로 축구 명문구단 보카 주니어스 홈구장(라 봄보네라, La Bombonera)이다. 노란색 바탕에 진한 파랑으로 포인트를 준 건물이 멋있었다. '라보카 스타디움' 주변에는 유니폼, 모자, 티셔츠, 열쇠고리 등 보카 주니어스를 주제로 한 다양한 상품을 팔고 있었다. 라이벌팀 '리버 플레이트'도 있다는데 처음 들었다. 한 지역에 있는 상대 팀, 서울의 LG와 두산을 생각하면 된다.

　가게의 벽은 온통 메시, 마라도나, 리켈메(처음 들어본, 그러나 레전드 선수)로 그려져 있고 조형물도 역시 마찬가지였다. 축구의 인기를 실감할 수 있었다. 아르헨티나 국기와 마찬가지로 보카 주니어스의 깃발에도 재밌는 이야기가 담겨 있었다. 초창기 팀은 연패를 거듭했고, 뭔가 새로운 돌파구를 마련할 필요가 있었다. 제일 처음 라보카 지역 항

스웨덴 국기에서 따온 노란색과 파란색으로 보카 주니어스 축구 경기장을 꾸몄다

기념품 가게 베란다에 마라도나와 아르헨티나 출신 교황의 조형물이 놓여 있다

구로 들어오는 국가의 국기 색으로 바꾸자는 의견이 나왔고 당첨된 국가는 스웨덴이었다. 그래서 노란 바탕에 진한 파랑이 들어간 깃발이 되었다. 축구 마니아라면 스타디움 내부 투어에 흥분할 것이다.

경기장을 지나 철길 옆 철제 울타리 옆을 걷는다. 기차가 다니지 않는 철길이다. 철길 건너편은 주택가이지만 우범 지대이기도 해서 관광객의 출입을 삼가라고 한다. 빈티지 느낌이 물씬 난다. 옛날 역의 흔적이 있는 광장의 시설물, 주변 건물은 모두 알록달록하다. 빨강, 노랑, 초록, 파랑의 주를 이룬다. 네 가지 색깔만으로도 충분했다. 처음 봤을 때는 영화 세트장에 온 줄 알았다. 눈을 번쩍 뜨게 하는 조형물이 있었다.

기차가 다니지 않는 철길 왼쪽은 우범 지대로 관광객은 가지 않는 게 좋다

386

한 번 눈에 띈 바우히니아는 계속 나온다. 영화 촬영하기에 좋은 곳이라고 느꼈다

마초(Macho, 남자다움을 지나치게 과시하는 남자) 스타일의 조형물이다. 검은 모자, 오른쪽 얼굴에 실로 여러 번 꿰맨 자국, 왼손에 든 긴 담배, 다리를 꼰 스타일이 끝내줬다. "우리 마초 아저씨 있는 곳에서 봐" 하고 약속 장소로 하면 딱일 것 같다.

라보카 카미니토(Caminito) 거리는 탱고의 발상지다. 입구에 탱고 포즈를 취해주고 돈을 받는 사람도 있고 탱고를 직접 보여주는 팀도 있다. 남자가 여자 손님의 다리를 자기의 무릎에 걸치게 하고, 여자는 남자 손님의 무릎에 걸치게 해서 멋진 사진을 찍어준다. 골목 양쪽에는 탱고 장면을 그린 그림도 많이 팔고 있고 커다란 나무에 여러 장식을 단 설치 미술도 보여준다.

얼굴에 난 상처, 시가를 쥐고 챙 넓은 모자를 쓴 마초 아저씨, 메시가 있는 베란다 건물

짝을 이뤄서 관광객에게 사진 찍어준다. 다리를 쭉 뻗어 자세를 잡는 솜씨가 대단하다

탱고의 기원과 발전 과정을 알면 가슴이 조금 아려온다. 탱고의 초기 형태는 아프리카 노예들의 음악인 칸돔베, 쿠바의 하바네라, 유럽 이민자들의 폴카, 마주르카 등의 영향을 받아 태어난 것인데 부에노스아이레스 라보카 지역에는 유럽에서 이민을 온 남자들이 많았고 여자의 숫자는 조금 적었다. 따라서 남자들이 여자들에게 다가가기 위한 간절함에서 탱고가 태어났다. 가난한 이민자들과 하층민이 모여 살던 항구 주변의 사창가, 술집, 그리고 노동자 계층의 여가 공간에서 탱고가 시작되고 발전되었다. 탱고가 처음에는 사회적으로 천대를 받는 음악이었지만 사람들의 애환과 열정을 담아내며 점점 확대해 나갔다. 초기 탱고는 춤과 음악이 분리되지 않은 형태였고 멜랑콜리하면서 격정적인 분위기가 강했다. 악기 반도네온이 탱고에 도입되면서 탱고 음악은 더욱 깊고 풍부하게 감정을 표현하게 되었다.

오늘날 탱고는 전 세계적으로 사랑받는 문화 예술 형태가 되었다. '누에보 탱고'와 같은 실험적인 시도를 하는 현대 탱고도 발전하고 있다. 아르헨티나 탱고는 단순한 춤이 아니라 삶의 희로애락이 담겨 있는 살아있는 문화유산이다. 삶의 고달픔, 외로움, 자신의 감정을 상대에게 전달해야 하는 어려움, 사랑과 슬픔, 좌절감 등을 생각하며 노래와 춤, 악기 연주를 들으면 더 쉽게 공감할 수 있다.

라보카 지역은 관광객들로 왁자지껄해서 소매치기를 조심해야 한다. 생뚱맞지만 노숙자도 있다. 100m 정도 들어가면 양쪽 길 사이에 있는 특이한 건물이 나타난다. 'Cachafaz, Caminito'란 간판이 있는데 2층 테라스에 월드컵 우승컵을 들고 있는 메시 조형물이 있다. 아마 물건을 사거나 입장료를 내야 될 것 같아서 입장을 포기했다. 아르헨티나는 1986년 멕시코 월드컵에서 마라도나가 활약하여 우승한 이후 36년 만에 카타르 월드컵 대회에서 메시의 활약으로 다시 우승하게 된다. 브라질이 워낙 최강이어서 아르헨티나가 조금 가려졌다. 이 테라스(발코니)는 사진찍기 명소다. 물론 가게 앞 정문이나 테라스에 올라가서 찍으면 좋겠지만 가게에서 조금 떨어져서도 사람들의 왕래가 좀 적을 때 충분히 멋진 사진을 찍을 수 있다.

카미니토는 예술로 넘쳐난다. 벽에는 그림과 조각 작품이, 나무에도 장식이 달려있다

390

항구 기능을 거의 상실한 옛 선착장, 바닥마저 알록달록하게 칠해져 있다

다시 50m를 걸어가면 항구가 나온다. 옛날 유럽 이민자들이 첫발을 내디뎠던 곳인데 이제는 항구의 기능을 거의 상실했다. 어선 서너 척은 정박해 있지만 말이다. 항구 부근의 바닥은 노랑과 검정, 노랑과 진한 파랑으로 색칠되어 있다. 화려함 속에 아픔이 있는 곳이 라보카 지역이다. 땀에 젖은 작업복을 벗고 화려한 정장으로 갈아입은 다음, 여성을 유혹하기 위해 췄던 춤이 탱고였고 인근 항구에서 쓰다 남은 페인트를 가져와 부분부분 집을 칠해서 알록달록한 건물을 갖게 된 것이다. 'La Boca'라는 말이 '입구'라는 뜻인데 수많은 이민자가 들어와

아르헨티나 전역으로 퍼져나간 것에서 이름 지어졌다. 만화 영화 '엄마 찾아 삼만리'에서 마르코가 돈을 벌러 아르헨티나로 간 엄마를 찾아 고향 이탈리아(제노바)로 돌아갈 것을 다짐하는 이야기의 무대가 되었다. 이탈리아에서 온 이민자들이 처음 정착했을 때는 판자촌 형태였다. 양철판으로 지붕이나 벽을 장식했고 양철판이 빗물에 부식되는 것을 막으려고 페인트를 칠했는데 얻어온 페인트의 양이 적어서 알록달록하게 된 것이다.

'Cachafaz' 건물 뒤로 가면 시장과 많은 가게가 나온다. 탱고 음악을 들려주는 레스토랑도 많다. 2층 창문과 베란다(테라스)에는 메시, 아르헨티나 출신의 교황, 탱고의 무희 등 다양한 조형물을 볼 수 있다. 각종

안쪽 골목으로 들어오면 건물 2층에 있는 여러 조형물과 가게들을 살펴볼 수 있다

숯불구이 요리 '아사도'를 만들고 있어 매캐한 연기가 나는 골목길을 걷는 것도 재미있다

기념품도 아주 다양하게 팔고 있어, 그냥 눈으로만 봐도 즐겁다. 큰 골목에 이어진 작은 골목으로 들어가면 각종 조형물과 장식으로 꾸며진 카페와 액세서리 가게가 있는데 관광객이 별로 없어서 사진 찍기가 좋다. 어느 방향으로 찍어도 작품이 된다.

골목길이 끝나면 철제 울타리와 철길이 나온다. 철길 옆에는 고기를 굽는 연기가 자욱하다. 숯불구이 바비큐 '아사도'를 팔고 있다. 10번 메시 티셔츠를 입고 땀을 뻘뻘 흘리며 신기한 눈빛의 관광객을 향해 빙긋 웃음까지 지으며 열심히 고기를 굽고 있는 뚱뚱한 아저씨가 멋지게 보였다. '엠파나다' 전통 파이도 있었다. '라보카 카미니토'는 함석지붕, 공중 전화박스, 쓰레기통, 공공시설 모두 네 가지 색으로 칠해져 사진 명소가 되었다.

5. 아르헨티나 파타고니아, 라구나 토레,
Laguna Torre

세로 토레(Cerro Torre, 3,128m)를 빙하와 함께 볼 수 있는 코스다. 왕복 20km, 6시간 정도가 걸린다. 세로 토레는 피츠로이보다 낮지만 (3,405m), 세계에서 가장 어려운 등반을 해야 하는 산이다. 피츠로이와 세로 토레는 모두 로스 글라시아레스 국립공원(Parque Nacional Los Glaciares)에 속하고 당연히 파타고니아 지역에 들어있는 곳이다.

산악인 조형물 뒤에 있는 지그재그로 된 계단

등산로 입구에서 바라본 엘찰텐 마을 경치

남미 지역을 등산하다가 자주 만나는 볼록볼록한 나무 Yareta와 엘찰텐

안내판을 따라 등산을 시작한다. 가시로 뒤덮인 '야레타'가 온 산을 덮고 있다

계곡 사이로 강이 S자 모양으로 굽이치며 흐른다. 우리나라 늦가을의 분위기가 난다

2월인데 이곳은 늦가을의 분위기를 연출하고 있다. 왼쪽은 토레 봉우리 방향이나 둥근 산에 가려져 보이지 않고, 오른쪽 봉우리는 '피츠로이'다

존재감을 자랑하는 고목, 계곡을 흐르는 강, 점토를 말아서 던져 놓은 듯한 둥그런 절벽

두 번째 전망대에서 등산 진행 방향의 분지를 내려다보며 간식을 먹었다

목적지로 가는 등산로 입구는 마을 끝에 있었다. 마을을 가로지르고 어느 산악인의 조형물 뒤에 있는 지그재그로 난 계단을 올라간다. 안내판에 자세한 설명이 있어 대략적인 루트를 마음에 쉽게 담을 수 있었다. 왕복 20km, 6~7시간이 소요될 것 같았다.

능선을 서너 개 넘자 첫 번째 '뷰포인트(View Point)'가 나왔다. 마르가리타 전망대(Mirador Margarita)이다. 벨라스케스의 유명한 그림 '시녀들'에 나오는 인물 중에 마르가리타 공주가 있는데 우연히 발음상으로는 같은 이름이다. 계곡을 사이에 두고 S자로 흐르는 강이 멋지다. 계곡 위에 있는 절벽들은 깎아지른 수직이 아니라, 찰흙을 둘둘 말아 던져 놓은 모양이라 자꾸 쳐다보았다. 2월이 이곳에서는 늦가을인지 아직도 단풍이 든 잎이 나무에 달려있다.

　그다음 구간도 첫 구간과 크게 다르지 않은 분위기였다. 두 번째 중요한 장소는 미라도르 델 토레(Mirador del Torre, 토레 전망대)이다. 앞에는 내려앉은 분지이고 그 끝에 눈 쌓인 세로 토레가 빛나고 있다. '불타는 고구마'를 실제로 못 봤기에 지금까지의 남미 트레킹 중 최고의 장면이라고 생각했다. 역시 경치는 날씨가 받쳐줘야 한다. 멋진 구름이 걸린 파란 하늘 아래 설산이 빛나고 있는데 어찌 최고의 경치가 아니라 하겠는가. 피츠로이를 제대로 못 본 불만이 확 씻겨 내려갔다. 이곳에서 점심을 먹고 조금 쉰다. 바나나를 먹다가 일어나 사진을 찍고 빵을 먹다가 또 휴대폰을 든다. 봐도 봐도 질리지 않는다. 드디어 남미 여행의 자랑거리가 생긴 것이다.

토레 전망대를 내려오면 경치는 확 바뀐다. 단풍과 냇물과 설산이 있는 멋진 경치

말라버린 하얀 나무가 많은 계곡을 통과하여 걸으면 큰물이 흐르는 구간이 있다

　비탈길을 내려가 분지 옆길을 걷다가 분지 안의 나무들이 모두 잎이 하나도 없고 줄기와 가지는 새하얀 모습을 하고 있다. 궁금함을 참지 못하고 동행에게 이유를 물어봤더니 예전에 산불이 난 결과라고 했다. 산불의 원인이 자연적 요인이 아니라 어떤 상식 없는 사람의 행동(담뱃불로 예상)이었다고 한다. 하얀 나무들이 꽉 몰려있고 그 옆에 파란 나무들이 있으니 색다른 아름다움을 보여주지만, 많은 나무가 모두 불탔다고 생각하니 끔찍했다.

　분지를 지나서는 더 다양한 등산길이었다. 맑은 물이 흐르는 시내 같은 곳, 그 위를 건너도록 만들어 놓은 작은 나무다리, 마지막에는 돌과 자갈이 쌓인 언덕을 올라갔다.

호수에 있는 유빙이 환상적인 색을 보여준다

호숫가에 있는 얼음을 들고 사진을 찍었다

라구나 토레에 있는 유빙과 얼음 조각, 저 멀리 빙하의 아랫부분이 살짝 보인다

그림의 소개가 될 만한 사진을 골랐다. 전경, 중경, 후경이 모두 있어야 예쁘다

드디어 토레 호수에 도착했다. 1km 정도 떨어진 곳에 설산, 세로 토레가 있고 그 옆에 있는 빙하도 살짝 보였다. 호수의 물은 투명했으나 시멘트를 탄 것처럼 조금 뿌연 색이었다. 앗! 그런데 호수 가장자리에 얼음이 있다. 얼른 배낭을 던져두고 호수로 내려가 얼음을 들어 올렸다. 처음으로 동행에게 사진을 부탁했다. 호수 앞에는 떠내려온 나무로 만든 커다란 새 둥지 모양이 두 개나 있었다. 멋진 예술 작품이라고 해도 반대할 사람이 없을 것 같다. 대단한 열정과 솜씨가 없이는 만들 수 없는 크고 예쁜 새 둥지였다. 우리 일행들은 각각 둥지에 들어가 사진을 찍었다.

몇몇 분들은 이곳에 만족하지 않고 마에스트리 전망대(Mirador Mae-stri)까지 트레킹을 연장했다. 그곳까지 갔다 올 체력이 아니어서 포기하고 놀아가는 길에 짧은 트레일을 벗어나 반대편으로 500m 정도 더 올라가 보았다. 확실히 호수 앞에서 보는 것보다는 빙하가 더 많이 보였다.

6. 아르헨티나 파타고니아, 라구나 카프리, Laguna Capri

원래 계획은 짧은 이 코스(카프리 호수까지 왕복 8km, 4시간 정도 소요)가 아니었다. 라구나 로스 트레스(Laguna de Los Tres, 피츠로이를 가장 잘 볼 수 있는 트레스 호수 전망대) 코스(왕복 20km, 8~9시간 소요)였다. 3,405m의 피츠로이는 남미 안데스 파타고니아의 최고봉으로 아웃도어 브랜드 '파타고니아'의 모델이 된 산(사실은 피츠로이 단 하나의 봉우리가 아니라 산맥)이요, 유네스코가 발표한 세계 5대 미봉에 들어가는 산이다. 이 봉우리의 꼭대기는 자주 구름에 덮인다고 한다. 찬 공기가 산봉우리에 걸리면 결빙 현상이 일어나 구름이 되어 봉우리를 감싸는 것이다. 사실, 출발부터 이 봉우리가 보여야 하는데, 구름에 가려져 전혀 나타나지 않았다.

일출이 시작되면 오렌지색, 분홍색으로 물드는 피츠로이는 황홀한 경치를 보여주는데 그 모습이 불타는 고구마의 모습(색깔과 모양 모두)과 닮았다고 하여, '불타는 고구마'라고 부른다. 햇빛을 받아 붉게 물드는 화려한 모습을 보려면 적어도 새벽 4시에는 출발해야 한다. 비행

다음날 숙소에서 바라본 피츠로이, '연기가 나는 산'답게 구름이 폴폴 흩날리는 모습이다

'라구나 토레' 등산할 때 입구로 걸어가면서 봤던 피츠로이, 저 정도 상태여도 좋은데?

기와 버스를 장시간 타고 약간 느끼한 냄새가 나는 양고기 갈비를 잘 먹지 못해 몸 상태가 좋지 않다. 도저히 새벽에 일어나 머리에 헤드랜턴을 하고 걸을 자신이 없어서 포기했다.

아침 9시에 2차로 출발하는 8명이 모였다. 숙소가 있는 마을은 '엘찰텐(El Chalten)'이다. '엘찰텐'은 '연기가 나는 산'이란 뜻인데 이곳 사람들은 피츠로이에 만년설이 날리는 것을 보고 이런 이름으로 불렀다. 그런데 지금은 마을 이름으로 변해버렸다. 엘찰텐은 파타고니아 트레킹의 베이스캠프가 되는 곳이다. 피츠로이(Fitz Roy), 세로 토레(Cerro Torre) 봉우리를 비롯하여 여러 호수와 빙하들이 있어서 트레킹 코스가 넘쳐난다. 그래서 '아르헨티나 파타고니아 트레킹의 수도'라고 불린다.

마을에서 강 쪽으로 조금만 걸으면 등산 입구가 나오고 대형 안내판이 세워져 있다. 살짝 굽어진 경사를 오른쪽으로 꺾으며 올라간다. 첫 번째 구릉에 올라서서 뒤돌아보면 쭉 뻗은 길 양쪽에 자리 잡은 엘찰텐 마을, 눈이 덮인 산들이 눈에 들어온다. 옆으로는 상당히 넓은 폭을 가진 부엘타스강(Rio Vueltas)이 흐르는데 강 옆으로 트레킹하는 길이 보인다.

계속 오르막을 1시간 20분 정도 오르다 보니 갈래 길이 나온다. 그리고 새벽에 출발했던 분들이 반갑게 우리들을 맞아주었다. '불타는 고구마'를 찍은 사진을 보여주는데 구름 한 점 가려지지 않은 모습이었다. "어! 이 정도면 출발할 때부터 피츠로이가 보여야 하는데 지금 전혀 안 보이잖아요." 물었더니 일출 후 30분 후 무렵부터 구름이 끼더란다. 너무 부러운 마음에 얼른 꼬리를 내렸다.

등산로 입구를 지나 굽어 올라가는 길, 앞에 보이는 봉우리 허리를 감아 돌아간다

부엘타스강이 흐르는 곳에도 등산코스가 많다. 엘찰텐에 최소한 5일간 머물고 싶어진다

미라도르 전망대(Mirador Fitz Roy)는 내려올 때 가도 되니까 경치가 더 좋은 카프리 호수(Laguna Capri)로 가자고 한다. 새벽 팀과 점심 때 보자고 인사를 나누고 헤어졌다. 길쭉하게 보이는 카프리 호수는 넓이보다 길이가 대단했다. 이곳에서 보는 경치도 그만이라는데 날씨가 조금 전보다 더 나빠져서 봉우리들이 잘 보이지 않는다. 바위에 앉아서 날씨가 좋아지기를 기다린다. 실망스럽겠지만 너무 기대하지 말라고 한다. 오후에는 비도 많이 내린다고 한다.

출발할 때보다 날씨가 더 나빠져서 피츠로이가 잘 보이지 않는다

오른쪽에 보이는 피츠로이 봉우리 아래까지 가기로 했는데 날씨 관계로 카프리 호수에서 등산을 끝내게 되었다

구름 커튼이 걷히기를 간절히 바랐으나 끝끝내 구름은 걷히지 않았다

고목과 아직 남아 있는 늦가을의 단풍, 호수와 설산이 어우러져 만들어 내는 절경

피츠로이를 못 본 것을 위로해 주는 듯, 되돌아오며 보는 경치는 압권이었다

피츠로이를 못 봐서 아쉬워한 내게 새벽에 출발했던 여행 동료가 보내준 불타는 고구마

남미 여행을 와서 파타고니아의 멋진 모습을 닮지 못하다니, 새벽에 일어날 수 있었으면 다 해결됐을 터인데. 허약한 몸인데, 관리를 제대로 하지 못한 자신이 부끄러웠다. 기다리면 기다릴수록 구름은 산을 더 덮고 있다. 리더는 여기서 목표 지점까지 더 가봐도 걷힐 가능성이 없으니, 마을로 돌아가자고 한다. 모두 아무 말 없이 자리에서 일어선다. 차마 발걸음이 떨어지지 않았지만, 대세에 따를 수밖에 없었다.

7. 아르헨티나, 모레노 빙하,
Glacier Perito Moreno

페리토 모레노 빙하는 폭이 무려 5km이고 높이는 60m, 면적은 250만 제곱미터('부에노스아이레스'보다 조금 더 큼)이다. 빙하의 이름은 19세기 칠레와의 영토 분쟁에서 아르헨티나의 영토를 지키는 데 큰 역할을 하고, 빙하를 발견한 탐험가 '프란시스코 모레노'에서 따왔다. '엘 칼라파테'에서 서쪽으로 약 78km 떨어진 곳에 위치한다. 극지방을 제외하고 현존하는 빙하 중 가장 아름다운 모습을 한 모레노는 세계자연유산으로 등록되어 있다. 빙하는 파타고니아 빙원 남부에서 떨어져 나와 아르헨티나 호수를 향해 날마다 전진한다. 세계에서 몇 안 되는 '앞으로 나아가는 빙하'다.

숙소에서 버스를 타고 엘칼라파테 버스 터미널로 온 다음 다시 여행사가 제공하는 버스로 갈아탔다. 목적지에 도착하기 전, 빙하가 조금 보이는 곳에서 버스가 한 번 섰다. 약간 흰빛을 띤 파란색(연한 비취색)은 너무나 예뻤다. 기대가 점점 부풀어 오른다.

비지터 센터 앞 정류장에서 내린다. 비지터 센터에 들르지 않고 바로

전망대 트레킹을 시작한다. 두 시간 정도의 시간을 허락받았다. 높낮이
가 다르고 빙하와의 거리가 다른 여러 전망대를 거치면서 빙하를 감상
하는 가벼운 트레킹이다. 따라서 거리는 길지 않으나 다양한 각도로 빙
하를 볼 수 있다.

트레일을 조금만 걸으면 보트 선착장이 나타난다. 아마도 보트를 타
고 빙하에 접근했다가 다시 호수로 돌아올 것이다. 보트를 타고 가까이
다가가면 눈앞에서 빙벽이 무너져 내리는 것을 실감 나게 볼 수 있고

푸른 하늘, 푸른 산, 푸른 호수, 온통 Blue 일색인 '엘칼라파테'의 환상적인 경치

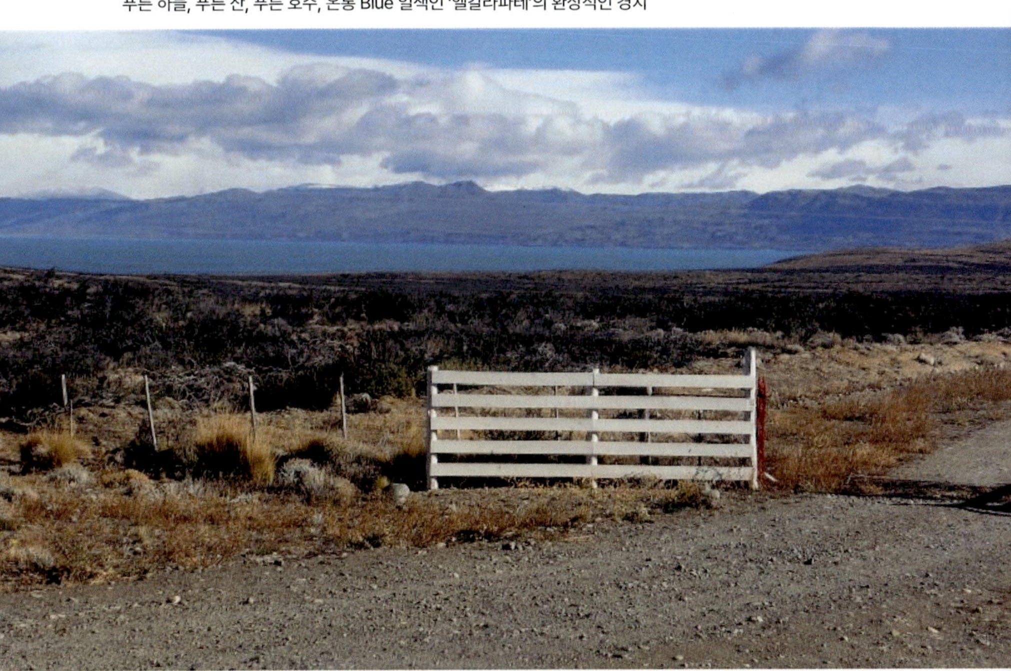

푸른 얼음의 단면을 분명하게 볼 수 있다. 직접 빙하 위를 걷고 중간 지점에서 위스키를 마셔보는 트레킹도 있다. 다음에 기회가 되면 집사람과 느긋하게 빙하를 즐겨봐야겠다고 생각했다.

전망대를 따라 구경하다 보면 붕락(崩落, 빙하 일부가 무너져 호수로 떨어지는 것)을 볼 수 있다고 해서 계속 쳐다봤다. 계속 기회를 잡지 못했는데 끝부분의 전망대에서 다행히 볼 수 있었다. 하지만 소리는 그다지 크지 않았다. 무너져 떠다니는 유빙은 엄청 많았다.

배를 타고 가서 빙하를 가까이에서 볼 수 있는 선착장이 트레킹 입구 근처에 있다

빙하 가까이에 접근한 관광객을 태운 배, 빙하 트레킹 등 다양한 액티비티가 있다

전망대 끝부분에는 고목과 함께 거친 나무들이 많아서 오지의 느낌을 준다

제일 높은 전망대에서 아래를 내려다본 모습인데, 전망대의 모습도 빙하와 잘 어울린다

왼쪽에 빙하가 무너져 내리는 모습이 보이고 오른쪽에는 많은 유빙이 떠다니고 있다

오래 보아도 질리지 않는 모레노 빙하, 배경 숲이 달라지니까 분위기도 달라진다

제일 마지막에 있는 높은 전망대에서 빙하를 정면으로 본 모습, 관광객이 개미처럼 보인다

　비지터 센터는 크지만 깨끗하게 단장되어 있고 건물벽에는 멋진 경치 사진들이 걸려있어 볼거리를 제공한다. 과자나 음료수, 각종 기념품을 파는 가게도 상당히 넓고 예뻤다. 이리저리 구경하고 있는데 일행이 자리로 오라는 손짓을 한다. 간단한 점심을 주문하는데 특별한 메뉴가 없어서 거의 다 '치킨 수프(작은 컵라면 크기)'를 시켰다. 별 기대를 하지 않았는데 감자와 당근, 그리고 닭가슴살이 들어간 수프는 맛이 좋았다. 예전에 '돌멩이 수프'라는 그림책을 좋아해서 아이들에게 읽어 준 적이 있는데 이젠 '치킨 수프' 팬이 될 것 같다.

8. 푸에르토 이구아수, Puerto Iguaçu

이구아수는 원주민 과라니어로 '큰물', 포르투갈어와 스페인어로는 '폭포'라는 뜻이다. 남미의 고원지대를 흐르던 이구아수강과 파라나강이 만나는 지점에서 지형이 갑자기 까마득한 절벽으로 떨어지며 이구아수가 생성되었다. 이구아수는 275개의 폭포를 품고 있는데 최대 낙폭이 82m, 폭이 3km에 달한다. 브라질, 아르헨티나, 파라과이에 걸쳐 있으나 파라과이에는 폭포 전망대가 없다. 포스 두 이구아수(Foz du Iquacu, 브라질 쪽), 푸에르토 이구아수(Puerto Iquacu, 아르헨티나 쪽)는 폭포 이름이 아니라 거점 도시 이름이었다. 이구아수는 북미의 나이아가라, 아프리카의 빅토리아와 함께 세계 3대 폭포로 꼽히는데 규모로는 다른 두 폭포가 따라올 수 없다. 두 폭포를 합쳐도 수량이 이구아수에 미치지 못한다. 아르헨티나가 80%, 브라질이 20%를 차지한다.

원래 이구아수는 파라과이의 영토였다. 남미가 스페인으로부터 독립한 초기에는 파라과이가 가장 강한 군사력을 지니고 있었는데, 주변국인 우루과이, 브라질, 아르헨티나의 3국 동맹으로 전쟁에서 패하고 이구아수를 빼앗기게 된다. 여행을 오지 않고서는 이런 충격적인 내용을 알 수 없었으리라. 전쟁이 끝났을 때 파라과이 성인 남자의 10%만 살아남게 된다. 이제부터는 남미의 역사에도 관심을 가져볼 것이다.

아르헨티나 쪽 이구아수(Las Cataratas del Iguazu) 트레킹을 시작한다. 11명은 보트 투어를 하러 떠나고 5명이 걷기로 한다. 김 대표의 설명을 듣고 출발하는데, 표지판에 'Green Trail'이라 되어 있다. 국립공원 매표소를 바로 통과해서 본 안내판과 김 대표의 설명으로는 'Upper side Trail, Lower Side Trail'이라 했는데. 비도 부슬부슬 내리고 다른 길도 보이지 않아서 일행은 그대로 길을 따라간다. 이거 혹시 폭포를 안 보고

비가 와서 'Upper Trail' 안내판을 찾기가 어려웠다. 'Green Trail'로 그냥 들어갔다

디아블로, 악마의 목구멍으로 가는 기차와 기차역이 나타났으나 트레일 이름은 없다

'Upper Trail'에서 처음 만난 정글 사이로 보이는 이구아수 폭포의 모습

비가 내리고 있어서 떨어져 내리는 물의 양이 어마어마하다

숲만 보는 트레일이어서 그린 트레일이 아닐까? 일행을 따라가면서도 걱정이 된다. 숲속으로 난 길을 조금 더 걷자, 철길이 나오고 곧이어 기차 정류장도 나타났다. 이런 정글 같은 곳에 기차가 다니다니. 이구아수를 기차 타고 돌아보았다는 얘기는 들은 적도 본 적도 없었다. 트레킹이 끝나고 알았는데 관람 코스는 3개였고, 3개의 코스(위, 아래 코스, 악마의 목구멍 코스)를 다 둘러보려면 적어도 7시간이 필요했다. 최고의 코스는 '악마의 목구멍' 코스인데 태풍으로 시설이 무너져서 폐쇄했다고 한다. 배를 타고 폭포 가까이 접근하는 것을 포기한 이유는 예전, 나이아가라에 갔을 때 해본 적이 있어서다.

조금 더 앞으로 나가자 'Upper Trail'이 나왔다. 그리고 드디어 폭포도 보았다. 처음 트레일 이름으로 생긴 걱정이 사라져서 마음이 홀가분해졌다. 하지만 숲에 가려서 기대했던 박력 있는 모습은 아니었다. 아마악마의 목구멍 사진을 많이 보아서일 것이다. 밀림과 폭포수가 떨어지면서 일으키는 물안개(수증기), 떨어지는 하얀 물과 바닥의 약간 누런 물의 색깔의 어울림은 나름 좋다. 이구(Igu, 물) 아수(Azu, 놀라울 때 쓰는 감탄사)는 '우와! 물이다.'로 알면 아주 쉽다. 폭포 안에 있는 섬 '산마르틴(San Martin Island)'으로 접근하는 보트도 보았다.

루스벨트 대통령의 부인은 이구아수를 본 후에 "오! 불쌍한 나이아가라여."라고 탄식했다. 그런데 사람의 팔에 피가 흐르는 사진이 일정한 거리를 두고 많이 걸려있다. 처음엔 몰랐는데 발톱이 긴 코아티에게 할퀴어져 난 상처를 찍은 사진이었고 조심하라는 표시였다. 한 번 만났으면 좋았을 텐데 결국 보지 못했다.

폭포 가운데에 '산 마르틴 섬'이 보이는데 관광객을 태운 배가 저곳까지 접근한다

국립공원 안, 붉은 지붕의 뷔페식당 'Fortin'에서 발견한 큰 잎 무화과나무

큰 잎 무화과나무와 레스토랑 지붕을 놀이터로 삼아 놀고 있는 긴 꼬리를 가진 원숭이

'Upper Trail' 마지막 부분으로 연결되는 폭포 위의 긴 데크길

시작할 때 봤던 기차역 '카타라타스'로 왔다. 동행했던 한 분이 기차로 공원 입구까지 가자고 했다. 무료로 탈 수 있는, '악마의 목구멍'으로 갈 때 타는 기차인 것을 뒤늦게 알게 되었다. 아무리 여러 경로로 알고 있다고 해도, 현지에 와보면 모르는 것이 너무나 많고, 새롭게 알게 되는 것이 많아진다.

PART 8
우루과이

1. 콜로니아, Colonia del Sacramento

부산에서 배를 타고 후쿠오카로 떠나는 기분이다. 아르헨티나에서 배를 타고 우루과이로 넘어간다. 페리로 2시간 정도 라플라타강을 건너면 도착하기에 당일치기 여행으로 떠난다. 부에노스아이레스에서 금방 다녀올 수 있기에 관광객이 많이 몰리는 모양이다. 페리 회사가 많다. 부케부스(Buquebus), 콜로니아 익스프레스, 씨캣 콜로니아(Seacat Colonia)의 간판들이 보였다. 우리가 선택한 회사는 콜로니아 익스프레스였다. 국경을 넘어가기에 짐 검사와 출입국 심사를 받는 것은 똑같았다.

설명을 들어서 강이라고 인정했지만 너무나 넓어서 계속 바다로 보인다. 강의 느낌이라면 물이 약간 흙탕물이 섞인 파란색이라는 것뿐이다. 배 안에 있다가 밖으로 나왔다가 반복하며 페리 여행을 즐겼다.

선착장에 내려 출국 심사를 끝내고 우루과이 땅에 도착했다. 녹색의 클래식 차가 손님을 기다리고 있었다. 도시의 역사 지구인 바리오 히스토리코(Barrio Historico) 방향으로 걸어간다. 17세기 말 포르투갈의 식민 도시로 건설되었고 150여 년 동안 여러 전쟁과 협정으로 포르투갈 영토였다가 네 차례 스페인 영토가 되었던 복잡한 역사가 있다. 19세기 초에는 다시 포르투갈의 영토가 되었고 식민 지배를 벗어나서는 브라질 영토가 되었다. 그 후 아르헨티나와 브라질의 전쟁 결과로 우루과이의 영토가 되었다.

두 나라의 경쟁 공간이었던 곳이어서 다양한 건축 양식이 남아 있는 곳이다. 두 식민 지배 국가의 유적이 공존하는 가치를 인정받아 세계문화유산으로 등재되었다.

성문을 지나 성벽을 바라보면 큰 대포가 놓여 있고 바다로 향하는 길이 나온다

옛 성문 포르톤 데 캄포(Porton de Campo)는 오랜 세월의 때가 묻은 모습을 보여주었다. 요새로 지어진 성벽은 나무, 도개교를 둘러싸고 있는데 옛날 사용했던 큰 대포 탄이 성벽 사이에 놓여 있었다. 이 문을 통과하면 옛 식민지의 모습이 잘 나타나는 5월 25일 중앙 광장과 가게가 나온다. 건축물의 돌 기초만 남아 있는 것이 치열했던 역사를 대신 말해 주었다. 산티시모 사크라멘토 성당(Santisimo Sacramento) 앞에 있는 레스토랑 파라솔 아래 모두가 자리를 잡았다. 두 개의 종탑을 가진 성당은 외벽이 아주 단순했다. 돌벽을 쌓고 시멘트로 칠한 모양이었다. 내부도 굉장히 단순했다. 빛나는 태양 가운데 있는 작은 십자가가 제단의 유일한 장식물이었고 옆벽에 성모상, 십자가에 달린 예수상 등이 있을 뿐이었다.

단순한 양식의 산티시모 사크라멘토 성당, 플라타너스 가로수가 있는 신도시 거리 모습

콜로니아의 사진 명소, 붉은 돌담, 납작한 돌이 깔린 길은 옛날의 분위기를 간직하고 있다

    가게 앞 커다란 플라타너스 아래에서 성당과 유적지를 바라보면서 먹는 점심은 최고였다. 이런 맛에 큰돈을 들이고 여행을 온 것 아닌가? 이제 죽기 전에는 우루과이에 올 일이 없을 테지. 오늘을 마음껏 즐겨보자고 생각했다. 신시가지로 나오니 어마어마한 크기의 플라타너스 가로수가 위용을 자랑했다. 우루과이도 열광적으로 축구를 좋아하는지 축구 관련 기념품을 파는 가게가 많았다. 깔끔하고 현대적인 시청사를 보고 옆에 있는 작은 공원에도 들렀다. 히비스커스가 빨갛게 핀 공원에는 우루과이의 일반 시민을 찍은 커다란 사진을 길게 전시하고 있어서 눈길을 끌었다.

노란 황근과 나팔꽃 뒤로 하얀 등대가 보인다. 클래식 차, 카페와 함께한 콜로니아 등대

신시가지를 돌아보고 다시 구시가지로 들어와 바다 쪽으로 간다. 처음 봤던 포탄이 있던 성벽 아래에 아이스크림 가게가 있었다. 같은 고향 대구에 사는 여성 회원이 일행 세 사람에게 아이스크림을 사주셨다. 그렇게 덥지 않은 날씨여서 입안은 얼얼하고 머리가 띵했다. 이곳에서 바다로 가는 길을 '탄식의 거리'라고 부른다. 죄수들이 처형당하러 가는 길에 탄식을 내뱉었던 거리다. 베네치아의 '탄식의 다리'가 생각났다. 흙탕물이 섞인 바다라 물 색깔은 별로였지만 바다 근처에 핀 야생화와 울퉁불퉁한 바위가 만들어내는 경치는 좋았다.

등대로 가는 길은 멋진 사진 명소가 되었다. 붉은색 벽에 부겐빌레아가 피어있고 전등이 달린 카페와 클래식 차, 촘촘히 박힌 돌길, 등대가 있는 경치는 엽서에 나오는 경치보다 더 예뻤다. 등대에 오를 수 있는데 대기 줄이 너무 길어서 포기하고 마을로 갔다. 이곳에도 '바우히니아' 꽃나무가 매우 컸다.

돌아오는 길에는 오전에 외벽만 보고 지나쳤던 갤러리, 기념품 가게에 들어가 봤다. 물건을 사지 않고 구경만 해서 조금 미안했는데 회화와 각종 기념품은 아주 수준 높은 것들이었다. 부에노스아이레스로 돌아오는 배에서 깜빡 잠이 들었다.

브라질

생각해 보면 집을 떠나 멀리도 왔다. 떠난 지도 한 달이 훌쩍 넘었다. 그래도 집으로 돌아가고 싶다는 마음보다 브라질 일정이 짧은 것을 안타까워한다. 여행에 완전히 중독됐다. 브라질, 정말 대단한 나라다. 라틴 아메리카 지역에서 가장 넓은 나라이고 세계에서 다섯 번째로 넓은 나라다. 한반도 면적의 약 38배에 해당한다. 남미의 다른 나라에 대해서는 사실 별로 알고 있는 게 없었는데 브라질은 2014년 월드컵 기간에 축구 경기와 함께 멋진 경관이 나와서 책을 조금 읽었던 경험이 있어서 소박하게 조금 알고 있다.

1500년 4월 22일, 포르투갈 탐험가 페드루 알바르스 카브랄이 인도로 향하던 중 폭풍을 만나 남미 지역의 한 해변에 도착한다. 그곳이 지금의 브라질이었다. 카브랄은 이 지역을 포르투갈령으로 선언하고 '테라 드 베라 크루스(참된 십자가 섬)'라는 이름을 붙였다. 브라질이라는 나라 이름은 '파우 브라질(브라질 나무)'에서 유래했다. 붉은색 염료를 얻을 수 있는 아주 큰 나무인데 당시 유럽에서는 이 나무를 무척 귀하게 여겼다고 한다.

브라질의 대표적인 춤과 음악인 '삼바'와 '카니발'은 이런 식민지 문화에서 비롯되었다. 포르투갈이 브라질을 식민지로 삼고 원주민을 비롯하여 아프리카인 수백만 명을 브라질로 끌고 와 혹독한 노동을 강요했다. 원주민과 아프리카 노예들은 유럽에 필요한 사탕수수, 커피 등 농작물을 재배했는데 많은 이들이 질병과 노동으로 죽게 된다.

포르투갈의 브라질 식민지 지배는 스페인, 프랑스, 영국 등 유럽 열강이 라틴 아메리카(중남미) 지역에 경쟁적으로 식민지를 만들도록 부추긴 셈이 됐다. 19세기 전반 중남미에는 독립의 물결이 거세게 일어난다. 시몬 볼리바르 등에 의해 스페인의 지배를 받던 나라들이 차례로 독립하게 된다. 브라질은 아이러니하게도 지배하던 포르투갈 왕족이 독립운동을 주도했다.

처음 지배자였던 주앙 6세가 아들에게 지배권을 넘기고 본국으로 돌아갔고 성장한 브라질은 포르투갈에 대한 발언권과 자치권이 점점 확대되고 있었다. 이것을 좋지 않게 여긴 포르투갈 의회가 브라질을 다시 예전과 같은 강력한 식민지로 돌리려 했는데 주앙 6세의 아들이 1822년 독립을 선언한 것이다. 그는 이후에 브라질의 초대 황제 페드루 1세가 된다. 그의 아들 페드루 2세까지 브라질은 70여 년간 번영을 누린다.

참된 민주주의는 쉽게 오지 않을 뿐 아니라 고난을 겪고 나서야 찾아온다. 우리나라도 군사 정권으로부터 문민정부가 탄생하기까지 수많은 우여곡절을 겪었다. 브라질은 1889년 군사쿠데타로 공화국이 되었고 1964년 다시 쿠데타가 일어나 군사 정권의 독재체제가(약 20년간) 이어지기도 했다. 21세기 들어서는 노동자 출신인 롤라가 대통령이 되면서 신흥국으로 성장했다. 롤라는 2006년 재선, 2022년 3선에 성공하였고 2026년에는 우리나라를 방문했다. 롤라는 기존의 협력관계에서 한 단계 발전한 '전략적 동반자 관계'로 격상시키겠다고 밝혔다. 브라질은 핵심 광물이(나이오븀, 니켈, 희토류 등) 풍부한 나라다. 단순히 자원만 공급하는 것이 아니라 반도체, 배터리 같은 첨단 산업 생산 과정에도 참여하고 싶다는 의향이다. 양국이 협력하면 서로 많은 도움과 발전이 있을 것으로 생각되어 양국 지도자의 만남이 흐뭇했다.

국토가 넓은 만큼 우리가 모르는 멋진 절경이 아주 많았다. 월드컵 기간에 방송으로 보고 눈을 번쩍 뜬 곳만 해도 한두 곳이 아니었다. 그래서 여행 기간이 30일을 훌쩍 넘겼는데도 유명 관광지 몇 곳만 보고 간다고 아쉬워하는 것이다. 죽기 전에 브라질로 직행하는 비행기 노선이 생겼으면 좋겠다.

1. 리우데자네이루, Rio de Janeiro

아침에 일어났는데 물안개가 심하게 끼어있다. 아무래도 좋은 구경은 못 할 것 같다. 코파카바나 해변(Copacabana Beach)으로 나왔다. 해수욕을 즐기는 사람은 아직 보이지 않고 비치발리볼을 즐기는 사람뿐이다. 태평양을 마주하는 4km의 모래 해변이 활처럼 굽어진 곳이다. 해조류와 쓰레기가 없고 도심과 바로 연결된 세계적인 관광지(해수욕장)이다. 2011년 올림픽 기간 중 비치발리볼 경기가 열렸던 곳이고 유명한 삼바 페스티벌의 무대가 되는 곳이다. 해수욕장에서 가까운 첫 번째 2차선 도로는 차를 통제하기에 자전거 타기, 달리기 등의 운동 코스가 되고 삼바 경연대회의 장소로 쓰인다.

왕자 복근의 청년들, 아슬아슬한 수영복 차림의 아가씨, 파란 하늘 아래의 고층 빌딩, 팡 지 아수카르의 봉우리와 함께하는 해변을 예상했는데 모두가 허사로 돌아갔다. 도심 쪽을 봐도 산봉우리가 나와야 할 왼쪽을 봐도 물안개는 걷힐 기미가 없었다. 시무룩한 표정이 되어 비치발리볼 모습을 봤다. 체육복을 입은 청년들은 묘기에 가까운 비치발리볼

배가 불룩하고 대머리인 할아버지들이 코파카바나 해변에서 비치발리볼을 즐기고 있다

청년들은 서브만 손으로 넣고 나머지는 가슴, 무릎, 머리 등을 이용해서 공격했다

을 하고 있었다. 서브만 손으로 넣고 리시브나 공격은 가슴, 허벅지, 발
등, 머리로 하는 경기였다. 특히 마지막 스파이크에 해당하는 네트를 넘
길 때는 대부분 헤딩으로 넘겼다. 물론 오랜 경력이 필요하겠지만 고무
로 된 공의 탄력이 좋아서 손이 아닌 부분으로 리시브가 되고 헤딩 공
격이 가능한 것으로 보였다. 그 옆에는 배가 불룩 나오고 대머리인 할
아버지들이 비치발리볼을 즐기고 있었는데 발이 빠르지 않아도 손놀림
이 대단했다.

파라솔과 대충 지붕을 올려 음료수와 아이스크림을 파는 가게 옆을
지나면 모래를 낮은 언덕으로 쌓아 여러 나라 국기와 예수상을 세워놓
은 곳이 나왔다. 도로 옆에는 키 큰 야자수가 줄지어 서 있었다. 산악 지
대와 바다 사이의 좁고 긴 지역에 있고 곡선 해안이 아름답기로 유명한
끝이 잘 안 보일 정도의 긴 해변 구경은 큰 실망을 안겨주었다. 처음 리

모래를 쌓아 올려 작은 언덕을 만들고 거기에 여러 나라의 국기를 꽂아 놓았다

우를 찾아온 포르투갈 항해사가 만의 입구를 강의 입구로 착각해서 '리우(강)데자네이루(1월)'란 이름을 갖게 되었다고 한다.

멕시코시티에서 봤던 카날루페 성당처럼 체육관 모양의 성당을 만났다. 메트로폴리타나 대성당(Catedral Metropolitana)은 지름 106m, 내부 높이 68m, 수용인원 25,000명의 원추형 모양의 성당이다. 1976년에 건립했는데 내부 공간에 매달려 있는 예수상, 벽에서 천장까지 닿는 화려한 스테인드글라스, 천장에 있는 십자가가 대단했다. 도시 중앙에 있는 대성당은 시내의 높은 빌딩과 괜찮은 조화를 이루고 있었다.

성당 근처에서 버스를 타고 거대한 예수상(Cristo Redentor no Corcovado, 크리스투 헤덴토 누 코르코바두)이 있는 곳으로 향했다. '곱사등이 언덕 안에 있는 구세주 예수'라는 뜻이 있다. 이름이 너무 길어서 '코르코바두'로 많이 부른다. 높은 산으로 올라가는데 경치가 아주 좋아서 안내판을 봤더니 '티주카 국립공원'에 속한 곳이었다.

버스에서 내린 다음, 다시 케이블카를 타러 갔다. 부리가 뭉툭하고 아주 긴 앵무새 토코투칸(Toco Tucan), 몸 색깔이 화려한 마코(Macaw) 조형물이 너무 예뻤다. 케이블카에서 내려 다시 계단을 올라간다. '코르코바두'에 가는 길이 쉽지 않았다. 관광객들로 바글바글해서 움직이기도 사진찍기도 어려웠다. 거대한 예수상 1층 기단에는 작은 성당이 있다. 사실 거대한 조형물, 불상, 성모상 등에는 관심이 없는 사람이다. 높은 곳에서 내려다보는 경치에 온 마음이 쏠려있다. 관광객 사이를 비집고 예수상에서 멀찍이 떨어진 곳에서 리우 시내를 바라보았다. 역시 폭망이다. 물안개가 싸여 시내 빌딩도 안 보였다. 가끔 살짝 바람이 불 때

멕시코 과달루페 성당과 같은 체육관 형태의 메트로폴리타나 대성당, 규모가 어마어마하다

맑은 날에 이런 멋진 경치를 찍을 수 있다. 케이블카 역 벽에 있는 사진을 찍었다

타원형 구멍처럼 나타난 구름 사이로 빌딩을 봤을 뿐이다. 1, 2번 타자 (코파카바나, 코르코바두)의 연속 진루 실패로 힘이 다 빠져버렸다. 이 곳에서 세계 최고의 경치를 찍어서 지인들에게 보여주려는 욕심이 있었다. '과나바라' 만의 전체 경관인 코파카바나와 이파네마 해변, 팡 지 아수카르를 넣으면 최고의 사진이 된다. 어떤 유명한 학자는 "코르코바 두에서 보는 경치가 너무 아름다워서 적응이 잘 안되는 것이 곤혹스럽 다."라고 했고 많은 사람들이 넋을 잃을 지경이라고 했는데 이게 뭔가? 화가 나서 스마트폰을 주머니에 확 집어넣었다.

　1931년 브라질 독립 100주년을 기념하기 위해 710m의 코르코바두 에 세워진 예수상은 높이가 38m, 좌우로 벌린 두 팔의 길이가 28m에 이른다. 십자가에 못 박혔던 흔적을 양손에 새겨놓았다고 하는데 여러 번 쳐다봐도 확인할 수 없었다.

케이블카를 타러 가면서 만난 부리가 뭉툭하고 아주 긴 앵무새 토코투칸 조형물

좁은 지역에 많은 관광객들이 몰려 사진 찍기도 어렵고 움직이기도 쉽지 않다

엽서에 나오는 사진을 찍으려고 욕심을 냈는데 구름에 가려 물거품이 되었다

2. 포스 두 이구아수, Foz do Iguaçu

브라질 쪽 이구아수를 보려면 국립공원에서 제공하는 버스를 타야한다. 2층은 사방이 뚫려 바람이 통하는 멋진 버스다. 비도 그쳐 상쾌한 날씨고 트레킹 입구까지 걷지 않아도 되는 호사를 누린다. 버스에서 내려 트레일로 들어서려는데 관광객들이 웅성거린다. 어떤 상황인지 보려고 앞을 내다보니 코아티가 있다. 한두 마리가 아닌 8마리가 돌아다닌다. 어제는 한 마리라도 봤으면 하고 그렇게 원했는데도 보이지 않았던 코아티가 시작도 하기 전에 선물을 주었다.

걷는 길도 아주 간단하고 편하다. 그냥 앞에 있는 사람들을 따라가기만 하면 된다. 정비가 잘 된 길이라 위험도 없다. 길을 따라가면 전망대가 나와서 구경하고 사진을 찍으면 된다. 어제와 달리 시야가 트여서 폭포가 분명하게 보인다. 아르헨티나 쪽이 이구아수의 전체적인 모습을 보는 것이라 한다면 브라질 쪽은 좀 더 안쪽으로 들어가 폭포를 가까이 느껴보는 것이다. '악마의 목구멍'을 못 봤으니 단연 브라질 쪽이 더 좋다.

버스에서 내리자마자 아르헨티나에서는 못 봤던 긴 코 너구리, 코아티 무리가 나타났다

좀 더 가까이에서 폭포를 보게 되는 브라질 쪽 이구아수, 가운데에는 산 마르틴 섬

영화 '미션'의 촬영지였던 '산 마르틴 섬'에 배가 접근하고 있다. 떨어지는 이층 폭포에 무지개가 생겼다

'브라질 쪽 이구아수'는 폭포 가운데 부분까지 쑥 들어갈 수 있다. 바람으로 폭포의 물방울을 뒤집어써도 유쾌하기만 하다

폭포 안으로 걸어 들어가 여러 층의 폭포를 더 가까이 볼 수 있는 다리가 있어서 좋다

폭포가 흐르는 계곡으로 가볼 수 있어서 폭포의 박진감을 더 실감 나게 체험할 수 있다

옆으로 빙 돌아서 올라갈 수도 있고 차례를 기다려 엘리베이터로 갈 수 있는 전망대

눈 바로 아래로 흘러내리는 폭포의 박진감과 폭포 바로 옆에서 위아래로 떨어지는 폭포를 보는 느낌은 '나이아
가라'에서 느껴보지 못한 또 다른 즐거움이었다

제일 높은 전망대로 올라와 아래를 내려다본 경치, 왼쪽에 하얀 물보라가 일고 있다

폭포 아래를 감아 도는 '관람 데크길'의 모습도 감탄을 금하지 못한다

제일 높은 전망대에서는 폭포 상류의 모습도 조망할 수 있다

'포스 두 이구아수'에서는 보트를 타지 않아도 마지막에 옷이 젖는다. 폭포 중앙까지 쭉 따라가는 데크길을 걷다가 폭포의 물방울을 맞는 것이다. 트레킹 끝에는 엘리베이터를 타거나 걸어서 올라가는 전망대가 있다. 이곳에서 보면 지금까지 봤던 경치와 달리 폭포의 상류 부분까지 볼 수 있다. 편하고 즐겁게 거기에 멋진 경치를 찍을 수 있어서 모처럼만에 입꼬리가 올라갔다.

3. 팡 지 아수카르, Pão de Açúcar

리우를 대표하는 두 아이콘이 '코르코바두(곱사등이 언덕 안에 있는 예수)'와 '팡 지 아수카르(설탕 빵 산)'이다. 제빵용 설탕 덩어리(Sugar Loaf) 모양으로 생겼다고 이렇게 부른다. 브라질은 남미에서 유일하게 스페인어가 아닌 포르투갈어를 쓴다. 이곳을 점령한 포르투갈 사람들

매표소 뒤에 있는 암벽을 타는 사람이 개미처럼 보인다. 아래 나무가 있는 바로 위에

맨 오른쪽 봉우리가 '빵 산'이고 앞에 보이는 곳은 중간 지점 '우르카'이다

이 설탕을 쌓아놓은 듯한 모양이라고 본 것에서 이런 이름이 나오게 되었다. 우리나라 사람들은 그냥 편하게 '빵 산'이라 부른다. 내 눈에는 럭비공이나 고구마로 보인다.

매표소 앞에 많은 관광객이 대기하고 있다. 굉장히 인기가 있는 곳이다. 매표소 건물 뒤에도 우리가 올라갈 '빵 산'과 흡사한 암봉(岩峰)이 있는데 암벽 등반을 하는 사람들이 개미처럼 작게 보인다. 10분 정도 기다렸을까? 직원이 우리들을 불러 따라갔더니 사전 예약을 확인했는지 티켓을 나눠 준다. 케이블카를 4번(상행 2번, 하행 2번) 타기에 다시 돌아올 때까지 잘 보관해야 한다.

첫 번째 도착 지점은 우르카(212m)이다. 아래에서 봤을 땐 특별한 공간을 생각지 못했는데 암봉의 테두리를 따라 걸을 수도 있고 매점과 벤치도 있어 놀랐다. 거기다 헬기를 타고 리우를 구경할 수 있는 작은 헬기장도 마련되어 있었다. 여행을 떠나기 전 여러 목표 중에 코르코바두와 이곳에서 멋진 항구 도시를 찍는 것이 제일 큰 목표였는데 코르코바두에서는 완전히 차단된 운무로 실패로 돌아갔고 이곳에서도 좋은 사진은 찍지 못했다. 수많은 엽서 사진이 대부분 여기에서 찍어 만든 것이다. 구름에 완전히 덮인 것은 아니나 경치의 중간 부분은 거의 보이지 않고 예수상은 겨우 볼 수 있었다. 코르코바두에서 찍은 리우와 이곳에서 찍은 리우, 어느 쪽이 더 아름다운가에 대한 논란도 있다. 세계 3대 아름다운 항구(시드니, 리우, 나폴리)를 모두 보게 되었는데, 경치 구조 자체로는 리우가 최고라고 생각한다. 하지만 좋은 사진을 얻지 못했는데 최고라고 칭찬한들 뭐가 생기겠는가?

'헬기 투어'를 하는 이착륙장과 헬리콥터가 있고 바다에는 많은 요트가 떠 있다

나폴리, 시드니, 리우, 이 세 곳의 항구를 '세계 3대 미항'이라고 부른다

최종 목적지 '빵 산'에 연결된 두 번째 케이블카 연결 케이블이 여러 개 보인다

저 멀리 활처럼 굽게 보이는 곳이 유명한 '코파카바나 해수욕장'이고 앞에 작게 보이는 곳은 '보타포구' 해수욕장이다

'우르카'에서 바라본 리우, 바다에는 하얀 배와 요트가, 하늘에는 비행기가 날고 있다

'우르카' 케이블카 정류장에서 매표소와 오른쪽 리우 시내를 바라본 경치

　우르카 암봉을 두 번씩이나 돌고 나서 '빵 산(396m)'으로 간다. 너무 실망하지 말라는 하늘의 뜻인지, '빵 산'은 구름에 덮였다가 걷히기를 반복하면서 잠깐씩 완전한 모습을 보여준다. 하지만 우리가 케이블카를 탈 때는 주위가 완전히 구름에 가려서 천국으로 가는 느낌이었다. 죽으면 우리 영혼이 이런 식으로 올라가는 것일까. 갑자기 이상한 분위기에 휩싸인다. 이곳은 일몰, 야경으로도 유명하여 일부러 늦게 올라오는 관광객들도 많다.

PART 10
과테말라

1. 안티구아, Antigua

안티구아는 1541년 스페인에 의해 만들어진 도시였는데 과테말라에 한정된 행정 구역이 아닌 코스타리카, 니카라과, 온두라스, 엘살바도르, 파나마를 하나로 묶은 식민지 중앙아메리카의 수도였다. 1776년 일어난 대지진과 화산 폭발 등으로 도시는 폐허가 되었고 과테말라의 수도는 '과테말라시티'로 옮겨갔다. 폐허가 되기 전 이 도시는 종교의 중심지였다. 프란시스코, 도미니카, 메르세드, 카푸치나, 제수이트, 카르멘 등 가톨릭의 교파들이 있었고. 이 각 종파가 세운 수도원 38개, 성소가 15개에 달했다. 여러 번의 지진과 화산 활동으로 많은 건축물이 파괴된 상태로, 조금 복원된 상태로 남아 있는데 이런 특별한 역사와 건축물들로 인해서 1979년 세계문화유산으로 지정되었다.

세계는 넓고 나라도 많다. 과테말라, 이름은 들어봤으나 아는 게 하나도 없었다. 그런데 돌아보니 매력이 무척 많다. 숙소로 가는 돌길이 울퉁불퉁해서 버스가 덜커덩거렸다. 반질반질하지만 표면이 튀어나왔다 들어갔다 하는 자갈로 만들어져 그렇다. 벽에는 보라색 천과 꽃(마른

보라색 천으로 장식한 건물이 많고 돌이 깔린 길이 있는 안티구아, 뒤에는 아구아 휴화산

상태)으로 장식된 것이 색달랐다.

중앙 광장으로 걷고 있는데 '스타벅스'가 나왔다. 일행들이 주르르 들어간다. 따라 들어가 보니 역시 멋지다. 전통 의상을 입은 원주민을 그린 벽 그림이 좋다. 몇 분은 기념품을 샀다. 여기서 일행은 모두 실수하고 말았다. 안쪽에 커피를 마시며 쉴 수 있는 근사한 정원이 있는데 모르고 지나쳤다. 여행이 끝난 후에 알았다. 스타벅스도 맥도날드도 세계에서 제일 멋진 매장이었다는 것을.

스타벅스 매장 왼쪽 문으로 들어가면 중앙 정원이 나오는데 몰라서 놓치고 말았다

안티구아의 랜드마크인 산타 카탈리나 아치, 뒤로 라 메르세드 교회가 보인다

중앙 광장의 구조는 유럽과 같다. 시청사, 성당 등으로 둘러싸여 있고 가운데에 분수대가 있다. 여자의 가슴에서 물이 뿜어져 나오도록 한 것이 웃겼다. 대성당은 'Saint Joseph, San Jose'로 불리고 있다. 과테말라에서 가장 오래된 성당이었는데 지진으로 파괴되자 소장품을 모두 과테말라시티의 대성당으로 옮겼다. 정면의 외벽(파사드)만 복원했고 나머지는 모두 파괴된 채로 보존되고 있었다. 도시 주위에는 세 개의 활화산이 있었다. Agua, Fuego, Acatenango 화산이다. 시청사 2층은 무기 박물관, 고서 박물관으로 이용되고 있다. 유럽의 광장에는 미치지 못하나 처마가 있는 회랑 상점가는 볼만하다. 한국의 사원처럼 돌 위에 나무 기둥을 세우고 천장에도 서까래처럼 나무를 걸친 후 그 위에 납작한 돌을 얹었다. 은행, 카페, 빵 가게 등이 있고 무릎을 꿇고 손님의 구두를 닦아주는 모습도 보였다. 광장 남쪽에는 시청사와 흡사한 총독 관저로 쓰였던 건물이 있다.

광장 회랑에서 바라본 대성당, 외벽만 복원했고 나머지는 파괴된 상태로 유지하고 있다

안티구아에서 제일 온전한 상태의 성당인 '라 메르세드 교회'의 노랑과 흰색의 하모니

라 메르세드 교회의 안뜰은 꽃봉오리 모양이다. 분수대로 오르는 길은 십자가 모양

숙소가 있는 방향으로 되돌아가면(걷는 인도는 반대쪽) 안티구아의 랜드마크인 산타 카탈리나 아치(Santa Catalina Arch)가 나온다. 수도원으로 들어가는 문인데 수도원은 거의 파괴되었고 남은 건물은 카페로 쓰이고 있었다. 문 앞에서 보면 아치 뒤에 도시를 보호하듯 서 있는 화산 아구아와 노란색의 라 메르세드 교회가 보인다.

안티구아에서 제일 온전한 모습을 가지고 있는 라 메르세드 교회(Iglesia de la Merced)는 전체적으로는 노란색이고 하얀색으로 장식하고 있는데 하얀 레이스 모양으로 기둥과 벽을 감싸고 있다. 정면 왼쪽에도 입구가 있는데 수도원으로 가는 문이다. 성당의 외벽 2층, 3층의 타원형 홈(구멍)에는 섬세하게 조각된 8명의 성인이 들어있다. 건물은 낮게, 아치와 기둥은 두껍게 지어 지진에 대비하고 있다. 성인이 있는 정면 외벽은 19세기에 덧붙인 것이다. 마야 신전의 기둥을 가진 수도원 회랑도 좋았으나 가장 멋진 곳은 중앙 정원이다. 6층의 계단 위에 올려져 있는 분수대가 대단하다. 2층에서 내려다보면 분수로 오르는 길이 십자가 모양이고 분수대 전체는 꽃봉오리 모양과 비슷하다. 2층 수도원 공간은 1700년대 지진으로 대부분 파괴된 모습인데 공간이 넓어서 탁 트인 옥상에 오른 기분이다.

다음날, 처음 계획은 화산 등산이었는데 커피 농장 투어로 일정이 바뀌었다. 치치카스테낭고(Chichicas tenango) 시장에서 커피 농장 버스를 기다리기로 했다. 시장 근처의 성당 계단은 꽃장수들이 자리를 점령했다. 시장 앞 거리에 두 그루의 큰 자카란다를 발견했다. 보라색 꽃이 많이 피어있다. 부에노스아이레스의 가로수에는 꽃이 하나도 없었는데

'치킨 버스'라 불리는 일반 버스, 외관은 화려하게 꾸몄는데 내부 상황은 그렇지 않다

커피 농장을 거닐면서 바라본 푸에고 화산과 아카테낭고 화산

아직 꽃이 있는 모습이어서 무척 기뻤다. 로터리에 화려한 버스가 몇 대 서 있었다. 관광버스가 참 예쁘다고 생각했는데 그냥 시민들이 이용하는 대중버스라고 했다. 속칭 '치킨버스'라고 불린다. 오래된 미국 스쿨버스를 가져와 외관을 꾸민 것인데, 예전에 닭과 주민들이 꽉 들어차서, 관광객들이 치킨버스로 이름을 지었다고 한다.

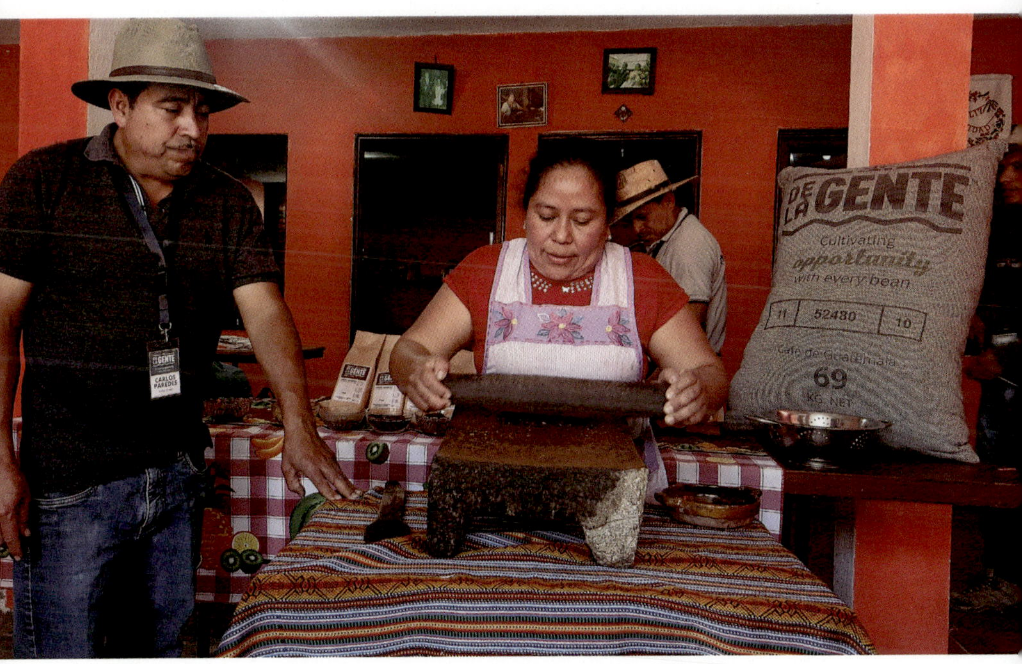

화산 지대에 자라는 과테말라 안티구아 커피는 세계적으로 유명한 커피 산지에 속한다

커피 농장을 먼저 구경하러 가는데 먼지가 나는 시골 산길을 오른다. 커피나무에도 먼지가 가득하다. 커피 과육을 벗겨낸 무더기가 수두룩하다. 저 멀리 보이는 산에는 화산 연기가 풀풀 나온다. 화산재로 된 땅이고 일조량, 강수량도 커피에 자라기에 알맞은 조건이어서 나름 세계적인 커피 생산지라고 자랑했다.

십자가 언덕에서 바라보는 안티구아 시내, 안내판과 실제 경치를 비교하는 재미가 있다

커피 제조 공장으로 들어왔다. 그냥 큰 일반 주택처럼 보이는데 커피 콩을 담은 포대가 아주 많아서 고소한 냄새가 코를 찔렀다. 커피콩의 종류를 보여주고 커피콩을 돌에 올린 후 나무 방망이로 가루를 만드는 체험도 했다. 종류별 커피 시음은 당연하다. 넓은 챙 모자를 쓰고 열심히 일하고 설명하는 직원들이 멋지다. 일행은 처음엔 원두를 사지 않았는데, 점심 후에 다시 커피를 마셔보고는 아주 많이 샀다. 화산 지역에서 경작된 커피라 Smoky 향과 맛이 난다. 과테말라가 유명한 커피 생산국인 줄 몰랐다. 전체 인구의 1/4이 커피산업에 종사하고 있다니 말이다. 수출도 많이 한다. 아라비카는 서늘한 지대에서 자라고 로부스타는 800m 이하 고온 다습한 지대에서 재배되는 품종이었다. 사고 싶은 마음이 굴뚝같았는데 캐리어에 들어갈 자리가 없어서 어쩔 수 없이 포기

부에노스아이레스에서 본 한 송이가 아닌 나무에 핀 자카란다. 벚꽃처럼 도로를 꾸민다

했다.

커피 농장 투어를 끝내고 30분 정도 숙소에서 쉬다가 '세로 데 라 크루스(Cerro de la Cruz, 십자가 언덕)'로 걸어간다. 마을 끝부분의 인도는 아주 좁아서 딱 한 사람이 걸어갈 수 있는 너비이고 베란다 창이 인도로 나와 있어 창살에 머리를 부딪힐 뻔했다. 산으로 20여 분을 걸어서 전망대에 도착했다. 시멘트로 잘 만들어진 길이라 아무 생각 없이 그냥 가장자리를 따라 올라왔다. 둥근 돌 위에 홈이 파이고 단순한 문양이 있는 돌 십자가가 있는데 사람 키보다 훨씬 크다. 휴화산 아구아가 잘 보인다. 반듯하게 뻗은 대로와 빽빽하게 모여 있는 붉은 지붕이 예쁘다. 무엇보다 어제 둘러봤던 중앙 광장, 산타 카탈리나 아치, 라 메르세드 교회 등 유명 관광지를 소개한 안내판이 있어 안내판과 시내를 교대로 바라보면서 찾아보는 재미가 좋다. 안티구아의 전경을 가장 잘 볼 수 있는 곳인데 쉬어갈 수 있도록 데크와 계단을 새롭게 꾸며놓았다. 밤에는 위험하겠지만 낮에는 최고의 데이트 코스라 하겠다.

2. 아티틀란 호수, Lago de Atitlan

새벽 4시 30분에 기상해서 대충 씻고 여행 출발을 했다. 사람들의 영혼을 맑게 한다는 중미에서 가장 큰 칼데라 호수, 아티틀란으로 간다. 하늘에서 보면 은행잎을 닮은 호수인데 8만 4천 년 전 화산이 폭발하여 만들어진 호수다. 130km^{2}의 면적에 수심이 340m에 달하는 곳도 있다.

안티구아에서 호수까지는 그렇게 먼 길(약 80km)이 아니지만 산악지대를 통과해야 하고 교통 사정이 좋지 않아서 일찍 출발해야 했다. 처음에는 그냥 다시 버스에서 꾸벅꾸벅 졸다가 1시간을 훌쩍 넘기고 눈을 떴다. 남미에서 코카콜라와 펩시가 전쟁을 치렀나 보다. 슈퍼나 구멍가게마다 파란 펩시콜라로 칠해져 있다. 2시간 30분 정도를 달려 호숫가 마을 파나하첼(Panajachel)에 도착했다.

이른 아침인데 식당이 문을 열었을까 걱정하며 일행을 따라간다. 선착장 바로 위에 빨간 간판이 있는 2층 식당이 문을 열었다. 고기를 먹고 싶은 마음이 없어서 바나나 몇 조각이 담긴 핫케이크를 주문했다. 호수라고 들어서 호수로 불렀지만 내 눈에는 바다로 보인다. 크기가 정

아티틀란 호수 주위의 마을 중 가장 큰 '파나하첼', 다른 마을로 가는 선착장이 많다

호수 주위에는 11개의 마을이 있는데, 산허리 위에 있는 마을도 보인다

말 어마어마하다. 식당 아래로는 배로 접근할 수 있는 나무 기둥을 박고 나무로 바닥을 깐 선착장 시설이 무척 많았다. 그만큼 호수 주위에 마을이 많다는 뜻이다. 지금 도착한 파나하첼이 제일 큰 마을이었고 그 외에 10개의 마을이 있었다. 가이드의 설명으로는 이 호수가 세계 3대 호수 안에 들어간다고 하는데, 들은 적이 없어서 과장인가 하는 생각이 들었다.

여행하는 중에는 궁금한 것도 많아지게 되고 자신의 부족한 상식을 깨닫게 되는 경우가 많다. 과테말라에 대해서 안티구아(도시), 아티틀란(호수)에 대해서 아는 것이 전혀 없으니 새롭게 공부해야 할 숙제가 생긴 것이다. 약 8만 4000년 전 큰 화산 폭발로 이 지역은 18km에 달하는 거대한 구멍이 생기고, 오랜 기간 내린 비가 이 분화구에 모여 호수를 이루었다고 한다. 호수가 생긴 후에는 다시 지각 변동으로 3,000m가 넘는 화산들이 생겨났다. 화산들이 둘러싸고 있는 큰 규모의 호수에 많은 사람들이 감탄했다는데, 그중에서도 특히, 혁명가 체 게바라가 정부군에 쫓겨 이곳에 오게 되었고 평화로운 호수에 마음을 뺏겨 "이제 혁명을 그만두고 이곳에서 쉬고 싶다."라고 한 말은 유명하다.

9시 30분쯤 선착장으로 가서 배를 탔다. 마을을 순차적으로 도는 배도 있었는데 우리는 산후안(San Juan La Laguna) 마을 왕복표를 샀다. 일행 16명이 타니 페리가 꽉 찼다. 페리는 제법 빠른 속도로 달렸다. 높은 언덕 위에 있는 마을(산타크루스)과 산비탈에 홀로 있는 롯지(Lodge, 오두막이나 산장)가 신기했다. 호수는 세 개의 화산 등으로 둘러싸여 있는데, 화산의 이름은 산 페드로(San Pedro), 틀리만(Toliman),

아티틀란(Atitlan)이다. 마을이나 화산의 이름을 12 제자의 이름이나 스페인 성인의 이름에서 따온 것이 이채롭다. 그리고 호수의 물은 바다로 흘러가지 않고 완전히 내륙에 머무는 형태였고 해발 1,500m에 위치하고 있다.

산후안 마을 선착장에 도착했다. 배에서 마을로 들어가는 나무 기둥을 박아 만든 다리가 아주 길어서 산책하는 즐거움이 있다. 이정표도 나무로 되어서 무척 정겹다. 나무로 된 다리에 간이 지붕을 얹고 길을 더 넓게 만드는 사람들이 있다. 오로지 두꺼운 판자와 망치 등으로만 공사를 하고 있었다.

산후안 마을은 아름다움으로 넘쳐난다. 나무 기둥, 길바닥, 벽이 모두 예쁘게 꾸며져 있다부에노스아이레스에서 만난 라보카 지구 카미니토의 냄새가 난다. 살짝 언덕으로 오르며 구경하는데 길에도 그림이나 문양이 죽 그려져 있고 가게가 있는 양쪽 공간에 알록달록한 우산이 걸려있다. 마야의 후손 마을답게 마야 조각품이나 마야 글자가 보인다. 호수의 서안에는 츠투힐(Tz'tujil) 민족이 많고 동안에는 칵치킬(Kaqchikel) 민족이 많다.

예술가가 많이 살고 있는지 벽화의 수준도 보통이 아니다

언덕길을 오르면 다른 마을로 데려다 줄 교통수단 툭툭이 손님을 기다리고 있다

작은 마을이지만 길이나 가게가 너무 예뻤다. 카미니토가 그냥 페인트로 낡은 건물을 가렸다면 이곳은 기존의 깨끗한 건물을 조금 더 꾸민 모습이라 상큼하고 경쾌한 느낌이 났다. 목에 빨간 스카프를 두른 할아버지 세 분이 마림바를 연주하고 있었다. 물론 악기 앞에는 관광객의 호의를 바라는 작은 바구니가 놓여 있지만 그냥 즐겁게 한 개의 마림바를 세 사람이 함께 연주하고 있는 모습이 좋았다. 지갑에서 1달러를 꺼내 슬그머니 바구니에 넣었다. 사실 마림바는 아프리카에서 온 악기인데 과테말라의 국민 악기로 애용되고 있다.

마을 꼭대기로 올라오니 작은 버스 정류장이 있다. 아마 호숫가 다른 마을로 가는 터미널인 모양이다. 큰 오토바이처럼 생긴 빨간 툭툭이 많다. 창이 큰 모자를 쓴 기사가 손님을 기다리고 있었다. 시간이 많은 관광객이라면 툭툭을 타고 이 마을 저 마을로 다니면 너무 좋을 것 같다. 이리저리 집들을 둘러보는데 멋진 그라피티가 많다. 관광업이 최고의 수입원이라 마을 공동체가 협력하여 예쁘게 꾸며놓은 것 같다.

다시 선착장으로 내려오면서 각종 갤러리와 가게에 들어가 봤다. 키치이지만 나름 작품이 예쁘다. 축구 선수 메시, 호날두, 사자, 옥수수, 아티틀란 호수. 전통 의상을 입은 여인이 주된 소재다. 직접 그림을 그리고 있는 모습도 볼 수 있어서 좋았다. 안티구아의 랜드마크, 산타 카탈리나 아치를 그린 그림도 있다. 역시 아는 만큼 보이고 정이 간다. 기념품들도 그저 돈만 벌기 위해 만든 조잡한 게 아니라 나름 질이 좋게 보여서 안 사도 기분이 좋았다.

산후안 마을의 언덕길을 그린 그림인데 키치인데도 사고 싶은 마음이 들도록 만들었다

메시, 원주민, 안티구아, 아티틀란을 그린 그림으로 가득 찬, 산후안 마을의 갤러리 가게

　좀 빠르게 구경했더니 시간이 남아서 호숫가 산책을 하기로 했다. 호수를 가로지르는 나무다리 사이에 호숫가로 내려서는 작은 계단이 있다. 여러 번 두리번거리다 찾은 계단이다. 물가에 자라는 골풀이 2m 정도의 높이다. 우리나라에서는 허리 정도로만 되어도 큰 편에 속하는데 사람 키보다 커서 놀랐다. 골풀이 있는 근처에 말 한 마리가 외롭게 풀을 뜯고 있다. 따뜻한 햇살이 산책하기에 딱 알맞다. 야생 바나나인데 40개 정도의 바나나가 달려있고 집이 몇 채 없는데도 유치원과 그라피티가 있었다. 아무도 없는 이곳을 구미와 대구에서 온 세 사람이 다 차지하고 있다. 멀리 산 쪽으로 보면 마을을 내려다볼 수 있는 전망대도 보인다. 저 전망대를 따라 산을 오르면 산꼭대기에서 호수를 내려다볼 수 있을 것 같다. 욕심이 끝이 없다. 제주도 한 달을 살듯이 아티틀란 호수 마을 어느 곳에 숙소를 잡고 이 마을 저 마을 돌아보는 생활도 아주

사람 키의 두 배나 되는 골풀이 자라고 말이 풀을 뜯고 있는 아티틀란 호숫가

멋진 여행이 될 듯하다.

　돌아오는 배에서는 파나하첼 마을 반대편에 있는 산 페드로 마을이 잘 보였다. 파나하첼보다는 작으나, 성당도 보이고 현대식 건물도 많아서 구경한 산후안 마을의 20배는 될 듯한 크기로 보였다. 선착장으로 다가오니 과테말라 국기와 돌롤라 주의 주기가 걸린 파나하첼 마을이 예쁘게 보인다. 늦은 점심은 노란 꽃이 전등처럼 드리우고 나무로 둘러싸인 예쁜 레스토랑에서 느긋하게 식사를 즐겼다.

갤러리 가게 안쪽에서 열심히 그림을 그리고 있는 화가, 옥수수를 그린 그림도 많았다

페리에서 본 산 페드로 마을은 성당도 보이고 빌딩도 있어서 아주 큰 마을로 보인다

배에서 내리기 전에 바라본, 호수에서 제일 큰 파나하첼 마을의 입구 모습

검은 성모상 축제 행렬로 30분 넘게 버스에서 기다려야 했다

아침에 졸다가 보지 못한 지나온 과테말라의 시골 마을을 유심히 살피며 버스 창밖을 내다본다. 먼지가 쌓인 시골이다. 꼬질꼬질한데 아름답게 보인다. 손님을 기다리며 서 있는 이발사, 각종 과일과 채소를 팔고 있는 가게가 눈길을 끌었다.

버스가 슬슬 속도를 줄이다가 급기야 멈춰서고 말았다. 버스가 고장 난 게 아니라, 검은 망토를 쓴 성모상을 들고 천천히 행진하는 축제 행렬로 인해서 멈췄다. 북을 두드리고 노래를 부르며 천천히 걷고 있다. 일행 중에는 재빠르게 내려서 사진을 찍는 분도 계셨다. 금방 끝날 것이라고 봤는데 완전히 30분이 넘게 걸렸다. 행렬이 저 앞을 가면 버스가 천천히 조금 앞으로 움직이다가 다시 멈춰서기를 반복했다. 행렬은 완전 만만디였고 기사님도 비켜달라고 말하지 않았다. 로마에 가면 로마법을 따라야 하는 게 상책이니 기다리는 수밖에 없었다. 행렬이 성당에 도착해서야 버스가 지나갈 수 있었다. 역시 축제는 모든 상황에 우선하는 모양이다.

처음에는 '뭐 이런 나라가 다 있어.'라고 속으로 투덜댔는데 끝나고 보니 돈으로도 살 수 없는 좋은 경험을 했다는 생각이 들었다. 사람이 이렇게 간사하다. 급하게 화장실 들어갈 때와 나올 때의 마음이 확연하게 다른 것처럼, 하하하!

첨벙, 남미!
내 삶의 특별한 44일간의 여행

초판인쇄 2026년 4월 7일
초판발행 2026년 4월 7일

지은이 임성득
펴낸이 채종준
펴낸곳 한국학술정보(주)
주　소 경기도 파주시 회동길 230(문발동)
전　화 031-908-3181(대표)
팩　스 031-908-3189
홈페이지 http://ebook.kstudy.com
E-mail 출판사업부 publish@kstudy.com
등　록 제일산-115호(2000. 6. 19)

ISBN 979-11-7457-575-3 03690